Flurin Condrau
Die Industrialisierung in Deutschland

Kontroversen um die Geschichte

Herausgegeben von
Arnd Bauerkämper, Peter Steinbach und Edgar Wolfrum

Flurin Condrau

Die Industrialisierung in Deutschland

Wissenschaftliche Buchgesellschaft

Einbandgestaltung: schreiberVIS, Seeheim

Die Deutsche Bibliothek verzeichnet diese Publikation
in der Deutschen Nationalbibliografie;
detaillierte bibliografische Daten sind im Internet über
http://dnb.ddb.de abrufbar.

Das Werk ist in allen seinen Teilen urheberrechtlich geschützt.
Jede Verwertung ist ohne Zustimmung des Verlags unzulässig.
Das gilt insbesondere für Vervielfältigungen,
Übersetzungen, Mikroverfilmungen und die Einspeicherung in
und Verarbeitung durch elektronische Systeme.

© 2005 by Wissenschaftliche Buchgesellschaft, Darmstadt
Die Herausgabe des Werkes wurde durch
die Vereinsmitglieder der WBG ermöglicht.
Satz: Lichtsatz Michael Glaese GmbH, Hemsbach
Gedruckt auf säurefreiem und alterungsbeständigem Papier
Printed in Germany

Besuchen Sie uns im Internet: www.wbg-darmstadt.de

ISBN 3-534-15008-2

Inhalt

Vorwort der Reihenherausgeber VII

I. Einleitung 1

II. Überblick 13

III. Forschungsprobleme 20
    1. Konzeptionelle Überlegungen zur Geschichte der
       Industrialisierung 20
    2. Wirtschaftskrisen und ihre Interpretation 34
    3. Wirtschaft, Staat und Politik 47
    4. Frauen in der Industrialisierung 62
    5. Lebensstandard und Industrialisierung 74
    6. Technik und technischer Wandel 86
    7. Bevölkerung und Gesundheit 99

IV. Bilanz 113

Bibliographie 121

Personen- und Sachregister 136

Vorwort der Reihenherausgeber

Kontroversen begleiten nicht nur die wissenschaftliche Arbeit, sondern sind deren Grundlage. Dies gilt auch für die Geschichtswissenschaft. Weil wissenschaftliche Auseinandersetzungen nicht leicht zu durchschauen und noch schwerer zu bearbeiten sind, ist es notwendig diese aufzubereiten

Die Reihe „Kontroversen um die Geschichte" ist als Studienliteratur konzipiert. Sie präsentiert die Auseinandersetzungen zu Kernthemen des Geschichtsstudiums; ihr Ziel ist es, Studierenden die Vorbereitung auf Lehrveranstaltungen und Examenskandidaten ihre Prüfungsvorbereitung zu erleichtern. Entsprechend kennzeichnet sie ein didaktischer und prüfungspraktischer Darstellungsstil.

Über diesen unmittelbaren Nutzen hinaus nimmt die Reihe die Pluralisierung der Historiographie auf, ohne dem Trend zur Zersplitterung nachzugeben. Gerade in der modernen Gesellschaft mit ihrer fast nicht mehr überschaubaren Informationsvielfalt wächst das Bedürfnis nach einer schnellen Orientierung in komplizierten Sachverhalten. Ergebnisse der historischen Forschung werden in dieser neuen Reihe problemorientiert vermittelt. Die einzelnen Bände der „Kontroversen um die Geschichte" zielen dabei nicht auf eine erschöpfende Darstellung historischer Prozesse, Strukturen und Ereignisse, sondern auf eine ausgewogene Diskussion wichtiger Forschungsprobleme, die nicht nur die Geschichtsschreibung geprägt, sondern auch die jeweilige zeitgenössische öffentliche Diskussion beeinflusst haben. Insofern umschließt der Begriff „Kontroversen" zwei Dimensionen, die aber zusammengehören.

Die Spannbreite der „Kontroversen um die Geschichte" reicht vom 16. Jahrhundert bis zur Zeitgeschichte. Einige der Bände sind jeweils einzelnen Themengebieten wie der Verfassungsgeschichte gewidmet, die im historischen Längsschnitt behandelt werden und überwiegend über den deutschen Sprach-, Kultur- oder Staatsraum hinaus eine vergleichende Perspektive zu anderen Regionen und Staaten Europas eröffnen. Andere Bände behandeln einzelne Epochen oder Zeitabschnitte europäischer und deutscher Geschichte wie etwa den Absolutismus oder die Weimarer Republik. Gelegentliche Überschneidungen sind somit nicht nur unvermeidbar, sondern auch durchaus sinnvoll.

Der Aufbau der Bände folgt einem einheitlichen Prinzip. Die Einleitung entfaltet den Gesamtrahmen der behandelten Epoche oder des dargestellten Querschnittbereichs. Daran schließt sich ein Überblick an: Er begründet die Auswahl der behandelten Deutungskontroversen und ordnet diese in den Gesamtrahmen ein. Der Hauptteil der Bände umfasst sechs bis acht Forschungsprobleme. Dabei werden nicht vorrangig alle Entwicklungen und Stadien der Forschung nachgezeichnet, vielmehr Schlüsselfragen und zentrale Deutungskontroversen der Geschichtswissenschaft übersichtlich und problemorientiert präsentiert. Der Darstellung dieser Schlüsselfragen folgt zum Schluss eine kritische Bilanz des Forschungsstandes, in der auch offene Probleme der Geschichtsschreibung dargelegt werden. Historische Forschung ist ein nie beendeter Prozess, dessen Befunde immer einer kritisch-distanzierenden Bewertung bedürfen. Auch dies soll in dem abschließenden Kapitel der Bände jeweils deutlich werden. Eine Bibliographie der wichtigsten Werke steigert den Gehalt der Bände; das Register weist zentrale Personen- und Sachbezüge nach und dient einer schnellen Orientierung.

Unser Wunsch ist es, dass die Reihe „Kontroversen um die Geschichte" einen festen Platz in den Bücherregalen von Studierenden der Geschichtswissenschaft, aber auch benachbarter Disziplinen einnimmt, die sich auf Lehrveranstaltungen oder Prüfungen vorbereiten. Darüber hinaus sind die Bände der Reihe an Leserinnen und Leser gerichtet, die Befunde der Geschichtsschreibung sachkundig vermitteln möchten oder ganz generell an historisch-politischen Diskussionen interessiert sind.

Arnd Bauerkämper
Peter Steinbach
Edgar Wolfrum

I. Einleitung

Der Begriff der „industriellen Revolution" bezeichnet jenen fundamentalen Transformationsprozess, der die vormoderne Gesellschaft der frühen Neuzeit in die industrielle Gesellschaft der neuen und neuesten Zeit überführte. Aber wer glaubt noch an die „industrielle Revolution"? – Diese in den letzten Jahren immer häufiger zu hörende, relativierende Frage wäre für zeitgenössische Beobachter des komplexen wirtschaftlichen und sozialen Wandels undenkbar gewesen. Wenig andere historische Fragen stellen sich vor dem Hintergrund eines so breiten Konsens der Zeitgenossen. Damals überboten sich die Beobachter gegenseitig mit euphorischen oder apokalyptischen Beschreibungen und Weissagungen für die Zukunft, aber alle waren sich einig über den revolutionären Charakter der Industrialisierung. Seit den 1970er Jahren ist dieser Konsens brüchig geworden. In dem Maße wie die industrielle Gesellschaft selbst in die Krise geraten ist und Deutschland möglicherweise in eine postindustrielle Phase trat, wurde auch die Industrialisierung historisiert. Statt als entscheidende Stufe auf dem Weg zur modernen Gesellschaft, begann Industrialisierung zur Vorstufe einer Welt zu werden, die zunehmend nicht mehr der unseren entspricht. Einige der früher angenommenen Entwicklungspfade des wirtschaftlichen Wachstums haben sich als ungenau erwiesen. Neben das Konzept der Revolution trat jenes der Evolution, eines langsamen, chronologisch schwer zu fassenden Wandels, der viel zu langsam und uneinheitlich stattfand, um ihn mit dem Begriff der Revolution zu adeln (12, III, S. 237–304).

In der Tat bringt das Reden über die industrielle Revolution eine ganze Menge „Gepäck" mit sich. Der moderne Revolutionsbegriff meint bekanntlich seit der Französischen Revolution eine Kombination aus politischem Aufstand und langfristigem Strukturwandel (12, V, S. 653f.). Revolutionen der politischen Geschichte haben den für Historiker überaus praktischen Vorteil, dass sie typischerweise datierbar sind. Sie enthalten Elemente der Überraschung, des dramatischen wie auch kurzfristigen Wandels und implizieren auch ein gewisses Maß an Irreversibilität. Das führt bezogen auf die Industrialisierung zu direkten Fragen nach dem genauen Zeitpunkt oder der Zeitdauer des Wandels, um den revolutionären Charakter der Industrialisierung zu überprüfen. Ihr Beginn lässt sich in Deutschland grob etwa auf 1840 datieren. Aber schon eine solche Datierung macht die Bestimmung der Vorperiode als Früh- oder Protoindustrialisierung notwendig, was ein Ausdruck dafür ist, dass es historisch unmöglich ist, einen genauen Zeitpunkt des Beginns der „wirklichen" Industrialisierung festzulegen. Die meisten Versuche zur genauen Datierung dienen der griffigen chronologischen Einteilung mehr als der präzisen Grenzziehung (30, S. 15–17). Das Erkenntnisinteresse des Historikers entscheidet darüber, ob 50, 100 oder 250 Jahre noch als rascher Wandel oder gar kurzer Zeitraum aufgefasst werden. Einmal ist es viel, ein andermal ist es eben wenig, je nachdem welche Fragestellung man verfolgt. Aber den revolutionären Charakter des Wandels zu diskutieren, heißt auch, intentionales Handeln der beteiligten Gruppen zu unterstellen. Ebenso wie

Begriff der industriellen Revolution

Datierung der Industrialisierung

Einleitung

Revolutionen Monarchien stürzen, muss auch der Bau der Eisenbahn als Revolution verstanden werden, wenn sie als Bestandteil einer industriellen *Revolution* gelten soll.

Revolution oder Evolution?

Die Kontroverse darüber, ob „Revolution" oder „Evolution" die treffendere Bezeichnung für die Industrialisierung ist, ist vorrangig im angelsächsischen Sprachraum geführt worden (45, S. 1–30). Deutsche Historiker haben den Begriff der industriellen Revolution oft vermieden, ohne ihn explizit abzulehnen (8). In der Regel sind zwar deutsche Geschichtswissenschaftler nicht scheu, mit harten Bandagen für ihre Interpretation der Vergangenheit zu kämpfen, aber diese Kontroverse ist hier zu Lande nie richtig ausgebrochen. Was soll denn schon revolutionär sein an einer Entwicklung, die Deutschland mit rund 70 Jahren Verspätung gegenüber England erfasste? Aber wenn sich der Begriff der industriellen Revolution bewähren soll, muss er auch auf Deutschland zutreffen, wo der Wandel ja keinesfalls weniger umfassend war, aber doch für die Zeitgenossen nicht ganz so überraschend kam. Aus historiographischer Sicht kann man in der vermeintlichen Schwäche des deutschen Beispiels allerdings auch eine Stärke sehen. Die Analyse des beobachtbaren Wandels wird klarer, weil die Zeitgenossen schon in etwa wussten, was kommen würde. Deutsche Industrialisierung studieren heißt demnach aber immer, die internationale Industrialisierung mit zu denken. Ohne englische Geschichte lässt sich die deutsche Industrialisierung eben einfach nicht verstehen. Das ging den Zeitgenossen übrigens genauso, die das Überspringen der industriellen Revolution von England auf den Kontinent beziehungsweise nach Deutschland als Problemstellung klar erkannten (75, I, S. 347–352). Dabei ist auch auf die neueren Ansätze der Beziehungsgeschichte zu verweisen, die vor allem den Transfer von Wissen und kultureller Praxis systematisch untersuchen (35). Manchmal ergeben sich einfach aus der englischen Wirtschaftsgeschichte bestimmte Fragen, die im Unterschied zur Frage nach Revolution/Evolution für Deutschland von entscheidender Bedeutung sind. So gesehen ist die „nachgeholte Industrialisierung", wie sie Alexander Gerschenkron für Deutschland beschrieben hat, für den Historiker ein Glücksfall, denn sie erleichtert und differenziert seine Arbeit (25).

Historiographie der deutschen Industrialisierung

Die Geschichte der deutschen Industrialisierung und der industriellen Welt in einem kompakten Band darlegen zu wollen, ist ein vermessenes Unterfangen. Selbst wenn man sich auf die wichtigeren Themen und die dazugehörige Historiographie beschränken möchte, bleibt die Aufgabe für einen Band und einen Autoren nahezu unlösbar. Zu vielfältig ist die Liste der möglichen Themen, zu voluminös der Forschungsstand und zu anspruchsvoll die Forderung, den Überblick über die Epoche mit detaillierter Spezialkenntnis zu verbinden. Schon Hermann Aubins und Wolfgang Zorns *Handbuch der Sozial- und Wirtschaftsgeschichte* war ein voluminöses Werk, das für Generationen von Historikern der Ausgangspunkt ihrer weiteren Forschung war (2). Auch wer einen der bisher erschienenen Bände des monumentalen *Handbuch zur Sozial- und Wirtschaftsgeschichte Deutschlands* von Friedrich-Wilhelm Henning zur Hand nimmt, wird rasch erkennen, dass Lehrende, Studierende, aber auch die Autoren solcher Handbücher gleichermaßen unter der *Last* der Vergangenheit, hier absolut wörtlich gemeint, zu leiden haben (31). Ähnliches gäbe es von Hans-Ulrich Wehlers *Gesellschaftsgeschich-*

te zu sagen, die im Unterschied zu Henning auch noch den Versuch wagt, die rund 4000 Seiten deutscher Geschichte seit 1750 unter eine integrierende Theorie zu stellen (75). Dies kann und soll der vorliegende Band nicht leisten. Aber selbst wenn man die vorliegenden Einführungen in die Geschichte der Industrialisierung zu Rate zieht, wird schnell klar, dass es sich um ein ungeheures Arbeitsfeld handelt.

Diese verschiedenen einführenden Darstellungen haben jeweils ihre unterschiedlichen Stärken und Schwerpunkte. Im Interesse der sich anschließenden Diskussion von Forschungskontroversen sei an dieser Stelle kurz auf die einzelnen Bände eingegangen. Hennings bekannte UTB-Bände zur Industrialisierung sind sicherlich ein Spezialfall der historischen Literatur. Sie sind jedem interessierten Leser als komprimierte Darstellung der wichtigsten Daten ans Herz zu legen; den Anspruch, mehr als eine stichwortartige Zusammenfassung zu sein, haben sie indes nicht (30). Als Darstellung im eigentlichen Sinn sind sicher zunächst Christoph Buchheims einführende Bücher zu nennen. Sein Band *Industrielle Revolutionen* konzentriert sich auf die Analyse des langfristigen Wirtschaftswachstums und ist einer international vergleichenden Perspektive unter Einbezug aktueller entwicklungspolitischer Fragen verpflichtet (14). Die *Einführung in die Wirtschaftsgeschichte* ist das einzige Lehrbuch seiner Art, das sich allerdings im Wesentlichen auf eine knappe, jedoch auch recht abstrakte Grunddarstellung der industriellen Revolution konzentriert (13). Der von Jörg Fisch verfasste Band *Europa zwischen Wachstum und Gleichheit* ist ein eigenwilliges Produkt, enthält es doch 20 Länderstudien, vier Sachkapitel und einen ausführlichen Forschungsüberblick (20). Hubert Kiesewetters Studie besticht vor allem durch die Verbindung von detaillierter Übersicht über den sektoralen Strukturwandel mit seiner ausgewiesenen Expertise in politik- und regionalgeschichtlichen Aspekten der Industrialisierung (36). Den regionalen Schwerpunkt hat er auch in einer eigenständigen Darstellung vertieft und theoretisch gehaltvoll untermauert (37). Toni Pierenkempers *Umstrittene Revolutionen* schließlich verbindet die international vergleichende Perspektive mit einer an laufenden Forschungsfragen orientierten Darstellung, die wie Buchheims und Kiesewetters Bände von seinen eigenen Forschungsinteressen geleitet werden (50). Schließlich ist Hans-Werner Hahn die vielleicht kompletteste Darstellung der Industrialisierung gelungen, die eine ganze Palette von Forschungsproblemen in überzeugender Breite darstellt (26). Ferner liegen einige Sammelbände mit Einführungscharakter vor. Methodisch besonders gehaltvoll ist der Band von Gerold Ambrosius, Dietmar Petzina und Werner Plumpe mit dem Anspruch, eine *Einführung für Historiker und Ökonomen* zu sein (1). Der Jubiläumsband der *Vierteljahrschrift für Sozial- und Wirtschaftsgeschichte* bietet zahlreiche einführende Aufsätze zu verschiedenen, für den vorliegenden Band einschlägigen Spezialgebieten (57). Auch der von Sheilagh Ogilvie und Richard Overy herausgegebene, englischsprachige Band zur neueren deutschen Sozial- und Wirtschaftsgeschichte ist zu erwähnen, der hervorragende Analysen mit einer angelsächsischen Perspektive verbindet (46).

Der vorliegende Band unterscheidet sich von der in beachtlicher Zahl veröffentlichten Literatur durch seinen Schwerpunkt auf historiographisch bedeutsame Kontroversen und Themenbereiche. Dabei soll die Industrialisie-

Einführende Darstellungen

Einleitung

rung, verstanden als der allgemeine Prozess, der je nach Standpunkt als revolutionär bezeichnet wird, bewusst auch als breites Forschungsfeld bearbeitet werden, das über die Wirtschaftsgeschichte hinaus geht. In ihrem interdisziplinären Charakter ist die Industrialisierung innerhalb der deutschen Geschichte weitgehend einzigartig – und genau deshalb lohnt es sich, sie immer und immer wieder zu studieren. Dabei steht nicht die Vermittlung neuer historischer Grundkenntnisse, sondern die Darstellung verschieder Konzepte und historiographischer Positionen im Vordergrund.

Industrialisierung als Globalisierung

Ganze historische (und sozialwissenschaftliche) Spezialdisziplinen haben sich in den letzten Jahrzehnten an der Industrialisierung und der daraus resultierenden industriellen Welt abgearbeitet; dabei mangelte es auch keineswegs an Kontroversen, weshalb der Platz in dieser Reihe zweifellos gerechtfertigt ist. Nutzen und Nachteil der Industrialisierung selbst wurden immer schon kontrovers diskutiert und von verschiedenen gesellschaftlichen Gruppierungen jeweils unterschiedlich bewertet. In den 1750er Jahren glaubten die englischen Handwerker nicht daran, dass Gutes aus dem Fabriksystem erwachsen könnte (65). Auch 2005 wird im Rahmen der Globalisierungsdebatte immer wieder Kritik an zahlreichen industriellen Prinzipien laut, etwa in Bezug auf die moderne Arbeitsteilung oder die Funktionsweise des Arbeitsmarktes. Überhaupt legen neuere Beiträge etwa von Knut Borchardt und Richard Tilly auch nahe, den Prozess der Industrialisierung als historische Vorläufer der Globalisierung zu verstehen (9; 70). Wann genau allerdings eine solche Globalisierung einsetzte, bleibt dabei nach wie vor ungeklärt (47).

Der Hinweis auf die Industrialisierung als Epoche birgt bereits gehörigen historiographischen Zündstoff. Anders als politikhistorische Epochenbegriffe wie das „zweite deutsche Kaiserreich" oder der „Nationalsozialismus" ergibt sich bereits aus dem Begriff „Industrialisierung" beziehungsweise „industrielle Revolution" sowie der Datierung eine schwierige und komplexe Diskussion, weil die Epochengrenzen sehr viel weniger klar sind, als das in der Politik- und Diplomatiegeschichte zumeist der Fall ist. Diese „Weichheit" der Epochen bringt es mit sich, dass von Anfang an nicht von einem unbestrittenen Faktenbestand ausgegangen werden kann. Einem Ereignis wie etwa der „Machtergreifung" Hitlers steht vielleicht ein Ereignis wie die erste Fahrt des „Adler" genannten Zuges zwischen Nürnberg und Fürth 1835 gegenüber. Was aber im einen Fall eine weltgeschichtliche Zäsur darstellt, an deren Bedeutung nicht zu zweifeln ist, wird im anderen Fall zu einer kleinen Episode, die wenig geeignet ist, die deutsche Industrialisierung im 19. Jahrhundert auf den Punkt zu bringen. Der „Adler" erhält wie manch anderer Aspekt der Geschichte der Industrialisierung seine Bedeutung erst in der ex-post-Perspektive nach dem Bau von Tausenden von Streckenkilometern.

Europäische Dimension der Industrialisierung

Das Schrifttum über die Industrialisierung hat mittlerweile ein enormes Volumen erreicht und harrt dringend einer international vergleichenden historiographischen Aufarbeitung. Der vorliegende Band konzentriert sich aber darauf, anhand ausgewählter Themenbereiche, einige zentrale Arbeitsfelder der Geschichte der Industrialisierung darzustellen. Nicht immer nimmt die wissenschaftliche Forschung dabei den Charakter einer offenen Forschungskontroverse an. Gelegentlich bleiben jedoch die Befunde höchst umstritten, wie etwa in der „Borchardt-Kontroverse" um Zwangslagen und

Einleitung

Handlungsspielräume der deutschen Wirtschaftspolitik in der Weltwirtschaftskrise. Der vorliegende Band strebt an, zu einer Erweiterung des Blicks in doppeltem Sinne beizutragen. Erstens: Die Industrialisierung ist bekanntlich keine deutsche „Erfindung". Gerschenkron sprach von der nachgeholten Industrialisierung Deutschlands, womit er die im Vergleich zu Großbritannien verspätete Entwicklung meinte (25). Jede Analyse der Industrialisierung in Deutschland muss damit eine europäische Dimension aufweisen. Zweitens: Wie noch zu zeigen sein wird, steht die Industrialisierung als Forschungsthema disziplinengeschichtlich genau zwischen Sozial- und Wirtschaftsgeschichte und war damit seit jeher methodisch aufwändig gehalten (72). Aus diesem Grund gehört es zum Selbstverständnis dieses Bandes, die methodischen Grundlagen der besprochenen Forschungsbeiträge ebenso intensiv zu diskutieren wie die empirischen Befunde selbst. Dabei stellt die Diskussion um quantitatives Arbeiten in der Geschichtswissenschaft sicherlich eine Leitlinie dar, die sich durch den Band zieht. Wenig schreckt Geschichtsstudenten gegenwärtig mehr ab, als die Anforderung, sich einigermaßen routiniert und statistisch korrekt mit Zahlenmaterial auseinander zu setzen. Das ist sicherlich kein deutsches, sondern ein internationales Problem. Aber entgegen der heute weit verbreiteten Annahme, dass früher oft quantifiziert wurde, sei an dieser Stelle festgehalten, dass quantitative Geschichte an Deutschlands historischen Seminaren, Instituten und Departments nie vollwertige Aufnahme in die historische Methodenlehre gefunden hat. Eine moderne und gleichzeitig für Historiker zugängliche Einführung in das quantitative Arbeiten stellt einen gravierenden Mangel in den deutschsprachigen Lehrbuchsammlungen dar (19; 33). Deshalb will der vorliegende Band immer wieder auf Daten- und Messprobleme hinweisen, um quantitative Quellen als eine Quellenart neben anderen zu berücksichtigen.

Was aber meint „Industrialisierung" und „Industrielle Welt" als Titel? Der Begriff „Industrialisierung" ist bekanntlich wie jeder historische Grundbegriff auf sehr unterschiedliche Weise definiert worden. Phyllis Deane bezeichnet „Industrialisierung" als den wirtschaftlichen Prozess, der eine vorindustrielle, von niedriger Produktivität und Stagnation gekennzeichnete Gesellschaft in eine moderne Industriegesellschaft überführt, die von steigender Produktivität und Wirtschaftswachstum gekennzeichnet ist (17). Konkreter wird mit dem Begriff der Industrialisierung die Veränderung des Produktionsprozesses bezeichnet, indem sich eine maschinelle Erzeugung von Gütern und Dienstleistungen durchsetzte. Bereits im Verlagswesen des frühneuzeitlichen Europas wurden gelegentlich Maschinen eingesetzt und in manchen Manufakturen der Frühindustrialisierung oder auch in größeren Zunftwerkstätten wurde auch schon arbeitsteilig gearbeitet. Der Begriff der Industrialisierung zielt hier aber auf eine gesamtgesellschaftliche Durchsetzung des Prinzips, meint also die Industrialisierung der Gesellschaft genauso wie die oft dramatischen Veränderungen der Produktionsprozesse. Aus währungs- und finanzgeschichtlicher Perspektive lässt sich die Industrialisierung auch als Durchsetzung moderner Investitionsinstrumente verstehen. Basierte das Verlagswesen noch auf einer dezentralen Produktionsstruktur, die der Verleger meist mit seinem privaten Vermögen betrieb, erforderte die Industrialisierung mit ihrer kapitalintensiven Produktionsweise den Aufbau moderner Banken und Bör-

Was heißt Industrialisierung und Industrielle Welt?

Perspektiven der Industrialisierung

Einleitung

sen. Der gewaltige Kapitalbedarf des Eisenbahnbaus muss an dieser Stelle als Beispiel für den Veränderungsdruck im Finanzwesen genügen. Ein mehr technikhistorischer Begriff der Industrialisierung betont die Mechanisierung und Technisierung der Produktion etwa mit Hilfe der Dampfmaschine, die zu einer Schlüsselinnovation der Industrialisierung wird, weil es mit ihr erstmals in großem Stile gelingt, menschliche Arbeitskraft durch Maschinen zu ersetzen. Durch die Eisenbahn und andere Verkehrsmittel lassen sich schließlich sowohl entscheidende Nachfrageimpulse geben als auch die Transaktionskosten (zum Beispiel durch kostengünstigeren Güterverkehr) von Marktteilnehmern reduzieren. Schließlich lässt sich die Industrialisierung als Prozess verstehen, der die Nachfrage nach standardisierten, industriellen Massenprodukten entscheidend fördert. Diese Güter werden auf überregionalen Märkten gehandelt, wie insgesamt die Bedeutung von Faktor- und Gütermärkten im Zuge der Industrialisierung sprunghaft zunimmt. Die zentrale Bedeutung eben dieser Märkte für die Organisation der Gesellschaft wird mit dem treffenden Begriff der Ökonomisierung umschrieben (63).

Disziplinengeschichte

Die Disziplin der Sozial- und/oder Wirtschaftsgeschichte befindet sich wissenschaftspolitisch in der Defensive. International angesehene Professoren werden erimitiert, Lehrstühle gestrichen, Projekte abgebrochen und der wissenschaftliche Nachwuchs wendet sich anderen Dingen zu. Das gilt nicht etwa nur für Deutschland, sondern trifft auch auf die ehemals führenden wirtschaftshistorischen Standorte Großbritanniens oder der Vereinigten Staaten zu. Angesichts der in der öffentlichen Diskussion absolut dominanten Bedeutung der Wirtschaft verblüfft diese schrittweise Verdrängung ökonomischer Fragestellungen (oder Probleme) innerhalb der Geschichtswissenschaften. Wenn sich die Geschichtswissenschaften weiterhin an der Analyse der modernen Welt beteiligen wollen, können sie sich jedoch die – durchaus drohende – Marginalisierung der Wirtschaftsgeschichte buchstäblich nicht leisten. Dieser Band versteht sich deshalb auch als Versuch, durch die Vermittlung komplexer Methoden um Verständnis für ökonomische Zusammenhänge zu werben. Auf beiden Seiten muss gehandelt werden: Die Wirtschaftsgeschichte wird nicht umhin können, mehr zu ihrer Vermittlung zu leisten. Umgekehrt werden auch die verschiedenen Spezialdisziplinen der Geschichtswissenschaft in die Pflicht zu nehmen sein, sich mit vorhandenen Konzepten und der Verwendung von quantitativen Materialien ernsthaft auseinander zu setzen. Der tatsächliche Graben zwischen den Disziplinen ist sicher nicht unüberbrückbar (61).

Industrialisierung als Revolution?

Aber was war die Industrialisierung nun: Revolution oder langsamer Wandel? Die Frage wird seit langem diskutiert und wirkt mittlerweile etwas abgegriffen. Moderne Skepsis steht zeitgenössischer Euphorie gegenüber. In der Mitte des 19. Jahrhundert war es für Friedrich List ganz selbstverständlich von einer „industriellen Revolution" zu sprechen, und seit Arnold Toynbees klassischen Vorlesungen zur industriellen Revolution bürgerte sich der Begriff als feststehende Epochenbezeichnung ein. Die Rede von Industrialisierung als Revolution hielt sich bis in die 1970er Jahre, als erste Kritik an dem Modell laut zu werden begann (26, S. 52). Mit der komplexer werdenden Forschungslage zur Geschichte der Industrialisierung musste ein relativ klarer und letztlich einfacher Begriff wie derjenige der Revolution problematisiert

Einleitung

werden. Besonders unter dem Eindruck der Forschungen von Nicholas Crafts zu den Wachstumsraten der englischen Industrie kamen fundamentalere Zweifel am revolutionären Charakter des wirtschaftlichen Wandels auf. Crafts argumentiert, dass der Prozess der Industrialisierung schon im 17. Jahrhundert eingesetzt habe und deswegen langsamer verlaufen sei als bisher angenommen wurde (16). Auch der unbestreitbar massive Strukturwandel seit der Mitte des 18. Jahrhunderts wird nicht mehr nur der zunehmenden Bedeutung der Industrie zugewiesen. Schließlich dürfte sich mit dem schleichenden Zerfall der „großen Erzählung" in der Geschichtswissenschaft auch ein zu großem Zusammenhang neigender Begriff wie derjenige der industriellen Revolution weniger Beliebtheit erfreuen, zumal er sich – selbst wenn er eng verstanden wird – auf einen Zeitraum von fünfzig bis hundert Jahren zu beziehen hat. Große Epochenbegriffe gelten heute nicht mehr viel, gar zu sehr eignen sie sich zur Dekonstruktion. In der Tat wurde die industrielle Revolution sogar schon als Mythos, als Artefakt der Geschichtswissenschaft ohne Realitätsbezug bezeichnet (23).

Ende der großen Erzählung

Die Bedeutung und Problematik der großen Epochenbegriffe für die Geschichtswissenschaft und die Vermittlung historischer Kenntnisse lässt sich hier nicht abschließend studieren. Für den Themenbereich dieses Bandes gilt jedoch, dass es nach wie vor zahlreiche Historiker gibt, die das Revolutionäre der Industrialisierung nicht preisgeben möchten. Sie betonen, dass Strukturwandel natürlich Zeit braucht, aber dass keine vorhergehende und auch keine seither folgende Epoche einen derartig weitgehenden sozio-ökonomischen Strukturwandel bedeutet hat. Dabei lässt sich über die Dauer, Veränderungsraten oder die Bedeutung des Revolutionsbegriffs trefflich streiten. Aber es möchte doch niemand ernstlich in Frage stellen, dass sich Deutschland beziehungsweise die verschiedenen Einzelstaaten auf dem Gebiet des späteren deutschen Reiches zwischen 1800 und 1900 eklatant verändert hat. Die industrielle Welt des 20. Jahrhunderts wird von Strukturelementen charakterisiert, die es vor 1800 ganz einfach nicht gab. Man braucht nur auf die Eisenbahn (und später das Automobil) oder die Märkte für industrielle Güter in vielen Bereichen des täglichen Lebens hinzuweisen, um diesen fundamentalen Wandel zu betonen (77). Ein zentrales Problem bei jeder Epocheneinteilung ist zweifellos die Distanz zwischen beurteilendem Historiker und der beurteilten Epoche. Das gilt besonders für die Industrialisierung, zumal aus heutiger Perspektive der Wandel nicht mehr so revolutionär erscheint angesichts mehrerer Generationen, die sich bereits im Alltag mit der industriellen Welt auseinander setzen konnten. Dabei handelt es sich hierbei um ein altes, der Geschichtswissenschaft schon seit dem 19. Jahrhundert bekanntes Problem. Ranke selbst und mit ihm der Historismus hielt bekanntlich die zeitliche Distanz zwischen Historiker und Untersuchungsgegenstand für hilfreich, ja sogar für notwendig, um dem Historiker einen vorurteilsfreien Blick auf die Geschichte zu ermöglichen. Im Fall der Industrialisierung dreht sich diese Perspektive allerdings um: Man muss sich immer wieder vergegenwärtigen, was die Eisenbahn, das Fabrikwesen und die Verlängerung der Lebenserwartung für die Zeitgenossen bedeuteten.

Industrialisierung als Epoche

Aus heutiger Sicht ist das vielleicht nicht mehr spektakulär; die Gewöhnung an die industrielle Welt sollte jedoch nicht zur Unterschätzung der

Gewöhnung an die industrielle Welt

Einleitung

historischen Dramatik verleiten. Dieser Eindruck verfestigt sich, wenn man sich von der Nationalgeschichte löst und sich einer kleinräumigeren Perspektive verschreibt wie das Pat Hudson und Maxine Berg anhand der industriellen Revolution in England vorgeführt haben (5). Dann ist es nicht mehr so wichtig, ob die gesamtgesellschaftlichen Wachstumsraten wirklich revolutionär waren, solange die betroffenen Menschen den Strukturwandel als revolutionär perzipierten. Daran aber gibt es nun wirklich keinen Zweifel. Ob der revolutionäre Charakter der kritischen Prüfung der Geschichtswissenschaft standhält, wird jedoch sicherlich von der gewählten Perspektive und der genauen Forschungsfrage abhängen. Insofern braucht es an dieser Stelle keine Entscheidung für und wider die industrielle Revolution. Die in diesen einleitenden Fragen angedeuteten Grundprobleme können hier nicht endgültig entschieden werden. Aber es bleibt festzuhalten, dass die Wahl zwischen „Industrialisierung" oder „Industrieller Revolution" dazu dienen kann, die Kriterien historischen Arbeitens an der historischen Evidenz zu überprüfen und verschiedene Argumentationsmuster zu betrachten (41).

Industrialisierung als Durchsetzung des industriellen Prinzips in vielen oder gar allen Lebensbereichen bedeutet im engeren Sinn einen Strukturwandel der wirtschaftlichen Produktion. Alte Produktionsregime wie etwa das städtische Zunftwesen oder das ländliche Verlagswesen wurden von einer industriellen Produktionsweise abgelöst. Aus ökonomischer Sicht ermöglicht das Fabrikwesen erhebliche Produktivitätsvorteile gegenüber althergebrachten Herstellungsmethoden. Das hängt sicherlich mit der strikten Arbeitsteilung zusammen, welche die Produktion an einem zentralen Standort erleichtert. Eine Schlüsselrolle übernimmt dabei aber vor allem der technisch-wissenschaftliche Fortschritt, der entsprechend ökonomischer Modellierung die Produktionsfunktion verschiebt, was eine langfristig kostengünstigere und oftmals auch qualitativ höherwertige Herstellung von Investitions- oder Konsumgütern ermöglicht. Wenn damit zunächst die fundamentalen Veränderungen in der Produktion beschrieben werden können, so ist in einem nächsten Schritt sicherlich der Wandel der Arbeit zu bedenken. Das Ende der zünftigen Gewerbewirtschaft sowie die Krise des Verlagswesens führt zu einer Verlagerung der Arbeitsplätze aus relativ kleinräumigen, dezentralen Arbeitsstätten zum Fabrikarbeitsplatz. Einerseits fand diese Verlagerung durch rasches Wachstum des industriellen Sektors statt, der zunehmend in der Lage war, abwanderungswillige Arbeitskräfte aus der Landwirtschaft aufzunehmen. Andererseits setzte schon bald ein Konzentrationsprozess in der industriellen Betriebsstruktur ein, der bestehende Betriebe rasch wachsen ließ und auch über die noch nie da gewesene Konzerngröße zur Veränderung der Arbeitsstruktur beitrug. Diese Veränderung der Arbeit wirkte sich auch auf die einzelnen Arbeitsplätze aus: abhängige Lohnarbeit, die von Fabrikordnungen und den neu eingeführten Zeitmessverfahren strukturiert wird, löste die kleinräumige Selbst- oder wenigstens Mitorganisation der Arbeit im eigenen Haus oder im kleinen Zunftbetrieb zunehmend ab.

Anfangsphase der Industrialisierung

Diese ersten Veränderungen charakterisierten insbesondere die Anfangsphase der Industrialisierung in Deutschland bis circa 1870. Nach wie vor war die Landwirtschaft der zentrale Arbeitsbereich für die Mehrheit der Be-

Einleitung

völkerung; es zeichnete sich aber bereits ab, dass der Industrialisierung die Zukunft gehören würde. Mit der Eisenbahn war zudem ein Leitsektor gefunden, dessen Bedeutung sich auch aus der symbolischen Kraft ihrer Transportleistung ergab. Seit langem hatte es schon überregionalen Handel mit und auch Konsumgüter aus vielen Ländern gegeben; aber mit der Eisenbahn gelang eine Verkleinerung der Welt in einer derart kurzen Zeitspanne, wie das vorher nicht für möglich gehalten wurde. Die Eisenbahn trug nicht nur zur Symbolwirkung der Industrialisierung bei, sie war auch als einzelne Industrie von kaum zu überschätzender Bedeutung. Die Ökonomisierung der Gesellschaft wäre ohne Eisenbahnen oder wenigstens ohne modernes Transportsystem weniger rasch vorangekommen, deutsches Fähigkeitskapital in der Importsubstitution englischer Lokomotiven durch Maschinen deutscher Produktion sicher nicht schon in den 1850er Jahren abgeschlossen gewesen. Und für wen, wenn nicht für die Eisenbahn hätten Kohle- und Stahlindustrie produzieren wollen?

Die zweite Phase der Industrialisierung setzte ungefähr mit Gründung des deutschen Kaiserreichs ein und ist unter dem Epochenbegriff „Hochindustrialisierung" bekannt geworden. Die Industrialisierung wurde nun zunehmend als irreversibler Prozess verstanden. Zwar erschütterte die Große Depression ab 1873 das Vertrauen in den modernen Kapitalismus; gleichwohl war es offensichtlich, dass ein Weg zurück zur alten Ständegesellschaft nicht mehr möglich war. Zu sehr hatten sich die sozio-ökonomischen Strukturen bereits gewandelt. Das Eisenbahnnetz war schon stark ausgebaut, die Transaktionskosten für den Handel sanken und immer mehr Arbeitskräfte waren in der rasch wachsenden Industrie beschäftigt. Die Industrialisierung hatte sich durchgesetzt, führte nun aber zu neuen Problemen. Insbesondere die soziale Organisation der Gesellschaft, die sich zunehmend zur Klassengesellschaft wandelte, beschäftigte nun die Zeitgenossen. Spätestens seit der bekannten Kaiserlichen Botschaft von 1878, die als Ergänzung des repressiven Sozialistengesetzes eine sozialpolitische Initiative ankündigte, wurde die sozialistische Bedrohung durch die erstarkende Arbeiter- und Gewerkschaftsbewegung zum zentralen politischen Thema des Reiches. Es war nun nicht mehr die Frage, ob die Industrialisierung sich durchsetzen würde, sondern wie die Lasten des Prozesses gesellschaftlich angemessen verteilt werden konnten. Insgesamt verfolgte der Staat unter Bismarcks Führung seit der Großen Depression eine zunehmend protektionistische und staatsinterventionistische Politik, die der Wirtschaft insgesamt entgegen kam, wohl aber indirekt nach 1890 auch den Lebensstandard der Arbeiter moderat hob.

Mittlerweile studiert man seit wenigstens hundert Jahren die Geschichte der Industrialisierung, stellt Fragen nach ihrem revolutionären Charakter, untersucht den wirtschaftlichen Strukturwandel und weist auf die grundlegenden Veränderungen hin, die im Laufe des 19. und frühen 20. Jahrhunderts Deutschland und die westlichen Industrienationen erfassten. Warum eigentlich soll man diese Tradition fortsetzen? Ist nicht genug bekannt über die Prozesse und Strukturen, die dieser Band zu diskutieren sich vornimmt? Eine Antwort auf diese Frage ist in einigen disziplinengeschichtlichen Überlegungen zu finden. Was einst als Reformprojekt der politischen Geschichte abgerungen und unter dem Eindruck von 1968 als bisweilen sogar revolutionär

Hochindustrialisierung

Große Depression

Krise der Sozial- und Wirtschaftsgeschichte

Einleitung

„neue" Geschichtsschreibung verstanden wurde, steht heute in der Krise. Manche Auguren rufen den Tod der Wirtschafts- und Sozialgeschichte aus. Es ist paradox: Je mehr die moderne Welt erkennt, dass Marx mit seinem Primat des Ökonomischen wohl Recht hatte, desto weniger interessiert scheinbar die Wirtschaftsgeschichte. Der 1993 an zwei Wirtschaftshistoriker, Robert Fogel und Douglass North, verliehene Nobelpreis wirkt manchmal eher wie eine posthum verliehene Ehrung denn als Fanal für eine Phase intensiver wissenschaftlicher Forschung. Die Kontroverse um das Wirken berühmter Nachkriegshistoriker wie Werner Conze oder Theodor Schieder im Nationalsozialismus brachte auch die Sozialgeschichte in Bedrängnis (60). Diese allgemeine Krise einer Spezialdisziplin hat aber sicherlich auch ganz andere Ursachen, die hier nicht alle diskutiert werden können. Sie gründet auf schwindenden Studentenzahlen in manchen historischen Spezialdisziplinen, verstärkt sich unter dem Spardruck nicht mehr zugewiesener Lehrstühle und basiert auch auf einer, allerdings schwer zu fassenden Fachdiskussion unter Historikern, ob Sozial- und/oder Wirtschaftsgeschichte angesichts der postmodernen Herausforderung noch zeitgemäß sei. Erfahrungsgeschichte hat die Strukturgeschichte stellenweise abgelöst, während die quantifizierende Wirtschaftsgeschichte zunehmend nur noch im Kontext der volkswirtschaftlichen Theoriediskussion stattfindet, da sich Historiker mehr für die Konstruktion der Daten als für ihren Aussagewert interessieren.

Dem Verhältnis von allgemeiner Geschichte zu den verschiedenen geschichtswissenschaftlichen Spezialdisziplinen wie etwa der Sozial- und Wirtschaftsgeschichte wäre erst noch gesondert nachzuzeichnen (56). Aber die Geschichte der Industrialisierung und der industriellen Gesellschaft war und ist das Kernthema der Sozial- und/oder Wirtschaftsgeschichte. Insofern ist der Stand der Disziplin unmittelbar mit dem Erkenntnisinteresse der Geschichte der Industrialisierung verbunden. Wer für die Geschichte der Industrialisierung werben will, kommt um die Auseinandersetzung um Disziplinen und Perspektiven nicht umhin.

Sozialgeschichte als Strukturgeschichte

Mittlerweile schon etwas älter gewordene Überblicke über die Sozialgeschichte – verstanden als Teildisziplin – nennen typischerweise die strukturgeschichtlich arbeitenden Historiker um Conze und Schieder als die Gründer der modernen deutschen Sozialgeschichte (39; 54). Bereits ihnen war die systematische Kooperation mit anderen Disziplinen, allen voran der Wirtschaftsgeschichte, ein wichtiges Anliegen. Unter dem Einfluss von Hans Rosenberg und Gerhard A. Ritter formierte sich in den 1960er Jahren ein neuartiges Verständnis von Sozialgeschichte. Eine Kernforderung bestand nun im systematischen Bezug zu Theorieangeboten der Sozial- und Wirtschaftswissenschaften (59). Das hat sich im Fall der Sozialgeschichte in zweierlei Richtungen konkretisiert: Die so genannte Bielefelder Schule der Sozialgeschichte verstand sich als historische Sozialwissenschaft, die den als überholt geltenden Historismus zu überwinden suchte. Ihre typischen Forschungsarbeiten beinhalteten fundierte theoretische Einleitungen, die unter regelmäßigem Rückgriff auf „Klassiker" wie Max Weber dem Quellenstudium einen strukturierten Rahmen geben sollten. In ihren besten Arbeiten gelang es immer wieder, theoriegeleitete Überlegungen und traditionelle Quellenarbeit miteinander zu verbinden.

Bielefelder Schule

Einleitung

Unter dem Begriff der historischen Sozialforschung firmierten demgegenüber einige Historiker, denen die „Bielefelder Schule" zu wenig weit ging. Sie kritisierten den geringen Zusammenhang von Theorien und Quellen und forderten stattdessen, sozialwissenschaftliche Theorieansätze auch mit sozialwissenschaftlichen Methoden zu bearbeiten, historisches Quellenmaterial demnach vor allem als Daten bei der Prüfung sozialwissenschaftlicher Theorien zu verwenden. Den wichtigsten Schwerpunkt dieser quantitativ aufwändigen Forschungstradition bildet die Zeitschrift *Historical Social Research/Historische Sozialforschung*, die im Auftrag der Arbeitsgemeinschaft QUANTUM von Wilhelm Schröder, Zentralarchiv für Empirische Sozialforschung der Universität Köln, herausgegeben wird.

Historische Sozialforschung

Aber aus heutiger Sicht lässt sich unschwer erkennen, dass die überwiegende Mehrheit der deutschsprachigen Historiker weiterhin in den Archiven saß und weiter an ihren Quellen arbeitete. Das Primat der Theorie wurde breit konzediert, aber im Grunde blieben die theoriegeleiteten Arbeiten doch immer eine Minderheit, wie Volker Berghahn zu Recht angemerkt hat (6, S. 459). Man wird hier in einer gewissen Innovationsresistenz der deutschsprachigen Geschichtsschreibung ebenso einen Grund für die Stagnation der modernen Sozial- und Wirtschaftsgeschichte erkennen wollen, wie in einem übertriebenen Anspruch, der zu einer Geringschätzung anderer Methoden und Zugangsweisen führte. Wehlers berühmte Formel der „Barfußhistoriker" für die Vertreter der Alltagsgeschichte mag hier als Beispiel eines überzogenen Anspruchs dienen, der sich in der Sache als äußerst kontraproduktiv ausgewirkt hat (76).

In der Wirtschaftsgeschichte fand eine ähnliche Entwicklung statt. Seit der Jahrhundertwende hatte die „historische Schule" um Werner Sombart und Max Weber die Nationalökonomie dominiert. Ihre Bücher suchten die Erklärung der modernen Wirtschaft in Griechenland, Rom oder China, boten historisch eloquente Analysen des Mittelalters oder studierten die Bedeutung der Protestantischen Ethik fürs moderne Wirtschaftsleben (64; 73). Noch heute lesen sich solche „Klassiker" ganz hervorragend, war doch sprachlicher Stil ein Teil der wissenschaftlichen Rhetorik der Zeit. Aber damit wollte die *New Economic History* ein für alle Mal aufräumen. Seit den 1950er Jahren kam aus den USA diese Bewegung, die statt gut geschriebener historisch-ökonomischer Analysen nur noch – ganz unter dem Eindruck der wachsenden neo-klassischen Ökonomie – eine harte ökonomische Modellrechnung als gültige Methode zuließ (22). Aus heutiger Sicht wird man das Revolutionäre dieser Richtung nicht mehr recht würdigen können, aber die hohe Zeit der quantitativen Ökonomie fand vor der Verbreitung des PCs statt und stellte enorme methodische Anforderungen an die Wirtschaftshistoriker. Deutschland nahm an dieser Entwicklung zunächst nur wenig Teil; die deutsche Wirtschaftsgeschichte vermied zu jener Zeit den Anschluss an diese Richtung moderner, meist theoriegeleiteter, quantitativ orientierter Forschung mit stark volkswirtschaftlicher Ausrichtung (71; 58). Erst in letzter Zeit hat sich eine jüngere Generation von Historikern der systematischen, quantitativen Forschung verschrieben. Dieser allgemeine Perspektivenwechsel kann in zwei Denkrichtungen stattfinden: Zum einen vertreten ökonomisch geschulte Historiker die Ansicht, dass nur eine quantitativ-ökonomisch gestützte Wirt-

Historische Schule der Nationalökonomie

New Economic History

schaftsgeschichte konzeptionell auf der Höhe der Zeit sein kann (4, S. 639). Zum anderen bieten einige Wirtschaftshistoriker ihre empirisch vorliegenden Daten der aktuellen Theoriebildung zur Überprüfung ihrer Modelle an, was von Hoffmann als „retrospektive empirische Wirtschaftsforschung" bezeichnet wurde (32).

Verhältnis zu den Wirtschaftswissenschaften

Dem Fach Wirtschaftsgeschichte verhalf dies zu einer institutionellen Bindung an volkswirtschaftliche Fakultäten, ohne sich allerdings bei den Ökonomen dauerhaft einen Platz zu sichern (10). Aber die damit wachsende methodische Nähe zu den Wirtschafswissenschaften hatte ihren Preis, denn der Graben zwischen allgemeiner Geschichte mit ihren historischen Methoden und der zunehmend quantitativ-mathematischen Wirtschaftsgeschichte wurde und wird immer größer. Hans Pohl ging noch 1995 davon aus, dass das Interesse an Wirtschafts- und Sozialgeschichte von Seiten der Geschichtswissenschaft sowie der Ökonomie weiter zunehmen würde (53). Unter Druck von Sparzwängen, aber auch unter dem Einfluss der immer spezialisierter wirkenden Theoriediskussion der Ökonomie scheint sich diese Voraussage aber nicht zu bewahrheiten. Die Nobelpreise für Fogel und North vermochten keine größere Leidenschaft der primär neoklassischen Ökonomie für Geschichte zu wecken, und bereits Mitte der 1990er Jahre war führenden Fachvertretern wie Pierenkemper oder Buchheim klar, dass Sozial- und Wirtschaftsgeschichte als Fach vor einem schwer zu gewinnenden Abwehrkampf stand (15; 51). Auch von Seiten der Geschichtswissenschaft wird die wachsende Abwendung von wirtschaftshistorischen Fragestellungen zunehmend beklagt (38). Aber ein Neubeginn des Faches, eine inhaltliche Neuorientierung, die zwischen Ökonomie und Geschichte vermittelt, an die kultur- und erfahrungsgeschichtliche Wende der Geschichte ebenso anschließt wie an die komplexen theoriebasierten Überlegungen der modernen Ökonomie ist bei aller Kritik an der Übernahme der *New Economic History* bisher noch nicht gefunden worden (69; 49). Dabei spricht einiges dafür, dass sich Ökonomie und Geschichte gar nicht so fern sind und sogar ökonomische Theoriebildung unter Einschluss von historischen Überlegungen erfolgen könnte (61). Aber so bemüht und auch teilweise überzeugend die Integrationsversuche historisch arbeitender Wirtschaftswissenschaftler auch sein mögen, neoklassische Theoretiker sind laut Pierenkemper damit nicht zu überzeugen (52). Das Urteil über die neueren Ansätze zur modernen Institutionenökonomie steht noch aus. Wiewohl auf neoklassischer Ökonomie beruhend, hat sich besonders Clemens Wischermann um deren Integration in den Methodenkanon der Geschichtswissenschaft verdient gemacht (79; 78).

II. Überblick

Die Forschungs- und Literaturlage zur Geschichte der Industrialisierung ist nahezu unüberschaubar. Selbst wer sich radikal auf die deutsche Industrialisierung beschränken möchte, wird von der Menge der vorhandenen Literatur sofort überfordert. Diese Überforderung nimmt schon beinahe komische Züge an, wenn auch noch die vergleichende Perspektive berücksichtigt werden soll. Aber das liegt in der Natur der Sache, denn nicht nur die wirtschaftshistorisch nachgewiesenen internationalen Verhältnisse sind hier mit zu bedenken. Vielmehr ist es eine im Vergleich zu anderen historischen Spezialdisziplinen herausragende Eigenschaft der deutschen Wirtschaftsgeschichte, dass eine vergleichsweise internationale *scientific community* ihre Forschungsfragen, aber auch ihre empirischen Ergebnisse in der Regel international diskutiert. Es reicht deshalb nicht, sich auf die deutschsprachige Literatur zu beschränken, obwohl die Materialflut dann schnell nicht mehr zu bewältigen ist. Ein Blick in die einschlägigen Handbücher und Überblicksdarstellungen bestätigt das eindrücklich (31). Aber die Explosion der Forschungsliteratur durch Internationalisierung ist nicht das einzige grundsätzliche Problem. Ein Weiteres besteht in der Vielzahl der historischen Perspektiven, die sich einerseits aus der Interdisziplinarität des Projekts ergeben, andererseits unterliegen sowohl die systematischen Bezugsdisziplinen als auch die Geschichtswissenschaft selbst einem stetigen Wandel.

Welche Geschichte der Industrialisierung erzählt werden kann, hängt zweifellos von der gewählten Perspektive ab. Es ist deshalb wichtig, den Band mit der Diskussion grundsätzlicher und konzeptioneller Fragen zur Geschichte der Industrialisierung zu beginnen. Dabei stellt sich im Kontext der Problematik, ob die Industrialisierung mehr Evolution als Revolution gewesen sei, auch die Frage nach der chronologischen Periodisierung der Industrialisierung. Die Debatte zur englischen Industrialisierung ist dabei von grundsätzlicher Wichtigkeit; sie beschäftigt sich auch mit der interessanten Frage, ob man überhaupt für die englische Industrialisierung spezifische Gründe nennen kann. Es besteht ein weitgehender Konsens darüber, dass die innovationsfreudige Baumwollindustrie Englands eine besondere Rolle als Leitindustrie einnahm. Aber dass sich daraus bereits zwangsläufig eine Industrialisierung ergäbe, ist nicht gesagt. Vielmehr basieren verschiedene Erklärungsmodelle auf dem genannten Konsens: Crafts spricht von günstigen Bedingungen, die aber erst durch Zufall zur Industrialisierung wurden (94). Blaut nennt in entwicklungskritischer Perspektive den Übergang zur Industrialisierung einen Unfall der Geschichte (85), während Landes in der Industrialisierung eine logische Folge des Erfolgs der Baumwollindustrie erkennt (117). Aber wie ist dann die deutsche Industrialisierung zu erklären, die bekanntlich erst in den 1840er Jahren den Übergang zum dauerhaften, industriellen Wachstum schaffte? Im Verlauf des Buches werden verschiedene Antworten besprochen. Im konzeptionell gehaltenen Kapitel stehen dabei der Take-Off der deutschen Wirtschaft nach Rostow sowie der erste industrielle Kondratjeff-Zyklus im Rahmen der Lange-Wellen-Forschung im Vorder-

Internationale Scientific Community

Perspektiven der Industrialisierung

Konzepte der Industrialisierungsgeschichte

13

grund. Schließlich werden auch die neuen institutionenökonomischen Ansätze zu berücksichtigen sein. Sie gehen von einem neo-klassischen Modell vollständiger Märkte aus, machen aber historisch gewachsene Institutionen für die Regulierung der Märkte verantwortlich. Seit den preußischen Reformen ist die deutsche Industrialisierungsgeschichte reich an solchen marktregulierenden Institutionen.

Krisen in Wirtschaft und Gesellschaft

Das zweite Kapitel zu Wirtschaftskrisen behandelt den grundlegenden Prozess des beschleunigten wirtschaftlichen Wachstums und der periodisch auftretenden krisenhaften Wachstumsstörungen und nimmt dabei einiges des im ersten Kapitel analysierten theoretischen Rüstzeugs mit auf. Dabei ist auf den grundsätzlichen Unterschied der industriellen und der vorindustriellen Zeit hinzuweisen, denn wirtschaftliche Krisen in der industriellen Gesellschaft sind prinzipiell marktbezogene Krisen; dabei geraten Produktions-, Güter- oder Arbeitsmärkte aus dem Gleichgewicht und verursachen eine krisenhafte Kontraktion der Wirtschaft. Das unterscheidet die industrielle von der vorindustriellen Welt, denn bis zur Industrialisierung waren die meisten wirtschaftlichen Krisen vor allem Versorgungskrisen, hervorgerufen durch Kriege, Seuchen, Hungersnöte oder Missernten.

Große Depression

Die Große Depression (1873–1890) gilt in der neueren Forschung eigentlich als „Bagatellkrise". Die Wirtschaftskrise im Sinne einer Produktionskrise dauerte nur wenige Jahre und ist mit dem Begriff der Gründerkrise verbunden, weil sie eine direkte Folge auf den Gründerboom im Zusammenhang der Reichsgründung von 1870/71 darstellte. Die Große Depression traf das Kaiserreich zu einem denkbar ungünstigen Moment, denn der vorangegangene wirtschaftliche Aufschwung dürfte maßgeblich an der politischen Vereinigung Deutschlands beteiligt gewesen sein. Die Interpretationen der Krise gehen dabei in letzter Zeit eher davon aus, dass diese Periode gesamtwirtschaftlich nicht besonders dramatisch war, denn fast alle gesamtwirtschaftlichen Indikatoren zeigen wohl eine Verlangsamung, nicht jedoch eine größere Krise der Wirtschaft. Hingegen war der während der Depression eingeleitete Strukturwandel beachtlich. Die Eisenbahn war zu diesem Zeitpunkt weitgehend gebaut und verlor ihren Status als Führungssektor an die aufstrebenden neuen Elektro-, Maschinen- und Chemieindustrie. Die Große Depression war in vielerlei Hinsicht eine industrielle Zeitenwende, denn sie markierte auch den Beginn einer umfassenden Neuorientierung staatlicher Aktivität, zum Beispiel in der Form protektionistischer Zollgesetze oder dem Beginn der staatlichen Sozialpolitik. Die Große Depression der 1870er Jahre stellt damit ein Beispiel für eine Wirtschaftskrise dar, deren Effekte weitgehend auf den wirtschaftlichen und wirtschaftspolitischen Bereich beschränkt blieben.

Weltwirtschaftskrise

Aufstieg des Nationalsozialismus

Die Weltwirtschaftskrise von 1929 bis 1934 schlug demgegenüber auf alle Bereiche der Gesellschaft durch und zog katastrophale Folgen nach sich. Unter Historikern dominierte deshalb lange Zeit die Ansicht, dass die Wirtschaftskrise die wichtigste Bedingung für den Aufstieg des Nationalsozialismus war (48, S. 216). Aber neuere Studien betonen den gesellschaftspolitischen Kontext der Krise, indem etwa Hitlers Wahlerfolg im Herbst 1930 als Teil einer umfassenden Gesellschaftskrise und nicht nur als Folge der Wirtschaftskrise im engeren Sinn verstanden wird. Arbeitslosenzahlen von 30

Überblick

Prozent, die manchenorts auch durchaus höher gelegen haben dürften, haben zum weitgehenden Zusammenbruch des Systems der sozialen Sicherung geführt. Aber genau diese Sozialpolitik galt in den Augen der Arbeiterschaft als die eigentliche Errungenschaft der Weimarer Republik. In überwiegendem Maße dominierte dort sonst Kontinuität der gesellschaftlichen Strukturen aus dem Kaiserreich. Das heißt, dass die Krise bereits vorhandene Probleme der Weimarer Gesellschaft verschärfte und so über einen allgemeinen Vertrauensverlust in die Institutionen Weimars rasch die Legitimation des Staates untergrub. Die Rolle Brünings, des Kanzlers des ersten Präsidialkabinetts von Hindenburgs Gnaden, und seiner Deflationierungspolitik ist dabei intensiv untersucht worden. Die Meinungen der Historiker über Brüning sind geteilt: Erst jüngst hat Wehler die Bezeichnung „Amokläufer" und „Totengräber der Republik" für ihn gewählt (75, IV, S. 516–530). Borchardts Urteil über Brüning ist demgegenüber eher positiv, da er dessen Wirtschaftspolitik für die einzig realistisch machbare ansieht, die den Zusammenbruch allerdings weder verursachen noch verhindern konnte (145). Die Person Brünings und seine Rolle in der Krise der Weimarer Republik ist für Historiker besonders faszinierend, weil sie auf bestimmte Sachzwänge in Wirtschaft und Politik verweist, während andererseits die historischen Akteure in historischer Perspektive immer ein gewisses Maß an Entscheidungsfreiheit besitzen.

Rolle Brünings

Das in der Analyse der Weltwirtschaftskrise anklingende Verhältnis von Staat, Politik und Wirtschaft ist eines der großen Themen der Geschichte der Industrialisierung. Anhänger des „Preußenkults" (Wehler) gingen ursprünglich davon aus, dass die Industrialisierung in Deutschland weitgehend vom preußischen Staat geschaffen worden sei (26, S. 76). An der zeitlichen Kongruenz von preußischen Reformen, Zollverein und Reichsgründung mit der Industrialisierung gibt es wenig zu zweifeln. Aber nach langer wissenschaftlicher Diskussion gilt das Argument des kausalen Zusammenhangs zwischen Politik und Industrialisierung heute letztlich als überholt. Stattdessen wird vor allem die Bedeutung industrieller Regionen hervorgehoben (37). Was schon für die englische Industrie überzeugend nachgewiesen worden ist, gilt auch für Deutschland, denn die Regionalentwicklung war hüben wie drüben von teilweise dramatischen Unterschieden gekennzeichnet. Während sich beispielsweise das Ruhrgebiet rasch industrialisierte, basierte Ostpreußen bis ins 20. Jahrhundert hinein primär auf der Landwirtschaft.

Staat und Wirtschaft

Die Sozialpolitik ist insgesamt eines der Politikfelder, in dem das Kaiserreich die meisten Spuren hinterlassen hat. Ihre Entstehung ist als Teil der „Zuckerbrot-und-Peitsche"-Politik Bismarcks eng an das „Sozialistengesetz" von 1878 gebunden; sie nimmt aber bereits vorhandene Traditionen wie Haftpflichtbestrebungen oder die freiwilligen Hilfskassen auf und überführt diese in die Zuständigkeit des Reiches (24, S. 29–84). Man kann demnach die Sozialpolitik im Kaiserreich auf sehr unterschiedliche Weise interpretieren und sie auch als neue Aufgabe eines Reiches sehen, das ansonsten aufgrund der föderalen Struktur Deutschlands neben der Außenpolitik kaum gesellschaftspolitisch relevante Aufgaben hatte. In der Altersversicherung, von Bismarck als letztes Werk 1889 auf den Weg gebracht, zeigt sich dann die Rolle der Sozialpolitik als gesellschaftsstrukturierende Institution im Sinne Norths, denn mit ihr gelingt es einerseits bereits vorhandene Pensionsrege-

Sozialpolitik

lungen auf staatlicher Basis zusammenzufassen, andererseits aber vor allem, eine arbeitsfreie Altersphase auch denjenigen sozialen Gruppen anzubieten, die zu dieser Zeit eine durchschnittliche Lebenserwartung hatten, die deutlich unterhalb des Rentenalters lag.

In der Geschichte der Sozialpolitik wird stets betont, wie sehr die Sozialpolitik in Deutschland als Arbeiterpolitik zu verstehen ist. Es ist deshalb nicht überraschend, dass die Frauengeschichte die Sozialpolitik neu zu interpretieren sucht, da sie die etablierte Geschichte der Sozialpolitik für weitgehend „geschlechtsblind" hält. Aber dieses kritische Urteil erscheint in der Geschichte der Industrialisierung insgesamt als zutreffend. Um das Verhältnis von Sozialgeschichte und Frauen-/Geschlechtergeschichte wurde gestritten, indem die Sozialgeschichte typischerweise angab, die Frauen immer mit zu meinen, sie aber als Teil der wichtigeren gesellschaftlichen Strukturen zu betrachten (39, S. 139). Die Frauengeschichte pochte demgegenüber auf eine grundsätzliche Neuorientierung, indem sie die Sozialgeschichte zu einem systematischen Einbezug von Geschlecht als Kategorie neben und nicht unterhalb der sozialen Lage aufforderte (7). In der deutschen Wirtschaftsgeschichte wird mit Ausnahme der Protoindustrialisierungsforschung praktisch gar nicht über Frauen nachgedacht (28; 81). Die einschlägigen, in der Einleitung zitierten Einführungen in die Geschichte der Industrialisierung bestätigen indes das Vorurteil, dass Frauen und Industrialisierung in Deutschland offenbar nicht zusammengehören. Der kürzlich erschienene, für ein breiteres Publikum geschriebene Band zur *Geschichte der deutschen Wirtschaft im 20. Jahrhundert* ist ein gutes Beispiel (66).

Das ist aber spätestens seit den Beiträgen von Berg und Hudson, die die Bedeutung der Frauen für die Industrialisierung betonen, eine überholte Ansicht (5). Die Frauenarbeit gilt es also im Zusammenhang mit der Industrialisierung näher zu untersuchen. Frauen waren aber auch für den reproduktiven Bereich zuständig. Die „Dissoziation von Erwerbs- und Familienleben" (Hausen), die sich mehr oder weniger zeitgleich mit dem Beginn der Industrialisierung durchzusetzen begann, akzentuiert diese Aufgabe der Frauen (Hausen, Polarisierung). Dabei handelt es sich selbstverständlich auch um Arbeit, die aber eben nicht als Marktbeziehung, sondern als unbezahlte Familienarbeit strukturiert ist. Das verschiebt die Analyse auf die Geschichte des Konsums, sicherlich eines der großen Wachstumsfelder der Geschichtswissenschaft der letzten Jahre (62, S. 395–410).

Dabei existieren zahlreiche Berührungspunkte zwischen der Konsumgeschichte und der historischen Entwicklung des Lebensstandards. Die Frage, ob die Industrialisierung breiten Schichten zu einem langfristig besseren Lebensstandard verhalf, oder ob vielmehr das Fabriksystem für eine weitgehende Verelendung der Unterschichten sorgte, ist so alt wie die Industrialisierung selbst. Vor allem im angelsächsischen Raum wird diese Debatte mit einiger Leidenschaft geführt; die beiden Grundpositionen stehen sich allerdings letztlich unversöhnlich gegenüber. Argumentiert die eine Seite, dass die historisch nachweisbare Verelendung und Massenarmut erst durch die unregulierte Industriearbeit verschärft worden ist, betont die andere Seite, dass eben diese Verarmung nur durch die Industrialisierung überwunden wurde (11). Der Lebensstandard ist allerdings eine komplexe Größe, denn er ergibt sich nicht einfach aus den Quellen, sondern muss konzeptionell begründet werden. Da sich die Bewertung des wünschbaren Lebensstandards mit historischem Material selten nachweisen lässt, stellt sich die Frage nach dem materiellen Lebensstandard, vor allem ausgedrückt durch die Reallohnentwicklung (55). Dass überhaupt überregionale Preise und Löhne untersucht werden können, unterstellt bereits eine sich industrialisierende Gesellschaft, da die Entstehung solcher Marktbeziehungen erst durch die Industrialisierung selbst vorangetrieben wurde.

Aber die Reallohnentwicklung ist nur ein Element der Analyse, denn seit einiger Zeit wird auch über andere Faktoren nachgedacht. Die Idee besteht darin, dass der biologische Lebensstandard nicht von Löhnen oder materiellen Gütern allein bestimmt wird, sondern hauptsächlich vom Ernährungsstand abhängt, wobei regionale, kulturelle und medizinische Faktoren verschärfend wirken können. Die durchschnittliche Körpergröße nach Geburtskohorten wird in diesem Zusammenhang zum wichtigen Indikator, der analog zu Löhnen eine genaue Messung erlaubt (21). Allerdings handelt es sich um eine sehr spezialisierte Diskussion, die von wenigen Ausnahmen keinen Eingang in die allgemeinen Darstellungen zur Industrialisierung gefunden hat (3). Die Industrialisierung hat aber neben der Verbreitung der Lohnarbeit und einer Veränderung des Lebensstandards auch den Charakter der Arbeit selbst nachhaltig verändert. Diesen Wandel kann man zum Beispiel mit dem sektoralen Wandel der Beschäftigung oder der Arbeitszeit exemplifizieren (18). Aber wie soll man über die Entwicklung des Lebensstandards oder die Veränderung der Arbeit reden? Die Sozialgeschichte zeichnet sich durch ein besonderes Interesse an sozialen Gruppen und ihren Beziehungen untereinander aus (Wehler, Klassen). Es ist deshalb nahe liegend, die Diskussion um soziale Klassen und Schichten genauer darzustellen, denn mit der Konzentration auf den einen oder anderen Begriff wird oft eine Vorentscheidung für eine bestimmte Perspektive der Untersuchung getroffen (40).

Wandel der Arbeit

Zu den am weitesten verbreiteten Erklärungen, weshalb es im 18. Jahrhundert überhaupt zu industriellem Wachstum in England gekommen ist, gehört die technische Entwicklung, insbesondere in der Form der innovationsfreudigen Baumwollindustrie. Aus neoklassischer Sicht verschieben technische Innovationen die Produktionsfunktion und ermöglichen dadurch Produktivitätssprünge, die enorm wachstumsfördernd wirken. Die Technik und ihre Anwendung hat auch zahlreiche Klassiker der Industrialisierungsgeschichte wie zum Beispiel Landes fasziniert (43), der in ihr die Triebfeder der Industrialisierung erkennt. Aber es ist nicht klar, woher die Technik eigentlich kommt und was sie eigentlich tut. Schumpeter modellierte bekanntlich den Unternehmer als Innovator, vermied aber die Erklärung, wie es überhaupt zur technischen Entwicklung kommt. Die Technik entsprach lange Zeit einer „Black Box", deren Funktion zwar wichtig, ihr genauer Inhalt aber weitgehend ignoriert wurde. Die Historisierung der Technik selbst erfolgt in zwei unterschiedlichen Konzepten. Dem verbreiteten Technikdeterminismus steht der Ansatz der sozialen Konstruktion von Technik gegenüber. Während Ersterer der Technik eine eigenständige Rolle zuschreibt, betont Letzterer den historischen Aushandlungsprozess über Technik.

Technischer Fortschritt

II. Überblick

Elektroindustrie

Als Fallbeispiel für die unterschiedliche Bewertung von Technik ist die Elektroindustrie zu nennen. Die Bedeutung der Elektrizitätswirtschaft nahm seit den 1880er Jahren derartig zu, dass sie zum Leitsektor der zweiten Boomphase in Deutschland nach dem Ende der Großen Depression wurde. Es zeigt sich, wie sehr die Durchsetzung der neuen Technologie von einem komplexen sozialen Prozess gestaltet wird, der verschiedene Gruppen, handfeste ökonomische Interessen und Gedanken zum Prestige einer Technologie umfasst. So konnte die Technik rasch zu einem wesentlichen Bestandteil der Stadtentwicklung gehören, denn für sie war ein umfassendes, kapitalintensives Netzwerk notwendig. Anstatt deshalb die Technik einfach als Black Box zu behandeln, die die Gesellschaft nachhaltig verändert, treten historische Prozesse in den Vordergrund, die eine Technik überhaupt erst akzeptabel erscheinen lassen. Die Industrialisierung wird aus dieser Sicht dann auch zur Periode, in der sich ein positivistisches Technikverständnis durchsetzte, da mehr und teurere Technik als entscheidendes Merkmal der Moderne akzeptiert worden ist.

Bevölkerung und Gesundheit

Den Abschluss machen Überlegungen zu Bevölkerung und Gesundheit im Industrialisierungsprozess. Besondere Aufmerksamkeit gilt dem Bevölkerungswachstum und seinen Bestimmungsgründen, denn die Bevölkerung übernimmt in der Industrialisierung eine entscheidende Funktion für das einsetzende Wirtschaftswachstum, indem sie beispielsweise billigere Arbeitskräfte für die Landwirtschaft stellt, deren Gewinne dann die Kapitalbasis für die Industrialisierung darstellen. McKeown hat den Sterblichkeitsrückgang als wichtigsten Faktor zur Erklärung des Bevölkerungswachstums angegeben, währenddessen Wrigley und Schofield sehr viel stärker auf die Entwicklung der Fruchtbarkeit nach dem Wegfall von Heiratsbeschränkungen gepocht haben (44; 80). Mit dem Rückgang der Sterblichkeit war aber gleichzeitig eine exorbitante Verlängerung der Lebenserwartung verbunden, die zunächst als demographischer Übergang modelliert wird. Die steigende Lebenserwartung ist ein ganz reales Erfolgsmaß der Industrialisierung. Man kann sie als Teil des Lebensstandards oder als eigenständige Größe verstehen, immer jedoch wird die gewaltige Verlängerung der Lebenserwartung als eine der wichtigsten Kenngrößen der Industrialisierung zu gelten haben. Diese Veränderung der Lebenserwartung ging historisch einher mit einer akzentuierten Veränderung der Todesursachen, denn während tödlich verlaufende Krankheiten des jüngeren Erwachsenenalters eher abnahmen, gewannen chronische Krankheiten der höheren Altersgruppen an Bedeutung (67). Zu fragen ist deshalb, ob die industrialisierte Welt bei allem Zugewinn an Lebenserwartung nicht immer kränker wird.

Sterblichkeitsrückgang

Aber weshalb sank die Sterblichkeit im Gefolge der Industrialisierung, und welche Rolle spielte dabei die moderne Medizin? Diese in der so genannten McKeown-Kontroverse behandelte Frage zielt erneut auf die Problematik, ob sich Kausalität aus gleichzeitig ablaufenden Prozessen einfach ableiten lässt (42). Die Zahl der Krankenhausbetten als Indikator für das Ausmaß der medizinischen Versorgung begann seit ungefähr 1800 mit dem modernen Krankenhaus anzusteigen. Nahezu gleichzeitig setzte zuerst im erwerbstätigen Erwachsenenalter, später in allen Altersgruppen ein Rückgang der Sterblichkeit ein, der die durchschnittliche Lebenserwartung bei Geburt bis heute mehr als verdoppelt hat. Aber gibt es zwischen diesen beiden historischen Prozessen einen Zusammenhang? McKeown verstand Geschichte als Argument in der tagesaktuellen Diskussion, indem er zu Beginn der 1950er Jahre anfing, die Hypothese des Zusammenhangs von kurativer Medizin und Verlängerung des Lebens an historischen Daten zu messen. Er vertrat die Meinung, dass weder die moderne Medizin noch das öffentliche Gesundheitswesen eine besondere Rolle für den Sterblichkeitsrückgang gespielt haben. Vielmehr betont er die Zunahme des allgemeinen Lebensstandards und hier wiederum die Bedeutung der Ernährung. Zu dieser provokativen Hypothese hat sich eine kontrovers geführte Debatte entwickelt, die wie so oft die besondere „Weichheit" der Daten betont (68). Aber im Kern verhilft McKeown den Themen Gesundheit und Krankheit zu einer wichtigen Stellung in der Geschichte der Industrialisierung: Ohne die Verlängerung des Lebens und das Bevölkerungswachstum wären die bevölkerungsökonomischen Grundlagen für die Industrialisierung nicht gegeben gewesen. Wenn die Industrialisierung darüber hinaus tatsächlich langfristig den Lebensstandard anhob, dann wäre sie auch für den Rückgang der Sterblichkeit direkt verantwortlich.

III. Forschungsprobleme

1. Konzeptionelle Überlegungen zur Geschichte der Industrialisierung

Industrialisierung als komplexer Prozess

Die Geschichte der Industrialisierung umfasst wenigstens hundert Jahre und dauerte in Deutschland von den Anfängen um 1830 bis 1850 bis zu den 1950er Jahren. Sie ist ein langer, komplexer und vielschichtiger Prozess, dessen historische Untersuchung stark von der gewählten Perspektive geprägt wird. Die Geschichte der Industrialisierung ist allein deswegen von analytisch teilweise anspruchsvollen Konzepten gekennzeichnet. Das vorliegende Kapitel dient der Darstellung einiger Herangehensweisen, die sich in der wirtschaftshistorischen Forschung besonders bewährt haben. Es mag prinzipiell für jede historische Fragestellung richtig sein, aber im Fall der Industrialisierung steht und fällt die Analyse sicherlich mit der gewählten Perspektive.

Im Folgenden sollen deshalb vier spezifische Diskussionsstränge vorgestellt werden, die alle auf ihre je eigene Weise entscheidende methodische Anregungen in der Historiographie der Industrialisierung geliefert haben. Es handelt sich um Überlegungen zur Erklärung der Industrialisierung, den „Langen Wellen" wirtschaftlicher Entwicklung, Stadientheorien in der Wirtschaftsgeschichte sowie einige Elemente der modernen Institutionenökonomie. Diese Grundprobleme konkurrieren nicht direkt miteinander, sondern stehen als Konzepte mit unterschiedlichen Stärken und Schwächen nebeneinander. Die Auswahl des einen oder anderen Ansatzes erfordert eine Ordnung des Quellenmaterials, da bereits die Untersuchungsperspektive bestimmte Schwerpunkte zulässt und Vernachlässigungen an anderer Stelle nach sich zieht. Darüber hinaus zeichnen sich die zu diskutierenden Theorien dadurch aus, dass sie besonders intensiv von der internationalen Forschung diskutiert worden sind und sich allein deshalb für eine Darstellung an dieser Stelle aufdrängen.

Industrialisierung als einmaliger Vorgang

Jörg Fisch beginnt seinen jüngst erschienenen Band zu Europa zwischen Wachstum und Gleichheit mit einer kurzen Beschreibung der Industrialisierung. Im 18. Jahrhundert setzte in England ein historisch einmaliger Vorgang ein, der zu raschem Wirtschaftswachstum führte. Dieser Prozess sprang vom Ursprungsland der industriellen Revolution rasch auf Kontinentaleuropa über und veränderte die Welt bis zum Beginn des 20. Jahrhunderts in fundamentaler Weise. Langfristiges Wirtschaftswachstum war dank steigender Arbeitsproduktivität zu erhalten, die wiederum wenigstens zum Teil durch technischen Fortschritt beeinflusst wurde (20, S. 19f.). Hinter diesem scheinbar einfachen einleitenden Abschnitt verbergen sich jedoch zwei wichtige historiographische Debatten, deren Kenntnis an dieser Stelle zu einem genaueren Verständnis der Industrialisierung und des Wegs zur industriellen Gesellschaft führt. Dabei geht es einerseits um die Frage, warum die Industrialisierung in Europa und vor allem zuerst in England stattfand. Andererseits stellt sich die grundsätzliche Frage, ob es überhaupt angebracht ist, von einer industriellen *Revolution* zu sprechen.

Warum England?

Warum fand die Industrialisierung überhaupt in Europa und nicht anderswo statt; und wenn schon in Europa, warum dann ausgerechnet in England?

1. Konzeptionelle Überlegungen

Dass dies so war, steht außer Frage. Es herrscht weitgehend Konsens, dass die englische Industrialisierung spätestens in der zweiten Hälfte des 18. Jahrhunderts begann, wenigstens 50, wenn nicht gar 70 Jahre, bevor in Deutschland eine vergleichbare Intensivierung der industriellen Produktion beobachtet werden konnte. Wenn eine chronologische Ereignisfolge demnach historisch klar belegt ist, liegt es durchaus nahe, aus der zeitlichen Abfolge eine Begründung per se abzuleiten. England erlebte die Industrialisierung vor seinen europäischen Konkurrenten. Aber ist es zulässig, darin eine kausale Erklärung für die englische Industrialisierung abzuleiten, die sich auf eine wie auch immer geartete besondere Fortschrittlichkeit Englands konzentriert? Nur weil etwas nacheinander geschehen ist, liegt damit allein nicht schon eine Begründung für die genaue Chronologie vor. Denn Geschichte ist zunächst immer gestalt- und veränderbar. Ein zwanghafter Ablauf von Prozessen und Veränderungen mag manchmal im Rückblick so angenommen werden; trotzdem sollte die Offenheit der Geschichte aus der Sicht der historischen Akteure nicht unterschätzt werden. „On occasion it may be proper to regard the course of history as inevitable, *ex post*, but not *ex ante*" (123, S. 143).

Wenn die Chronologie allein keine hinreichende Begründung für die Industrialisierung liefert, verschärft sich der Erklärungsnotstand. Weshalb fand überhaupt so etwas wie eine Industrialisierung statt, warum setzte sie in Westeuropa ein, und vor allem warum schaffte England als erstes Land der Welt den Übergang zur Industrialisierung? Die Diskussion um die Frage „Why was England first?" löste höchst fruchtbare Forschungen aus. So wurde sogar darüber nachgedacht, wie nahe China, Hegemonialmacht in seiner Region mit gewaltigem, durchaus auch realisiertem ökonomischem Potential, am Beginn einer industriellen Revolution im 14. Jahrhundert war (110, S. 160). Aber es könnte für Historiker auch schwieriger werden, indem zum Beispiel reines Glück (beziehungsweise Pech der Nichteuropäer) dafür verantwortlich wäre, dass die industrielle Revolution in Europa und nicht irgendwo in Asien oder Afrika stattfand. Das Glück bestand nach Blaut darin, am richtigen Ort zur richtigen Zeit zu sein. Die geographische Lage Europas hebt er als entscheidend hervor, weil hier die Kolonialisierung und damit die Ausbeutung anderer Kontinente zu einem entscheidenden Zeitpunkt beginnen konnte. Der Siegeszug der Europäer habe nicht etwa aufgrund einer kulturellen oder wirtschaftlichen Überlegenheit der Europäer stattgefunden, sondern ihr anderes Krankheitsspektrum (vor allem die mitgebrachten Infektionskrankheiten) habe die lokalen Kulturen sozusagen *biologisch* niedergeworfen. Jede genuine Erklärung der industriellen Revolution zum Beispiel durch den Hinweis auf besondere Unternehmer, technischen Fortschritt oder religiöse Bezüge – wie zum Beispiel in Max Webers protestantischer Ethik – lehnt Blaut als eurozentristische und damit ungenügende Erklärung ab (85; 97). Aber die Betonung des Glücks der Europäer zur Erklärung der Industrialisierung ist eine Minderheitsposition geblieben.

Ähnlich steht es mit der Behauptung, die Industrialisierung hätte in jedem anderen europäischen Land zuerst stattfinden können, es gäbe schlicht keine schlüssige Erklärung, warum sie gerade in England zuerst einsetzte. Crafts hat in einem wichtigen Artikel 1977 auf die Bedeutung des Zufalls bei der Erklärung einmaliger Ereignisse hingewiesen (94). Selbst wenn bestimmte Voraus-

War es Glück …

setzungen in England eher erfüllt gewesen seien als in Frankreich oder im Rest des kontinentalen Europas, sei das Ergebnis doch nicht determiniert. Da es sich um einen historisch einmaligen Prozess handle, sei nur eine auf Wahrscheinlichkeitstheorie aufbauende Erklärung wirklich stichhaltig. Selbst wenn gute Grunde für England vorlägen, liege der Fall doch ähnlich wie bei einem Fußballspiel zwischen dem FC Milwall und Arsenal London, bei dem auch hin und wieder die nominell schwächere Mannschaft gewinnen könne. Crafts vertritt deshalb die Ansicht, es ginge einzig darum, vorab Wahrscheinlichkeiten zu identifizieren, die den Übergang in eine Periode des unumkehrbaren wirtschaftlichen Wachstums wahrscheinlich werden ließen. Ein einmaliges Ereignis entzieht sich seiner Meinung nach einer stringenten Erklärung, weil sich die Begründung nicht an einem zweiten, ähnlichen Ereignis bewähren kann. Man mag die Industrialisierung nun Unfall, Zufall, Glück oder nicht kausal erklärbares, weil einmaliges Ereignis, nennen wollen; gleichwohl ist es höchst unwahrscheinlich, dass die Historiker und besonders auch die Wirtschaftshistoriker tatsächlich kein erklärendes Urteil darüber abgeben möchten, warum die industrielle Revolution in England und nicht anderswo anfing. Aber mit Crafts würde man das Motiv einer solchen Erklärung vielleicht nicht in der Geschichte, sondern in der Rechtfertigung des professionellen Wirkens der Historiker finden wollen.

Rostow, einer der großen Wissenschaftler zur Industrialisierungsgeschichte, antwortete rasch und deutlich auf die von Crafts vorgetragene Argumentation. Englische Unternehmer seien schlicht und einfach innovativer gewesen als ihre französischen Konkurrenten. Technischer Fortschritt habe sich in England jeweils rasch nach der eigentlichen Entdeckung auch in den Fabriken und Fertigungshallen bemerkbar gemacht, während die Franzosen langsamer auf technische Entdeckungen reagiert hätten (124). Landes weist darauf hin, dass die englische Innovationstätigkeit häufig sehr auf die strukturellen Probleme der Wirtschaft bezogen war, etwa in der Ersetzung der Arbeitskraft durch Maschinen in der Textilherstellung. Die berühmte Erfindung der „Spinning Jenny" (1764) von James Hargreaves wird immer wieder als erstes Beispiel der technischen Inventions- und Innovationsfähigkeit der englischen Textilindustrie genannt. Mit Hilfe solcher Innovationen, so lautet eine häufig vorgebrachte Erklärung, gelang es der englischen Industrie auf spezifische ökonomische Probleme wie etwa des langfristigen Arbeitskräftemangels zu reagieren und damit die *Produktionsfunktion* entscheidend zu verschieben (117). In Frankreich, so Landes, gab es nicht weniger tatkräftige Erfinder, aber sie präsentierten ihre Innovationen lieber anderen Gelehrten, während die englischen Innovatoren ihre Errungenschaften sofort in Fabriken ausprobierten (117, S. 649).

Aber handelt es sich bei der Industrialisierung wirklich um eine Revolution? Wie großzügig will man den Revolutionsbegriff interpretieren, wenn man mit ihm sowohl die Französische Revolution von 1789 als auch die industrielle Revolution in Europa von 1750 bis 1900 beschreibt? Die Zeitgenossen waren sich darüber recht klar und begannen zwischen 1780 und 1800 den Revolutionsbegriff auf die Veränderungen im englischen Wirtschaftsleben anzuwenden (121, S. 23). Pierenkemper nennt den französischen Ökonomen Adolphe Blanqui als einflussreichen Verbreiter dieser In-

1. Konzeptionelle Überlegungen

terpretation. Blanqui schrieb 1837: „Kaum dem Gehirn der beiden genialen Männer Watt und Arkwright entsprossen, nahm die industrielle Revolution von England Besitz" (50, S. 11). Pierenkemper widerspricht der damit angedeuteten Legende der großen Helden der Industrialisierungsgeschichte zwar zu Recht, aber er folgert daraus nicht, den Revolutionsbegriff aufzugeben. Im Gegenteil hält er an Walter G. Hoffmanns klassischen Zahlen zum industriellen Wachstum fest, die seit den 1780er Jahren ein rasches englisches Wirtschaftswachstum feststellen (107). Zu einem ähnlichen Urteil kamen Deane und Cole, deren Berechnungen die industrielle Revolution auf die Zeit zwischen 1750 und 1850 datieren (95; 96). Gegen diese orthodoxe Position ist wiederum Crafts energisch angetreten. Er akzeptiert die Daten des 19. Jahrhunderts, die ein industrialisiertes England belegen, vermutet aber den Beginn des Wachstums schon vor 1700. Der Prozess der Industrialisierung sei dann aber viel langsamer verlaufen als von Deane und Cole angenommen worden war, weil das gleiche Wachstum über einen sehr viel längeren Zeitraum stattfand (16, S. 66). Diese Neubewertung lässt sich aus den Daten nicht ohne weiteres ableiten; vielmehr waren aufwändige Schätzungen und komplexe Modellrechnungen notwendig, um Crafts' Erklärung mit den verfügbaren Quellen abzustimmen. Das gilt in gewisser Weise auch für die Ausgangsdaten von Hoffmann, Deane und Cole, denn ob man mit Hilfe der Daten des 18. Jahrhunderts moderne volkswirtschaftliche Indikatoren ableiten kann, bleibt zweifellos umstritten. Cannadine hat deshalb auf den „British decline" seit dem Zweiten Weltkrieg verwiesen, der eine Neubewertung der angeblich gloriosen Vergangenheit nahe legte (93). Aber Crafts ist es sicherlich gelungen, seine Interpretation des graduellen, evolutorischen Wandels im gesamten 18. Jahrhundert als Gegenposition zur industriellen Revolution zu verankern. Seither haben sich einige namhafte Historiker wie zum Beispiel Rondo Cameron dafür ausgesprochen, auf den Revolutionsbegriff ganz zu verzichten (92), während andere Fachvertreter ihn heftig verteidigen (102). Aber diese Diskussion um Wachstumsraten und Produktivitätszuwachs hat sich technisch verselbständigt und damit immer mehr von einer vermittelbaren *historischen* Position entfernt. Landes hat das polemisch so auf den Punkt gebracht: „Economic history needs protection against bad numbers. The more artful our econometric techniques, the greater the recourse to quantification, the more protection we need" (117, S. 654).

<small>Mythos industrielle Revolution</small>

Dabei geht es in diesem Fall nicht um unbegründete oder gar falsche Zahlen im eigentlichen Sinn, sondern um die Frage, ob genaue Berechnungen bei Daten des 18. Jahrhunderts überhaupt angemessen sind. Vielmehr könnte man stärker auch qualitative Evidenz in Erwägung ziehen. Dies haben Berg und Hudson in ihrem programmatischen Aufsatz zur Rehabilitierung der industriellen Revolution vorgeführt (5). Als Ausgangspunkt benutzten sie Zeitzeugen wie etwa Patrick Colquhoun (1814), Robert Owen (1820), Peter Gaskell (1833) und James Hole (1851), die in der einen oder anderen Form den revolutionären Wandel seit dem Ende des 18. Jahrhunderts beschrieben. Sie setzten mit einer ertragreichen Diskussion der quantitativen Basis der Schätzungen zum industriellen Wachstum fort und argumentierten zugunsten des revolutionären Charakters des Strukturwandels. Dabei führten sie aber auch vor, wie in der wirtschaftsgeschichtlichen Diskussion aus „weichen" Daten,

<small>Quantitative vs. qualitative Evidenz</small>

bei denen die Probleme der Kategorienbildung und der Erhebungsgrundlagen noch transparent sind, zu „harten" Daten werden, denen plötzlich eine überzogene Faktizität zugeschrieben wird (5, S. 29). Am wichtigsten war es den beiden Autorinnen aber, für eine breitere Konzeption der industriellen Revolution zu werben. Dazu forderten sie mit Nachdruck den Einbezug quantitativ schwer messbarer Größen wie etwa der Frauen- und Kinderarbeit. Ferner zweifelten Berg und Hudson auch an der Zuverlässigkeit aggregierter Daten, die zur Unterschätzung regionaler Sonderentwicklungen tendieren. Mehr in der Form eines Postulats denn als Forschungsstand setzen sich die beiden Historikerinnen für eine umfassende Rehabilitation des Begriffs der industriellen Revolution ein (5, S. 44). Auch Landes schrieb in diesem Sinne: „The Revolution was a revolution." Er hat die Bedeutung der industriellen Revolution für das 20. Jahrhundert und das Projekt der Moderne betont; ob da nun immer genau die richtige gesamtwirtschaftliche Wachstumsrate nachweisbar war oder nicht, kümmerte ihn letztlich nicht sonderlich (116, S. 170).

Revolutionsbegriff in der deutschen Industrialisierung

Diese Diskussion über die Bewertung der Industrialisierung beziehungsweise der industriellen Revolution ist in Deutschland nur zurückhaltend zur Kenntnis genommen und mit viel weniger Leidenschaft geführt worden. Für Pierenkemper „bildet die so genannte ‚Industrielle Revolution' zweifellos das entscheidende Ereignis des 19. Jahrhunderts" (50, S. 9). Fisch spricht in europäischer Perspektive von einem in der „Weltgeschichte einmaligen Vorgang" (20, S. 237). Borchardt relativiert für Deutschland die Diskussion und weist darauf hin, dass 1850 das Neue vielleicht nicht mehr ganz so überraschend kam wie zwischen 1750 und 1800 in England; gleichwohl hält er den Begriff für unverzichtbar (8, S. 135). Hahn erkennt, dass zwar manche Evidenz gegen den Revolutionsbegriff spricht, der Prozess aber in seinen Wirkungen durchaus als revolutionär bezeichnet werden könne (26, S. 58). Differenziert argumentiert auch Spree in einem allgemeinen Artikel über Wirtschaftswachstum. Er wendet sich gegen die von „manchen Historikern" vertretene Annahme, dass man Wachstum einfach beschreiben könne. Vielmehr betont er die Konzeptabhängigkeit der Wachstumsanalyse. Der revolutionäre beziehungsweise evolutionäre Charakter des industriellen Wandels hängt seiner Meinung nach ganz von der gewählten Perspektive oder dem Konzept ab (135). Diese Autoren stimmen also insgesamt darin überein, dass die Industrialisierung auch in Deutschland revolutionäre Züge trug. Sie weisen aber auch darauf hin, dass der deutsche Prozess die englische Entwicklung nicht einfach kopiert habe.

Gerschenkrons Beitrag

Diese Position geht auf den einflussreichen Beitrag Alexander Gerschenkrons zur Geschichte der Industrialisierung in Deutschland zurück. Er betonte, dass die Industrialisierung Deutschlands die englische nicht einfach kopierte, sondern gerade wegen der relativen Rückständigkeit strukturell anders verlaufen musste (25). Gerschenkron betonte vor allem die Bedeutung der Universalbanken für Deutschland, die den Import und die baldige Substitution der englischen Technologie (zum Beispiel Schienen und Lokomotiven im Eisenbahnbau) zu finanzieren hatten. Universalbanken, ein relativ restriktives Aktiengesetz, das die Firmen eher zu Krediten als zu Aktienauflagen führte, sowie staatliche Intervention seien die Garanten der deutschen Industrialisierung geworden. Seine Arbeiten sind im Kontext die-

1. Konzeptionelle Überlegungen

ses Bandes vor allem auch deshalb bemerkenswert, weil sie die Eigenständigkeit des Industrialisierungsprozesses in Deutschland verdeutlichen. Eines der wichtigsten Merkmale nach Gerschenkron war die besondere Rolle der Banken und Börsen in der deutschen industriellen Revolution. Das hängt zweifellos mit dem Führungssektor Eisenbahnbau zusammen, der im Vergleich zur Baumwollindustrie Englands einen ungleich höheren Kapitalbedarf entwickelte. Seit Gerschenkron haben deshalb die deutschen Universalbanken besonders viel historiographisches Interesse gefunden (139; 98).

Stufentheorien der wirtschaftlichen Entwicklung stellen einen wichtigen Ansatz bei der Erklärung der Industrialisierung dar. Sie sind zwar schon vor mehr als vierzig Jahren entwickelt worden, sind aber nach wie vor beliebt. Ihr Hauptvorteil für Historiker ist zunächst einmal ihre Funktion als Periodisierungshilfe, denn die Stufen oder Stadien lassen sich in aller Regel eindeutig identifizieren (118). Die Abfolge historischer Epochen aus Altertum, Mittelalter und Neuzeit bildet immer noch das Grundgerüst des historischen Curriculums. Stufentheorien weisen ferner einen modernisierungstheoretischen Kern auf, denn bei den einzelnen Stufen geht es typischerweise beständig voran. Das bedeutet, dass die Gegenwart als aktuell höchste Stufe modelliert wird, deren Erklärung aus in der Vergangenheit identifizierbaren Schritten hin zur aktuellen Stufe abgeleitet wird (104). Eine der berühmtesten und historisch sicher wirkungsvollsten Stufentheorien stammt von Karl Marx, der eine historische Abfolge verschiedener Produktionsverhältnisse postulierte, die von einer Urgesellschaft über Feudalismus zum Kapitalismus führte und dereinst vom Sozialismus abgelöst werden sollte. Den Übergang vom Feudalismus zum Kapitalismus sah Marx durch die französische Revolution erreicht, mit deren Hilfe sich bürgerliche Unternehmer gegen die alten Feudalstrukturen durchgesetzt hätten. Marx' Bedeutung für die moderne Wirtschaftsgeschichte wäre an anderer Stelle zu diskutieren; hier kann nur auf Sweezy verwiesen werden, der eine westlich-marxistische Analyse zur kapitalistischen Entwicklung vorgelegt hat (137).

Sehr viel umfassender ist auf die Stufentheorie von Walt Whitman Rostow einzugehen, weil sein Kernbegriff des Take-Offs der industriellen Wirtschaft nach wie vor breit eingesetzt wird (103). Die zugrunde liegende Stadientheorie der wirtschaftlichen Entwicklung wurde rasch sowohl für historische Untersuchungen als auch – wie von Rostow gewollt – für entwicklungspolitische Analysen genutzt. Auch Buchheim vertritt in seinem Band zur Industrialisierung diese Perspektive (14, S. 149–154). Rostow teilte die Wirtschaftsgeschichte in Stadien von der traditionellen Gesellschaft über den Take-Off bis hin zum Zeitalter des Massenkonsums ein. Der Untertitel seines Buches (*A non-communist manifesto*) machte klar, dass sich Rostow explizit gegen Marx wandte und mit seiner Publikation im Kalten Krieg klar Stellung bezog (125). Rostows Zeitalter des Massenkonsums und besonders seine Exkurse in die antike und mittelalterliche Wirtschaftsgeschichte sind rasch vergessen worden, aber das Übergangsstadium sowie vor allem die Take-Off-Phase sind oft genutzte Epochenbegriffe in der Wirtschaftsgeschichte.

Im Kern verstand Rostow unter Take-Off eine Periode der Wirtschaftsgeschichte, in der erstens die gesamtwirtschaftlichen Nettoinvestitionen von unter 5 Prozent auf über 10 Prozent des Sozialprodukts steigen, zweitens

Stufen der wirtschaftlichen Entwicklung

Take-Off

Merkmale des Take-Off

sich ein oder mehrere industrielle Leitsektoren herausbilden und drittens ein politischer, sozialer und institutioneller Rahmen zur weiteren Stabilisierung des Wachstums entsteht (125, S. 57). In der klaren, theoretisch an der ökonomischen Wachstumstheorie orientierten Operationalisierung des Take-Off-Konzepts liegt zweifellos dessen Stärke verborgen. Die drei Merkmale machen eine historische Überprüfung mit Hilfe des empirischen Materials relativ einfach und lassen eine eindeutige Datierung des Take-Offs zu. Gerade die historische Rekonstruktion der Nettoinvestitionsquote führt allerdings mitten hinein in eine schwierige Quellenproblematik, denn eine volkswirtschaftliche Gesamtrechnung, die für die Zeit seit dem Zweiten Weltkrieg für Deutschland vorliegt, existiert eben weder für das 19. noch für die erste Hälfte des 20. Jahrhunderts, weshalb die notwendigen Kennzahlen immer auf Schätzungen beziehungsweise Extrapolationen basieren. Der immer wieder geäußerte Einwand gegen quantitative Arbeiten beruht darauf, dass genaue Zahlen gar nicht existieren könnten, sondern lediglich Spekulationen in quantitativer Form darstellten. Allerdings erlaubt die kritische und historisch sensible Messung etwa der Nettoinvestitionsquote sowohl quantitative als auch qualitative Einsichten über die Wirtschaftsgeschichte, die ohne Zahlenmaterial gar nicht möglich wären (138). Schwieriger zu begegnen ist der Einwand, dass es für die Periode vor dem Take-Off keine zuverlässigen Zahlen gibt. Das berührt den Kern einer Stufentheorie, denn die Erklärung der nächsten Stufe muss immer aus der Beobachtung der vorangegangenen Phase gewonnen werden können. Jede Stufe mit gänzlich anderen Kriterien zu messen, wirkt sicher nicht besonders überzeugend (138, S. 51).

Die von Rostow vertretene Ansicht zur Bedeutung der gesamtwirtschaftlichen Investitionsquote ist ebenfalls korrigiert worden. Wie wichtig die Industrie auch immer war, sie stellte bei der Gründung des deutschen Kaiserreichs noch nicht einmal 30 Prozent aller Arbeitsplätze. Auch in der Weimarer Republik arbeiteten lediglich rund 40 Prozent aller Beschäftigten an einem industriellen Arbeitsplatz. Die Landwirtschaft blieb über weite Strecken des 19. Jahrhunderts damit der wichtigste Wirtschaftszweig. Wenn Rostow also postulierte, dass die gesamtgesellschaftliche Nettoinvestitionsquote auf über 10 Prozent des Nettoinlandprodukts anzusteigen habe, dann lässt sich daraus folgern, dass entweder der industrielle Sektor eine ungeheure, wohl undenkbar hohe Investitionsquote hätte aufweisen müssen oder aber die damals immer noch dominierende Landwirtschaft plötzlich auf kapitalintensives Wachstum hätte umschalten müssen. Deshalb hat die Forschung das Argument Rostows modifiziert und geht seither nicht mehr von gesamtwirtschaftlichen, sondern von industriellen Nettoinvestitionen als Grundlage des Take-Offs aus (138, S. 48).

Take-Off als Periodisierungshilfe

Aber die Frage nach dem Durchbruch des industriellen Wachstums stellt sich im Grunde nahezu unabhängig von der verwendeten Begrifflichkeit. Ob man einfach vom „Durchbruch" sprechen will, mit Gerschenkron den „Big Spurt" identifizieren will oder eben den Take-Off untersucht, ändert nichts an der legitimen Frage nach der Chronologie. Hier spielt der Begriff des Take-Off seine Stärke als Periodisierungshilfe voll aus: Während Rostow zunächst den Take-Off der deutschen Wirtschaft – wohl prinzipiell wegen des ihm günstig zu liegen scheinenden Revolutionsjahres von 1848 – auf

1. Konzeptionelle Überlegungen

1850–1873 schätzte, bestätigten Hoffmann, Fremdling und Spree in ganz unterschiedlich angelegten Untersuchungen, dass der Take-Off der deutschen Wirtschaft vor allem unter Berücksichtigung der industriellen Investitionen zwischen 1840 und 1873 stattfand (106; 99;132). Dabei ist es wichtig, noch einmal zu betonen, was „Take-Off" eigentlich meint: In der Fliegersprache bezeichnet Take-Off die Phase des Starts, während der ein Flugzeugstart nicht mehr ohne Unfall abgebrochen werden kann. Der Begriff zielt demnach nicht auf den Anfang der industriellen Wachstums ab, sondern auf eine Phase, während der das industrielle Wachstum unumkehrbar wurde. Die Datierung zwischen 1840 und 1873 wird hauptsächlich von der Herausbildung der Eisenbahn als wirtschaftlichem Leitsektor getragen. Die englische Industrialisierung verlief anders; 1750 gab es noch keine Eisenbahnen; dafür stellte die Kanalschifffahrt das effizienteste Transport- und Verkehrsmittel der Zeit dar. Die Baumwollindustrie gilt als Leitsektor in der englischen Industrialisierung, weil sie die höchsten Wachstumsraten aufwies und über Nachfrage- und Angebotseffekte das industrielle Wachstum in anderen Bereichen anregte (50, S. 14f.).

In Deutschland begann die Eisenbahngeschichte mit der ersten Fahrt des „Adlers" von Nürnberg nach Fürth im Jahre 1835. Diese war aber noch eher Ausdruck landesherrlichen Prestigedenkens und weniger das Fanal für den großen Eisenbahnbau. Erst um 1840 begann die große Zeit der Eisenbahnen; innerhalb kurzer Zeit wurde dann aber ein breitflächiges Streckennetz aufgebaut, das mehrere tausend Kilometer Länge aufwies (101). Die Bahnlinien basierten zwar anfangs auf importierten Schienen, Lokomotiven und Waggons; der wichtige Prozess der Importsubstitution ersetzte aber rasch die Importe aus England mit deutschen Produkten. In Rostows Diktion entwickelte sich die Eisenbahn zum Leitsektor für die Industrialisierung Deutschlands. Als solcher übernahm sie die Führungsrolle im wirtschaftlichen Wandel; von ihr hing die weitere Industrialisierung weitgehend ab. Das für die Definition eines Leitsektors wichtige Merkmal der „Backward Linkage" (rückwärts gewandte Verknüpfung) war erfüllt. In der Tat schuf der Eisenbahnbau eine beträchtliche Nachfrage nach Lokomotiven, Waggons und Schienen, die das Wachstum der heimischen Kohle- und Eisenindustrie entscheidend vorantrieb (108). Das auf diesem Weg etablierte Verkehrs- und Transportnetz wirkte sich rasch auf die Vergünstigung des überregionalen Transports aus. Der ebenfalls der Definition des Leitsektors entnommene Effekt der „Forward Linkage" (vorwärts gewandte Verknüpfung) beschreibt die ökonomisch bedeutsame Funktion der Senkung der Transaktionskosten, denn die Eisenbahn regte die weitere wirtschaftliche Entwicklung durch Senkung der Transportkosten an (99).

Das dritte Kriterium Rostows für den Take-Off erweist sich als sehr bedeutsam: der Aufbau von politischen, sozialen und institutionellen Rahmenbedingungen, die den Übergang zum industriellen Wachstum auf Dauer stabilisierten. Bereits in Rostows Diktion wird deutlich, dass dieses dritte Element von ihm am wenigsten präzise ausgearbeitet wurde. Es ist auch kaum operationalisierbar, denn an eine Messbarkeit im eigentlichen Sinne ist nicht zu denken. Aber Tilly hat sicher recht, wenn er gerade dieses letzte Merkmal als das vielleicht Originellste bei Rostow bezeichnet (138, S. 54). Denn mit die-

Erste Fahrt des Adlers

Forward und Backward Linkages

Rahmenbedingungen des Take-Offs

ser Teilhypothese unternimmt er den ehrgeizigen Versuch, spezifisch wirtschaftliche mit gesamtgesellschaftlichen Dimensionen in Beziehung zu setzen, ein Ansatz, der über die herkömmlichen Wachstumsmodelle weit hinaus reicht. Rostow hat ursprünglich die Revolution von 1848 als Fanal des Take-Offs betrachtet, ohne den Zusammenhang der Revolution von 1848 mit dem Beginn des Wachstums näher zu begründen (84). Aber statt sich in politikgeschichtlicher Perspektive nur auf den Anfangspunkt des Take-Offs zu konzentrieren, bietet sich auch dessen Endpunkt als Interpretationshilfe an. Er fällt auffällig mit der Gründung des zweiten Deutschen Kaiserreichs von 1870/71 zusammen, das den Abschluss des deutschen Einigungsprozesses darstellte. Tilly versucht daraus eine wirtschaftshistorische Interpretation der Politikgeschichte zu konstruieren. Er bezeichnet die Gründung des Kaiserreichs unter diesem Gesichtspunkt als wachstumsinduzierte politische Vereinigung (138, S. 54).

Die meisten wirtschaftshistorischen Erklärungen Rostows sind mittlerweile korrigiert worden. Sein Begriff wird aber immer noch zur Bezeichnung einer bestimmten Epoche der deutschen Industrialisierung verwendet. Der Vorteil besteht darin, dass er die quantitative Wachstumsuntersuchung, eine sektorale Analyse sowie sozio-politische Argumente miteinander verbindet, wodurch ein bisher unterschätztes interdisziplinäres Projekt entsteht. Aber die fehlende Dynamik der Stadientheorien kann der Begriff des Take-Offs nicht ganz ablegen, denn es handelt sich nach wie vor um idealtypisch getrennte Phasen, deren wechselseitige Abhängigkeit schwierig in ein Konzept zu fassen bleibt (39, S. 86). Ein zentrales Argument gegen die Stadientheorien verweist auf die rückblickende Perspektive der Erklärung. Rostows Konzept wirkte im Kalten Krieg sicher normativ; sein letztes Stadium des *Zeitalters des Massenkonsums* wird gerade in der entwicklungspolitischen Diskussion nicht gern gesehen; es klingt zu sehr nach dem „Ende der Geschichte" (100), das sich ohnehin nach 1990 überhaupt nicht bestätigt hat.

Lange Wellen der Konjunktur

Eine andere Erklärung zum Wachstum der deutschen Wirtschaft ungefähr seit der Mitte der 1840er Jahre bieten die „Langen Wellen" der wirtschaftlichen Entwicklung. Unter den „Klassikern" findet sich etwa Thomas R. Malthus, der die „malthusianische Falle" mit der Abfolge von ungebremstem Bevölkerungswachstum und Bevölkerungskrisen durch den knapp werdenden Nahrungsmittelspielraum erklärte (133, S. 15). In der Tat versuchen sich Vertreter der verschiedensten Disziplinen immer wieder an der Erklärung der zyklischen Karrieren von Gesellschaftsformen (133, S. 12 f.). Stellvertretend für viele andere sei auf die Schriften Braudels zur Geschichte des Mittelmeerraums hingewiesen, in denen säkulare Trends und langfristige Zyklen zum Kernbestandteil der historischen Analyse gemacht worden sind (89). Auch in der Soziologie der westlichen Gesellschaft wird die Karriere verschiedener Gesellschaftsmodelle zum Beispiel von Bornschier untersucht, wobei vor allem die Integrationsfähigkeit eines bestimmten Gesellschaftsentwurfs zyklischen Schwankungen unterliegt (88). Für die Industrialisierung sind aber zweifellos die spezifischeren Wachstumszyklen der Wirtschaft von besonderer Bedeutung. Mit dem Eintritt in die Industrialisierung würde so gesehen ein Wachstumszyklus beginnen, der früher oder später in eine Wirtschaftskrise mündet. Die Vorstellung einer zyklischen Abfolge von Konjunktur und

1. Konzeptionelle Überlegungen

Krise, guten und schlechten Jahren, ist selbstverständlich älter als die moderne Wirtschaftsgeschichte, aber sie unterscheidet die Langen Wellen fundamental von den Stufentheorien.

„Konjunkturzyklen analysieren heißt nicht mehr und nicht weniger als den Wirtschaftsprozess des kapitalistischen Zeitalters analysieren" (126, S. 5). Dieses berühmte Diktum Josef Alois Schumpeters bringt die Überzeugung der einschlägigen Theoretiker zum Ausdruck, mit den Langen Wellen eine Theorie des modernen Kapitalismus vorzulegen. Konjunkturzyklen sind nach Kocka eines der großen methodischen Konstrukte, mit denen eine gesamtgesellschaftliche Perspektive historischen Arbeitens begründet werden kann (39, S. 104). Die Analyse langfristigen Wachstums und kurzfristiger wirtschaftlicher Krisen gehört deshalb seit Jahrzehnten zu den Kerninteressen der modernen Wirtschaftsgeschichte (135). Allerdings gibt es auch hier einen Zusammenhang zwischen wissenschaftlichem und gesellschaftlichem Interesse, denn Spree stellt einen überzeugenden Zusammenhang zwischen der Forschung zu den Langen Wellen und einer krisenhaften wirtschaftlichen Entwicklung her. Immer dann, wenn die Konjunktur nachließ, genossen die Schriften zu Langen Wellen in der Geschichte besondere Aufmerksamkeit (133, S. 3).

Konjunkturzyklus

Jede historische Wachstumsphase wurde irgendwann von einer Krise unterbrochen. Dass diese Krise eintritt, sollte demnach keine lohnende Frage für die Zeitgenossen sein. Es ist aber unmöglich vorab zu bestimmen, wann die Krise kommt, welche genauen Merkmale sie trägt und wie lange sie dauert. Deshalb ist vielleicht verständlich, weshalb die historischen Akteure während der Aufschwungsphasen in der Regel nicht mit der bevorstehenden Krise rechneten. Traf diese dann doch ein, kam es nicht selten zu einer Krisenstimmung, die, nahezu apokalyptische Szenarien malend, nicht mehr mit einer Besserung der wirtschaftlichen Lage rechnete. Ob „Gründerkrach" nach 1873, Weltwirtschaftskrise nach 1929 oder die so genannte „Ölkrise" von 1973 – immer ging der eigentlichen Krise eine Phase ungebremster Wachstumseuphorie voran, deren abruptes Ende zu panikartigen Reaktionen der Krisenbewältigung führte. Krisen sind demnach analytisch immer gekennzeichnet von der Spannung, die zwischen scheinbar objektiven Krisenindikatoren und der gesamtgesellschaftlichen Wahrnehmung erkennbar ist. Dass die besprochenen Verläufe eine zyklische Regelmäßigkeit vermuten lassen, liegt auf der Hand. Wie aber genau die Phasen von Auf- und Abschwung zu untersuchen sind und welche historischen Erklärungen für die postulierte Zyklizität gegeben werden können, ist weniger klar (87).

Ausgangspunkt der wirtschaftlich orientierten Forschung zu den Langen Wellen war immer schon der Versuch, regelmäßige Auf- und Abschwünge messbarer wirtschaftlicher Indikatoren mit einer historischen Perspektive zu verbinden. Nikolai D. Kondratjeff beispielsweise nutzte in der Zwischenkriegszeit insbesondere Preisindizes, um jeweils 40 bis 60 Jahre dauernde, später nach ihm als „Kondratjeff-Zyklen" benannte Lange Wellen nachzuweisen (111). In der Sowjetunion waren diese Überlegungen des trotzkistischen Kondratjeff nicht populär, weil für Aufschwünge des kapitalistischen Systems in der marxistisch-leninistischen Theorie wenig Verständnis bestand. 1938 wurde Kondratjeff im „Großen Terror" Stalins ermordet (133,

Kondratjeff-Zyklen

S. 35–38). Wichtigstes empirisches Beispiel war für Kondratjeff die Große Depression, die ab 1873 die meisten Industrienationen erreichte und vor allem als Deflationskrise die Preise zum Sinken brachte. Es ist keineswegs überraschend, dass eine Lange Welle, die auf Preisindizes basiert, einen Abschwung zwischen 1873 und 1895 erlebte, wenn bereits allgemein bekannt ist, dass es sich vornehmlich um eine Preiskrise handelte. Allerdings ist es eine gänzlich andere Frage, ob mit einer Welle bereits eine ganze Theorie der Langen Wellen begründet werden kann. Analog zu den methodischen Problemen des Take-Offs von Rostow stellt sich auch für die Kondratjeff-Wellen die Frage, ob überhaupt ausreichend empirisches Datenmaterial vorliegt, um mehrere Lange Wellen nachweisen zu können. Bei einer Zyklendauer von 40 bis 60 Jahren brauchen bereits zwei oder drei Kondratjeff-Zyklen erhebliche Datenmengen, mit denen man rasch an die Grenze statistisch verfügbarer Informationen gelangt, selbst wenn man von der Datenqualität extrem langer Langer Wellen absehen wollte.

Kuznets-Zyklen

Während Kondratjeffs Arbeiten vor allem in Europa (und hier ganz besonders in Deutschland) rezipiert wurden, ging der spätere Nobelpreisträger Simon Kuznets nahezu zeitgleich in seinen ersten Studien von deutlich kürzeren Zyklen von 15 bis 30 Jahren Länge aus (113). Er war auf der Suche nach einer generalisierbaren Konjunkturtheorie, die er von empirischen Daten abzuleiten versuchte. Nach dem Zweiten Weltkrieg legte er schließlich eine Studie vor, die „Kuznets-Zyklen" vom langfristigen Wachstum der Bevölkerung ableitete (112, S. 328–378). Kuznets datierte die Tiefpunkte seiner Long Swings mit der Depression von 1873–90, dem Ersten Weltkrieg und der Weltwirtschaftskrise, was Spree zur Vermutung bewog, dass exogene Krisen die Datierung der Wellen determinierten und die Zyklizität sich nicht aus dem Konjunkturverlauf selber ergab (133, S. 97). Dies ist jedoch ein zentraler Einwand: Wenn die wesentlichen Wendepunkte primär vom gesellschaftspolitischen Umfeld ausgehen, entfällt ein wichtiges Erkenntnisinteresse für die Langen Wellen, das genau darin besteht, aus dem Konjunkturverlauf eine gewisse Regelmäßigkeit abzuleiten. Große Depression, Weltkrieg, Weltwirtschaftskrise – daraus einen zyklischen Verlauf abzuleiten, erfordert keine mathematischen Filterverfahren und keine Trendanalyse, weil diese Tiefpunkte bereits aus der Ereignisgeschichte ersichtlich sind. Einen Ausweg aus dieser Problematik bildet der konsequente Empirismus, also durch immer bessere Zeitreihen und differenziertere Analyseverfahren die Zyklen nachzuweisen, die bei Kuznets oder Kondratjeff noch fragwürdig schienen. Spree arbeitete bereits in den 1960er Jahren an einer differenzierten Analyse der Wachstumsschwankungen in verschiedenen industriellen Branchen Deutschlands (132).

Methodik der Zeitreihenanalyse

Kürzlich hat Metz neue, formal extrem anspruchsvolle Erkenntnisse zur Methodik der Zeitreihenanalyse vorgelegt, die zahlreiche Probleme früherer Arbeiten überwindet (120). Die Diskussion ist also einerseits nicht mehr ganz neu und kann auf eine beachtliche Datenvielfalt zurückgreifen, andererseits ist sie aber auch nicht als abgeschlossen zu betrachten, denn endgültige Aussagen erlauben historische Daten auch in quantitativer Form relativ selten. Zumal theoretische Erklärungen für die Langen Wellen und ihre Verwendung für allgemeinere Themen nach wie vor umstritten sind.

1. Konzeptionelle Überlegungen

Wo bleibt Schumpeter? In den 1930er Jahren veröffentlichte er seine bekannten Studien zum Konjunkturzyklus (126). Grundlage seiner Langen Wellen ist der Begriff der Innovation, den er in seiner *Theorie der wirtschaftlichen Entwicklung* schon vor dem Ersten Weltkrieg eingeführt hatte (127). Er arbeitet damit in eine gänzlich andere Richtung als Kondratjeff, Kuznets und die anderen empirischen Zeitreihenanalytiker, denn er gründete seine Wellen auf einer theoretischen Überlegung und suchte sie nicht aus den Daten selbst herzuleiten. Die Langen Wellen nach Kondratjeff erklärt er mit Hilfe von so genannten Basisinnovationen, die mit den jeweilgen Leitsektoren zusammenfallen: Den ersten Kondratjeff datiert Schumpeter mit 1780 bis 1840 und nennt ihn industrielle Revolution, den zweiten Kondratjeff nennt er Eisenbahnbau beziehungsweise Dampf und Stahl und datiert ihn auf 1842 bis 1897, bevor sein dritter Kondratjeff mit Elektrizität, Chemie und Fahrzeugbau ab 1898 einsetzt (133, S. 38f.). Indem er die zyklischen Wachstumsschwankungen nicht mehr empirisch aus der Konjunkturstatistik herausfilterte, sondern diese theoretisch deduzierte, begründete Schumpeter eine gänzlich neue Herangehensweise an die Langen Wellen. Die Empirie wird damit zu einer interpretatorischen Hilfe zum besseren Verständnis der theoretischen Zusammenhänge. Auf dieser Grundlage schlug er erstmals die „Langen Wellen" als heuristisches Instrument vor. Ihm schwebte eine historische Theorie des modernen Kapitalismus vor, was ihn mit der historischen Schule der Nationalökonomie verband. Gerhard Mensch, einer der führenden deutschen Innovationsforscher, hat in den 1970er Jahren diese Anregung Schumpeters aufgegriffen und in einer viel beachteten Studie vom „technologischen Patt" gesprochen, das auf fehlende Innovationstätigkeit zurückzuführen sei (119).

Schumpeters Beitrag

Historiker wie Rosenberg, Wehler und Kocka haben seit den späten 1960er Jahren die Langen Wellen zunehmend beachtet. Aber ihr Interesse galt vor allem der Periodisierungsfunktion der „Kondratjeffs". Kocka betonte in seinem methodisch gehaltenen Band zur Sozialgeschichte, dass die Langen Wellen eines der interessantesten, integrationsfähigen Konzepte der Geschichtswissenschaft seien. Aber die Historiker standen einer immer komplexeren theoretischen und konjunkturstatistischen Diskussion doch recht hilflos gegenüber, weshalb die Langen Wellen ihr historisches Potential nie richtig haben ausschöpfen können (136, S. 304). Wenn schon die aktuelle konjunkturtheoretische Theoriebildung kaum zu einem Konsens in der Lage ist, so argumentiert Borchardt, wie sollen dann Historiker der einen oder anderen Erklärung der Langen Wellen den Vorzug geben (136)? Aus geschichtswissenschaftlicher Sicht bleibt deshalb die Forschung zu den Langen Wellen eher unbefriedigend, weil sie mit Ausnahme Schumpeters in der Regel keine befriedigende konzeptionelle Erklärung für die Wachstumsschwankungen geben kann. Die Argumente Kondratjeffs, Kuznets und ihrer Nachfahren, selbst Schumpeters innovativer Unternehmer können allesamt nicht ganz überzeugen.

Hansjörg Siegenthaler geht den von Schumpeter vorgeschlagenen Weg weiter, die Langen Wellen als heuristisches Instrument zu verwenden. Er beginnt seine Forschungen zunächst mit der Überprüfung der Kuznets-Zyklen der Schweizer Wirtschaft (129). Aber die Analogie zur Physik und das damit zusammenhängende Verständnis eines gleichmäßigen und vorhersagbaren

Lange Wellen als lerntheoretisches Konzept

Verlaufes schien ihm rasch unvereinbar mit der prinzipiell unvorhersagbaren Geschichte. Stattdessen gewinnt die Gesetzmäßigkeit des Verlaufs an sich an Bedeutung, wobei vor allem die Richtungswechsel zur zentralen Forschungsfrage werden (128, S. 218). Siegenthalers wesentliche Leistung besteht deshalb vor allem darin, die Langen Wellen zu *historisieren*, das heißt ein Konzept vorzulegen, das die Langen Wellen als Ausdruck eines historischen Prozesses modelliert und analysierbar macht. Mit anderen Worten: Krisen in Wirtschaft und Gesellschaft entstehen nicht durch exogene Krisenauslöser, sondern werden durch genau die Kräfte systematisch verursacht, die in der vorangegangenen Periode für Wachstum und Stabilität verantwortlich waren. Die Bewegung der relativen Preise, so heißt es bei Siegenthaler, lässt Gruppierungen zu Verlierern werden, die zunehmend bereit sind, ihren Dissens in die Gesellschaft zu übertragen. Damit gefährden sie das Regelvertrauen, das zur Kapitalbildung notwendig ist. Die Phase der strukturellen Stabilität birgt damit immer die Vorboten der nächsten Krise in sich. Der Kernbegriff Siegenthalers ist „Vertrauen". In Phasen struktureller Stabilität besteht so viel Vertrauen in die kognitiven Regeln der Klassifikation, Selektion und Interpretation von Informationen, dass mit ihrer Hilfe Kapital gebildet wird. In Krisenphasen verlieren die Regeln dieses Vertrauen, das erst wieder neu gebildet werden muss. Siegenthaler vertritt damit im Kern einen lerntheoretischen Ansatz, der sich erstaunlich gut mit sozial- und wirtschaftswissenschaftlichen Theorieelementen verträgt. Eine breite empirische Überprüfung ist er bis heute allerdings schuldig geblieben; sein Hauptwerk enthält lediglich eine Anzahl an illustrierenden Beispielen (130).

Wirtschaftsordnung

Der Begriff der „Wirtschaftsordnung" orientiert sich demgegenüber stärker an bereits dargelegten stadientheoretischen Überlegungen. Das Konzept der „Wirtschaftsordnung" bezeichnet die Gesamtheit aller für den organisatorischen Aufbau einer Volkswirtschaft und für die wirtschaftlichen Abläufe geltenden Regeln sowie das Ensemble der für die Verwaltung, Steuerung und Gestaltung der Wirtschaft zuständigen Einrichtungen (115; 109). Hinter dieser komplizierten Definition verbirgt sich ein relativ offenes Konzept, das in letzter Konsequenz vor allem deskriptiven Charakter hat. Ambrosius zeigt das anhand der Wirtschaftsordnung der Weimarer Republik, die trotz gewaltiger Folgen des Ersten Weltkriegs stark von Kontinuität geprägt blieb. Obwohl linke Parteien erstmals über Mehrheiten – und den ersten Reichspräsidenten – verfügten, blieben fundamentale Eingriffe in die Besitzfreiheit minimal. Der Goldstandard in der Währungspolitik wurde wiederhergestellt und auch Marktregulierungen blieben weitgehend unverwirklicht. Der umfassendste Wandel fand in den industriellen Beziehungen statt, die seit dem Hindenburg-Abkommen von 1916 bereits auf eine neue Stufe gestellt wurden (82). Der Begriff der Wirtschaftsordnung hilft an dieser Stelle zunächst, die wesentlichen Merkmale moderner Volkswirtschaften rasch aufzuzählen und historisch abzuarbeiten. Die relative Statik des Konzepts bringt es in die Nähe der weiter oben behandelten Stufentheorien. Aber es eignet sich durchaus zur Analyse der Geschichte der industriellen Welt. Rudolf Hilferding, ein sozialdemokratischer Theoretiker des frühen 20. Jahrhunderts, beschrieb den

Organisierter Kapitalismus

organisierten Kapitalismus durch Nennung seiner Teilelemente: Konzentration, Trennung von Besitz und Kontrolle, neuartige Schichtenbildung, kollek-

1. Konzeptionelle Überlegungen

tive Organisationen, Verflechtung von sozioökonomischer und staatlicher Sphäre, wirtschaftliche und politische Expansion, Modernisierung der Bürokratie und der Entstehung neuer Ideen und Ideologien (105). Aber auch mit einer solchen, wenigstens teilweise prozessorientierten Darstellung lässt sich die implizite Statik des Konzepts der Wirtschaftsordnungen nicht gänzlich überwinden.

Entscheidend weiterentwickeln lässt sich das Konzept der Wirtschaftsordnungen, wenn man den Begriff der Institutionen einführt. „Institutionen sind sozial anerkannte Regeln für angemessenes Verhalten in sich wiederholenden Entscheidungssituationen" (82, S. 349). Bekanntlich versteht sich die neoklassische Ökonomie als Entscheidungswissenschaft, die auf dem Axiom des rationalen Handelns von Individuen in Entscheidungssituationen basiert. Institutionen dienen der Theorie dazu, historisch entstandene Normen und Regeln in das Handlungsmodell einzubeziehen, ohne die Rationalität des Akteurs aufzugeben. Ihr wichtigster theoretischer Vertreter ist der 1993 mit dem Nobelpreis geehrte Douglass North, der zum Klassiker der modernen Institutionenökonomik geworden ist (122). Die Einbeziehung von Institutionen hilft das scheinbare Paradox von Herbert Simon aufzulösen, der in den 1950er Jahren bereits die unbegrenzte Rationalität des wirtschaftlichen Subjekts bezweifelt hat. Er hielt Entscheidungen immer nur im Rahmen der individuellen Erfahrungen für rational und prägte dafür den Begriff der „bounded rationality" (131). Mit Hilfe des institutionenökonomischen Ansatzes steht eine Begrifflichkeit zur Verfügung, welche die Gesamtheit der Normen und Regeln als Rahmen für rationales Handeln in das ökonomische Handlungsmodell zu internalisieren vermag (78; 140). Der Unterschied zu Siegenthaler besteht zunächst darin, dass hier keine Zyklizität vorgeschlagen wird. Darüber hinaus untersuchen North und andere nicht so sehr die Entstehungsgeschichte der Institutionen, sondern deren Wirkung auf Märkten. Institutionen als Gesamtheit aller Normen und Werte und Property Rights als Gesamtheit aller Verfügungsrechte haben einen Hauptzweck: Sie sollen die Transaktionskosten reduzieren (79; 91). Die Geschichte von Geld und Währung ist voll von Beispielen für Konstellationen, in denen aus verschiedenen Gründen das vorhandene Geld seine Funktion als berechenbare, leicht einzuschätzende Größe verlor. So trat dies zur Zeit der deutschen Hyperinflation von 1914–1923 ein, als die Transaktionskosten ökonomischer Tauschvorgänge immer aufwändiger wurden, weil dem Geldwert nicht mehr zu trauen war (90). Gerade Deutschland hat reichlich Erfahrung mit den verschiedensten Währungen und Währungswechseln, die bis hin zur relativ raschen Akzeptanz des Euro in Deutschland führt. Andere bekannte Beispiele sind die rechtliche Absicherung von Eigentum im Allgemeinen Preußischen Landrecht, welche die „Bauernbefreiung" erst möglich gemacht hat (75, I, S. 240–244). Die Geschichte der Wirtschaftsordnung – verstanden als Gesamtheit aller Institutionen – wäre damit eine Geschichte der wachsenden Effizienz des wirtschaftlichen Handelns von den Zünften des Spätmittelalters zum freien Gewerbe des 19. Jahrhunderts, zur Bildung moderner Unternehmen und zu den Aktiengesellschaften bis hin zur Entstehung des modernen Sozialstaates (109; 83).

Institutionenökonomik

Bounded Rationality

2. Wirtschaftskrisen und ihre Interpretation

Krise als multiperspektivischer Begriff

Alle Krisen hinterlassen ihre Spuren. Ein Akteur, ein Unternehmen und auch eine Volkswirtschaft sind nach einer Krise nicht mehr die Gleichen, und manchmal können schwerwiegende Unternehmenskrisen auch zum Kollaps eines Unternehmens führen. Während wirtschaftliche Subjekte und Unternehmen den Zusammenbruch (und späteren Neuanfang) unter bestimmten Umständen als Strategie einsetzen, bleibt Volkswirtschaften diese Option verwehrt. Es ist deshalb festzuhalten, dass Krise ein multiperspektivischer Begriff ist. Die gleiche historische Krise wurde nicht gleich von allen Betroffenen erlebt. Im Folgenden stehen deshalb einige konzeptionelle Überlegungen zur Krise am Anfang, bevor zunächst das Beispiel der Großen Depression, die das Deutsche Kaiserreich ab 1873 erfasste, behandelt wird. Anschließend wendet sich das Kapitel der Weltwirtschaftskrise nach 1929 zu.

Vorindustrielle Krisen

Der Begriff „Krise" bedeutet allgemein zunächst einen Wendepunkt, eine Zuspitzung der Situation, die mit herkömmlichen Mitteln nicht mehr ohne weiteres bewältigt werden kann. Die Krise bezieht sich demnach auf eine Entscheidungssituation, in der wichtige Weichen für die Zukunft gestellt werden (152, S. 377). Jedes Handeln wird in krisenhaften Situationen bedeutsam, denn die Frage ist nicht unbedingt, wie gehandelt wird, sondern ob überhaupt noch Entscheidungen getroffen werden können. Krisen gehören aber auch zur industriellen Welt und werden von ihr produziert. Waren in der vorindustriellen Zeit Krisen mit Naturkatastrophen oder Missernten verbunden, die Ernest Labrousse als „crise de type ancien" bezeichnete (114), so waren industrielle Krisen demgegenüber hauptsächlich durch Marktversagen begründet. Arbeitslosigkeit, Zusammenbruch der Produktion oder Preiszerfall sind alles Krisensymptome, welche die industrielle Gesellschaft seit Beginn der Industrialisierung mehr oder weniger regelmäßig betroffen haben.

Krise als historischer Grundbegriff

Es wundert nicht, dass Krisen in besonderer Weise das Interesse von Historikern gefunden haben. So hat Reinhart Koselleck die Krise als historischen Grundbegriff bezeichnet und die wandelnde Bedeutung des Begriffs seit dem 19. Jahrhundert untersucht (12, III, S. 617–650). Einer der bedeutendsten Klassiker der Geschichtswissenschaft, Jacob Burckhardt, widmete ihnen ein ganzes Kapitel in seinen *Weltgeschichtlichen Betrachtungen* (149, S. 157–191). Er konzentriert sich dabei vor allem auf die durch Krisen beschleunigten sozialen, wirtschaftlichen und politischen Veränderungen, ohne sich genauer über das Entstehen oder das Wirken der Krisen zu äußern. Dabei hatte er ein besonderes Interesse an der kriegerischen Auseinandersetzung, die er als ultimative historische Krise mit offenen Ausgang verstand. Burckhardt beschrieb Krisen mit einer pessimistischen Grundhaltung; für ihn waren Krisen letztlich Unfälle der Geschichte, die es in einer idealen Welt wohl nicht gäbe. Aber er erkannte ihre strukturverändernde Kraft und hielt sie für ein wichtiges Element der Geschichte.

Für Marx sind Krisen bekanntlich die wahrhaft treibenden Kräfte der Geschichte. Die kapitalistische Produktionsweise ist nach Marx ein Krisen-

2. Wirtschaftskrisen und ihre Interpretation

zyklus, der „gesetzmäßig" die jeweils nächste Wirtschaftsstufe hervorbringt. Innerhalb der kapitalistischen Produktionsweise analysiert er Konjunkturkrisen als Momente, in denen sich der angelegte Konflikt zwischen Arbeit und Kapital zuspitzt. Einer wachsenden Konzentration industrieller Betriebe steht der sinkende Lebensstandard für Lohnarbeiter gegenüber. Den krisenhaften Konflikt zwischen Kapital und Arbeit modellierte Marx bewusst in Gegensatz zur Gleichgewichtstheorie der klassischen Ökonomie seiner Zeit (166, S. 166f.). Für Marx ist die Krise damit letztlich positiv, weil sie den Aufstieg zur nächsten historischen Stufe bedeutet und die Gesellschaft dem historischen Ziel der klassenlosen Gesellschaft näher bringt. Damit sei knapp auf die allgemeinen historischen Bezüge des Begriffes Krise verwiesen. Weiterführende Informationen finden sich im einschlägigen *Lexikon der Geschichtlichen Grundbegriffe* (12, III, S. 650).

Besonders einflussreich für die neuere Historiographie der Krise waren die Arbeiten von Rosenberg und Wehler im Kontext der Großen Depression von 1873–1895 (173; 177). Beide haben sich auf die „Kondratjeff-Zyklen" berufen, um die Chronologie dieser ersten großen Weltwirtschaftskrise des industriellen Zeitalters zwischen zwei historisch einmaligen Perioden des Take-Offs beziehungsweise des imperialistischen Aufschwungs zu verorten (135, S. 150). Gerade die neuere Sozialgeschichte hat sich von der älteren Strukturgeschichte durch ein wachsendes Interesse an der Krise anstelle von Stabilität abgegrenzt. Sozialen Wandel zu erklären, hieß immer auch, sich mit den großen Krisen der deutschen Geschichte auseinander zu setzen. Vor allem Rosenberg hat erkannt, dass sich die „Kondratjeff-Wellen" zu mehr als zu reinen Periodisierungsfragen anbieten. Denn Wirtschaftskrisen, so wie der allgemeine Verlauf der Konjunktur, hinterlassen ihre Spuren in allen Bereichen der Gesellschaft; nach Siegenthaler ist deshalb Konjunkturgeschichte immer auch Sozial- und Politikgeschichte (130, S. 1). Ein Hauptvorteil des Konzepts der Langen Wellen besteht darin, die Abfolge von wirtschaftlichem Aufschwung und struktureller Krise als Teil des historischen Kontinuums darzustellen (154).

Krisen und Periodisierungsfragen

Es stellen sich dabei drei herausragende Fragen, nämlich erstens, ob sich in der vorangegangenen Periode, also der Zeit relativer wirtschaftlicher Prosperität, Faktoren identifizieren lassen, die eine Krise wahrscheinlich machen (130, S. 149–177). Dabei ist allerdings die sorgfältige Unterscheidung der ex-ante- und der ex-post-Perspektive geboten, denn politischer Wandel in Folge von Krisen wird oft mit einer rückblickend vorgenommenen Zuschreibung von Verantwortung und/oder Schuld erklärt. Aber was war davon vorab schon wahrnehmbar?

Krisen und ihre Vorperioden

Zweitens hat sich immer wieder gezeigt, dass zwischen primären Krisenphänomenen und der Krisenperzeption ein deutlicher, nicht jedoch ein funktional eindeutiger Zusammenhang besteht. Zu den primären Krisenphänomenen gehören die Indikatoren der wirtschaftlichen Leistungsfähigkeit eines Landes, also etwa die Arbeitslosigkeit, das Preisgefüge oder das Wirtschaftswachstum, mit deren Hilfe die Wirtschaftsgeschichte typischerweise eine Krise quantitativ bestimmt. Aber damit allein ist für die Analyse der Krisenwahrnehmung wenig gewonnen. So haben sich in Europa die meisten westlichen Industrienationen seit den 1970er Jahren an Arbeitslosenraten von

Krisenperzeption

Forschungsprobleme

10 Prozent und darüber gewöhnt; diesem Indikator wird damit – außer zu Wahlkampfzeiten – keine besondere Krisenhaftigkeit (mehr) zugeschrieben. Wann und unter welchen Voraussetzungen werden aber bestimmte Ausschläge der Indikatoren als untrügerische Zeichen einer Krise interpretiert? Die zentrale Kategorie, die diesen dynamischen Zusammenhang ausdrückt, ist das Vertrauen, das durch Krisenindikatoren zerrüttet werden kann, aber nicht muss. Nicht die Krise selber zerstört Vertrauen; die Wahrnehmung und Interpretation der Welt wirkt vielmehr nach John Maynard Keynes auf den „state of confidence" (175).

Krisenende

Drittens mag zwar der Beginn einer Krise umstritten sein, besonders wenn man neben „harte" Krisenindikatoren noch die „weiche" Analyse der Wahrnehmung stellt. Zweifellos ist für Historiker die zeitliche Bestimmung von Beginn und Ende einer Krise wichtig. Aber damit weiß er gelegentlich mehr als die Zeitgenossen, die analog zum Glauben an ewiges Wirtschaftswachstum oft die Überzeugung vertreten haben, dass aus der aktuellen Krise kein normales Entrinnen mehr möglich sei. In Anknüpfung an biblische Interpretationen von Krisen als gottgewollten Plagen werden in krisenhaften Lagen oft die radikalsten und bisweilen seltsamsten Maßnahmen vorgeschlagen, um der Krise ein Ende zu bereiten. Das kann durch Rückzug aus der politischen Arena oder aber durch erfolgreiche Umgestaltung des Gesellschaftsmodells erfolgen. Oft genug erwächst damit der wirtschaftliche Aufschwung, das Wiedererstarken des gesellschaftlichen Vertrauens, die Krise zu meistern, aus Elementen, die eben noch als krisenhaft betrachtet wurden (130, S. 178–206).

Große Depression

Ein in der Literatur immer wieder genanntes Beispiel einer Wirtschaftskrise, die über das übliche Maß einer normalen Konjunkturkrise hinausging, ist die Große Depression ab 1873. Das deutsche Kaiserreich, der 1871 erst gegründete deutsche Staat, schlitterte schon nach zwei Jahren in eine bedeutende Wirtschaftskrise, die von Hans Rosenberg als Große Depression bezeichnet wurde (173). Seit 1869 und auch unter Einfluss der französischen Reparationszahlungen nach dem deutsch-französischen Krieg war es zu einer euphorischen Stimmung gekommen, in der die Investitionsquote auf 14 Prozent des Bruttoinlandprodukts stieg. Dadurch entstanden allenthalben Überkapazitäten der Industrie, die zunächst zu einer Krise im Währungs- und Börsenbereich, bald aber zu einer allgemeinen Vertrauenskrise der deutschen Wirtschaft und Gesellschaft führten (44a, II, S. 283–287). Die Perzeption der großen Depression gewinnt aus der Nachschau rasch Modellcharakter für andere wirtschaftliche Krisen. In der Phase des Take-Offs begann sich die allgemeine Ansicht zu verbreiten, dass die industrielle Wirtschaftsform praktisch immun gegen Krisen sei. Ihr Hauptvorteil gegenüber der früher dominierenden agrarischen Wirtschaftsform war, dass man sich nun nicht mehr mit Missernten auseinander zu setzen hatten, die bis 1848 oft zu Versorgungskrisen geführt hatten (141). Mit der großen Depression geriet das industrielle Zeitalter aber in seine erste große Produktions- und Finanzkrise, da im vorangegangenen Boom Überkapazitäten der produzierenden Industrie aufgebaut worden waren sowie eine eigentliche kapitalistische Goldgräberstimmung zu einer deutlichen Überbewertung der börsennotierten Unternehmen geführt hatte.

2. Wirtschaftskrisen und ihre Interpretation

Zunächst stand die Interpretation der Großen Depression als Abschwung eines Kondratjeffs im Vordergrund. Das hatte den Vorteil, sowohl den Aufschwung nach 1895 als auch die Take-Off-Phase mit in die Darstellung einzubeziehen und gleichzeitig mit einer langfristigen quantitativen Analyse zu unterlegen (135, S. 150). Aber eine ganze Reihe von Spezialuntersuchungen hat seit den 1960er Jahren gezeigt, dass die Krise die Substanz der Wirtschaft langfristig kaum beeinträchtigte (75, III, S. 548). Überkapazitäten wurden abgebaut, Löhne gesenkt und die Investitionstätigkeit zurückgeschraubt. Im Wesentlichen beschränkte sich die Krise damit darauf, die in den unmittelbar vorangegangenen Jahren im Rahmen des Vereinigungsbooms aufgebauten Überkapazitäten wieder abzubauen. In der Firma Krupp wurden beispielsweise zwischen 1873 und 1875 4000 Beschäftigte entlassen, der Gesamtbestand an Mitarbeitern lag aber immer noch über derjenigen des Jahres 1870 (31, II, S. 792–804). Beschäftigungspolitisch sank damit zwar die Aufnahmefähigkeit des industriellen Arbeitsmarktes, aber es kam im industriellen Sektor nicht zu einer Massenarbeitslosigkeit.

Abschwung eines Kondratjeffs

Allerdings verursachte der bemerkenswerte Deflationierungsdruck durch sinkende Preise und Löhne zu einer erheblichen Vertrauenskrise, die besonders zwischen 1873 und 1879 weite Kreise der Bevölkerung erfasste. Rasch machte sich ein Krisendiskurs breit, der in der aktuellen Lage das Ende der sich gerade erst durchsetzenden Industrialisierung antizipierte. Aber dieses Ende kam bekanntlich nicht; vielmehr wurden schon während der Krise mit Hilfe technischer Rationalisierung und Innovation, etwa in der elektrotechnischen Industrie, die Voraussetzungen für langfristiges Wirtschaftswachstum geschaffen (26, S. 40). In diesem Kontext ist sicher der erstarkende Staatsinterventionismus zu sehen, der sich durch eine protektionistische Zollpolitik an der Wiederherstellung des Vertrauens beteiligte, was besonders der deutschen Agrarwirtschaft zu Gute kam (176). Auch den Beginn der staatlichen Sozialversicherungspolitik kann man mit Henning in diesem Zusammenhang sehen, denn ein Ziel war sicherlich, das Vertrauen in die Handlungsfähigkeit des Staates wiederherzustellen (30, S. 217).

Deflation als Vertrauenskrise

Im Widerspruch zu Kondratjeff ist die Große Depression gern zur großen Deflation erklärt worden, da sich der langfristige Wachstumstrend zwar verlangsamte, aber nicht etwa ganz auf oder unter null absank. Im Durchschnitt ging es den Deutschen während der gesamten Krisenzeit immer noch relativ gut. Darin zeigen sich zwei Schwächen des Konzepts der Langen Wellen. Es bildet Durchschnittswerte ab, die manchmal nicht dazu geeignet sind, regionale und soziale Ungleichheiten angemessen zu erfassen. Für die Beschäftigten der Industrie, die unmittelbar zuvor von ländlichen in industrielle Arbeitsplätze gewechselt hatten, war es sicher kein Trost, dass man nur Überkapazitäten abbauen wollte. Für die Betroffenen der Krise, die jüngeren, tendenziell schlecht oder gar nicht ausgebildeten Neuankömmlinge in der Industrie, bedeutete die Große Depression schon eine schwerwiegende Krise. Die relative Verarmung, die so genannte Proletarisierung der Arbeiter, beschäftigte schließlich breite Kreise im Kaiserreich. Das Konzept der Langen Wellen schlägt aufgrund der quantitativen Indikatoren eine Begrifflichkeit vor, die angesichts des strukturell beschränkten Ausmaßes der Krise und vor allem im Bewusstsein noch folgender Krisen der deutschen Wirtschaft vielleicht etwas überzogen war. Borchardt zweifelt deswegen am Begriff, während Hentschel darauf besteht, die tatsächliche Wirtschaftskrise der Jahre 1873 bis 1879 unter eigenständigen Gesichtspunkten zu behandeln. Die „Große Depression" selbst hält er für „dramatisiert", „falsch und irreführend" (155, S. 206 u. S. 209). Aber es war immerhin die erste große Wirtschaftskrise der deutschen Industrie, so dass überzogene Urteile der Zeitgenossen vielleicht sogar den generellen Konflikt zwischen der Entwicklung und ihrer Wahrnehmung zu verdeutlichen helfen.

Strukturwandel in der Krise

So hat sich denn das Interesse an der Großen Depression vor allem noch als Suche nach einer Vergleichskrise für die Weltwirtschaftskrise ab 1929 gehalten, mit der man die besonderen Ausmaße dieser Krisenjahre verdeutlichen konnte. Viel gehaltvoller wird die Rede von der Großen Depression allerdings dann, wenn man sie als Krise erkennt, in der sich industrieller und gesellschaftlicher Strukturwandel vollzog. So lässt sich zweifelsfrei sagen, dass der Eisenbahnbau, bekanntlich *der* Wachstum fördernde Leitsektor des Take-offs, während der Großen Depression seine Führungsfunktion verlor. Kein Zufall kann es sein, dass mit der Reichsgründung und der Großen Depression auch die Welle der Verstaatlichungen im deutschen Eisenbahnwesen zu einer Trendwende im Eisenbahnwesen führte. Teilten sich Staat und Private die Organisation der Eisenbahnen um 1870 noch je zur Hälfte, wurden 1889 schon 88 Prozent aller Bahnkilometer von den verschiedenen staatlichen Eisenbahnverwaltungen kontrolliert (101, S. 30). Zur Gründungszeit des deutschen Kaiserreichs war keinesfalls klar, dass die Zukunft der Eisenbahn in wachsender staatlicher Aktivität und schließlich in der nach dem Ersten Weltkrieg erfolgten Verstaatlichung der Bahnen zu sehen sei. Ebenso wenig konnte man 1873 prognostizieren, dass der schließlich einsetzende Aufschwung seit den 1890er Jahren durch andere Industriezweige angeführt wurde. Allen voran die Elektro-, Motoren- und Chemieindustrie, die durch die bekannten forward- und backward-linkages auch zu einer Wiederbelebung der Kohle- und Stahlindustrien führten, wurden seit den 1890er Jahren zu den Triebkräften der deutschen Industrie (75, III, S. 549). Für Henning – wie für andere vor ihm – sind denn auch die 1870er Jahre eine große Wendezeit der Industrialisierungsgeschichte, da Marktmechanismen durch die zunehmenden Konzentrationsprozesse und Ansätze zum staatlichen Dirigismus immer mehr eingeschränkt wurden (31, II, S. 1215f.).

Weltwirtschaftskrise

Die Weltwirtschaftskrise von 1929 hatte für die Geschichte Deutschlands eine besondere Bedeutung. Das hängt sicherlich mit ihrer besonderen wirtschaftlichen und sozialen Dramatik zusammen, die nicht einfach mit dem Hinweis auf andere Länder erklärt werden kann. Schon die Zeitgenossen glaubten aber an einen kausalen Zusammenhang zwischen der wirtschaftlichen Lähmung, der Wirtschaftspolitik Hermann Brünings und der Machtübernahme Hitlers nach den Reichstagswahlen vom Herbst 1932. An der Koinzidenz gibt es nichts zu zweifeln. Natürlich haben die Nationalsozialisten die Krise für ihre Zwecke genutzt. Zudem ist unbestritten, dass die Krise in Deutschland im internationalen Vergleich besondere Ausmaße annahm. Nicht zuletzt herrscht mittlerweile wohl auch ein Konsens darüber, dass bereits mit dem ersten Präsidialkabinett Brünings, das die gescheiterte Regierung Müllers 1930 ersetzte, die demokratischen Strukturen Weimars einen

2. Wirtschaftskrisen und ihre Interpretation

schweren Schlag erlitten hatten (160; 143). Es wird aber darüber gestritten, ob daraus zu folgen ist, dass Brüning für den Aufstieg Hitlers kausal mitverantwortlich war und wie genau die binnenwirtschaftlichen Faktoren, die in Deutschland die internationale Wirtschaftskrise besonders stark werden ließen, damit zusammenhängen. Unter Historikern und Wirtschaftshistorikern ist deshalb eine heftigst geführte Debatte entbrannt, die im Folgenden genauer zu analysieren ist.

Zunächst müssen jedoch die Krise und ihre wichtigsten Merkmale und Verlaufsformen selber kurz beschrieben werden. Ihr Beginn wird aus ereignisgeschichtlicher Perspektive typischerweise mit dem Zusammenbruch der New Yorker Börse vom 24. Oktober 1929 in Verbindung gebracht. Danach brach in der industrialisierten Welt die Konjunktur ein; Massenarbeitslosigkeit machte sich breit und eine allgemeine, nicht etwa auf Deutschland beschränkte Krisenstimmung lähmte die wirtschaftlichen Akteure, die Institutionen und die Bevölkerung. Ein Zusammenhang von politischem Konflikt, sozialem Wandel und wirtschaftspolitischen Lösungsvorschlägen war in den meisten krisengeschüttelten Ländern spürbar. Die so genannte Volksfront-Regierung in Frankreich ab 1934 oder Roosevelts New Deal in den Vereinigten Staaten mögen hier als Beispiele genügen (31, III-1, S. 486–490). Aber nirgendwo sonst kam es zu einem mit Deutschland vergleichbaren Zusammenbruch des Gesellschaftsmodells, weshalb die Darstellung des besonderen Verlaufs und deren Erklärung hier eine besondere Bedeutung erlangt. Das wirtschaftliche und soziale Ausmaß der Krise war dramatisch und übersteigt das normale Vorstellungsvermögen. Kürzungen der sozialen Absicherung, die explosionsartige Zunahme der Arbeitslosigkeit und der kontinuierliche Produktionsrückgang bei sehr schlechter Auftragslage der Industrie ließen eine breite Krisenstimmung aufkommen, die zu dem Zusammenbruch der ohnehin wenig geliebten Republik beitrug und gar ein Ende des kapitalistischen Zeitalters für möglich hielt (168, S. 245). Mit Beginn des Jahres 1933 setzte in Deutschland eine zunächst langsame, dann deutlicher wahrnehmbare Erholung ein. Auch für dieses Wiedererstarken der Konjunktur müssen nach der ausnehmend langen Lähmungsphase der Wirtschaft wieder binnenwirtschaftliche und internationale Faktoren gleichwertig studiert werden. Dabei stellt sich besonders die Frage, ob die nationalsozialistische Arbeitsbeschaffungspolitik einen günstigen Einfluss auf den Konjunkturverlauf entwickeln konnte.

Verlauf und Merkmale

Der für die Zeitgenossen wie auch für die spätere Beurteilung der Krise in Deutschland vielleicht wichtigste Krisenindikator war die Arbeitslosigkeit und deren sozialpolitische Bewältigung (142). Schon während der Hyperinflation waren mehrere Millionen Arbeitslose verzeichnet worden, und seit 1927 begann die Zahl der Erwerbslosen bereits in einer konjunkturell immer noch günstigen Konstellation kontinuierlich zu steigen, bis deren Quote schließlich im Februar 1932 unheimliche 21,5 Prozent der erwerbsfähigen Bevölkerung erreichte. Dabei basiert dieser Wert auf dem von den statistischen Ämtern gemessenen Arbeitslosigkeitsbegriff, der gerade in Krisenzeiten in der Regel immer restriktiv interpretiert oder gar gesetzlich neu geregelt wird. Das muss bedeuten, dass eine Gesamtziffer der Menschen ohne Arbeit – ob offiziell gemessen oder verdeckt – sicherlich höher geschätzt werden

Zusammenbruch des Arbeitsmarktes

Forschungsprobleme

muss. Auf dem Höhepunkt der Krise dürfte mindestens ein Drittel der arbeitsfähigen Bevölkerung ohne Arbeit gewesen sein; Schätzungen zur verdeckten Arbeitslosigkeit reichen bis über 40 Prozent (31, III–1, S. 445–485).

Wirtschafts- und Gesellschaftskrise

Hitler schlug aus der Weltwirtschaftskrise enormes propagandistisches Kapital. Seit dem Ende der letzten parlamentarisch gestützten Regierung war die ökonomische Depression ein Bestandteil der umfassenden Staats-, Verfassungs- und Gesellschaftskrise. Aber damit ist wenig für die Erklärung des kausalen Zusammenhangs von Wirtschaftskrise und dem Ende der Weimarer Republik gewonnen. Der Wirtschaft machten seit 1930 schwere Absatzprobleme zu schaffen. Vor allem der Schiffbau sowie die Eisen- und Stahlindustrie waren vom weitgehenden Zusammenbruch der Exportmärkte schwer betroffen. Nebst einem eklatanten Rückgang der Beschäftigung kam es auch zu massiven Einkommensverlusten, denn die Krise erzwang wesentlich niedrigere Tarifabschlüsse. Es ist nahe liegend, den Zusammenhang von Wirtschafts- und Gesellschaftskrise über die sozialen Folgen des Konjunktureinbruchs herzustellen. Die Massenarbeitslosigkeit, die auf heutzutage kaum vorstellbare Höchststände kletterte, überforderte ein eben erst aufgebautes System der sozialen Sicherung praktisch sofort. Insbesondere die in der Weimarer Verfassung versprochene und schließlich 1927 voll aufgebaute Arbeitslosenversicherung war in keiner Weise auf das Ausmaß der Krise vorbereitet und brach nahezu komplett zusammen (24, S. 200–205). Denn obwohl man sich 1927 noch in einer Phase guter Konjunktur relativ sicher glaubte, war die Finanzierungsgrundlage der Arbeitslosenversicherung schon bei ihrer Inkraftsetzung alles andere als gewährleistet. Die Verelendung breiter Kreise der Bevölkerung war die Folge, wobei vor allem in den seit der Mitte des 19. Jahrhunderts rasch gewachsenen Städten auch massive Versorgungs- und damit Überlebensprobleme auftraten (174). Mit der Arbeitslosenversicherung scheiterte aber eine der zentralen sozialpolitischen Forderungen der Weimarer Verfassung; mit ihr ging auch der Glaube an die Reformwilligkeit und Überlebensfähigkeit des Weimarer Staates verloren. Für die Geschichte der Sozialpolitik in Deutschland kennzeichnend, verband die umstrittene Sanierung der Arbeitslosenversicherung als sozialpolitisches Prunkstück der Weimarer Verfassung wichtige wirtschaftliche Kennzahlen mit dem tagespolitischen Geschäft. Die letzte parlamentarisch gestützte, von der SPD geführte Regierung unter Reichskanzler Müller zerbrach schließlich an der Frage der Reform der Arbeitslosenversicherung und machte den Weg frei für die republikzersetzenden Präsidialkabinette Heinrich Brünings (163, S. 130–136).

Scheitern der Arbeitslosenversicherung

Wirtschaftskrise und der Aufstieg Hitlers

Mit der Weltwirtschaftskrise scheint deshalb eine wichtige Erklärung für die „Machtergreifung" Adolf Hitlers vorzuliegen. Allerdings konnte die historische Wahlforschung die Hypothese in ihrer einfachen Form, wonach die Wahlerfolge der Nationalsozialisten primär durch die große Zahl der Arbeitslosen zu erklären sei, nicht bestätigen (150). Dennoch steht außer Frage, dass die fundamentale Krise der deutschen Wirtschaft als Teil einer umfassenden Gesellschaftskrise sowie die damit einhergehenden Krisenerscheinungen wie Massenarbeitslosigkeit, Auflösung der sozialen Sicherungssysteme sowie allgemeine Lähmung der Investitionstätigkeit eine wesentliche Ursache des Zusammenbruchs der Weimarer Republik darstellten. Die Wirtschaftskrise

2. Wirtschaftskrisen und ihre Interpretation

und ihre verschiedenen Teilerscheinungen müssen damit in der Erklärung des Erfolgs der Nationalsozialisten und Kommunisten bei den Reichstagswahlen von 1932 eine Rolle spielen (161). Die Ökonomen unter den Zeitgenossen zweifelten nicht daran, dass Wirtschaftspolitik immer auch Gesellschaftspolitik war. John Maynard Keynes, der geistige Vater der später als „Keynesianismus" bezeichneten ökonomischen Theorie, trat als wirtschaftspolitischer Berater der englischen Delegation bei den Verhandlungen über den Frieden von Versailles im Jahre 1919 zurück, weil er die geforderten Reparationszahlungen Deutschlands für ökonomisch unzumutbar hielt und bereits damals einen bevorstehenden Zusammenbruch der deutschen Wirtschaft voraussagte (162). Keynes wollte diese Opposition vor allem ökonomisch verstanden wissen, doch entfalteten die im Vertrag von Versailles festgelegten Reparationszahlungen ihre größte Bedeutung als zentrales Objekt für die aggressive Polemik der rechten Fundamentalopposition gegen die Weimarer Republik (156). Ritschl bezeichnet den Kampf gegen den Versailler Friedensvertrag, deren sichtbarer Hauptbestandteil die Reparationslasten darstellten, jedenfalls als einzige genuin wirtschaftspolitische Forderung Hitlers (170, S. 24). Auf den Stellenwert der Reparationsforderungen wird noch zurück zu kommen sein; an dieser Stelle muss der Hinweis genügen, dass schon Keynes gleichsam prophetisch auf die mit dem Versailler Vertrag verbundenen wirtschaftspolitischen Probleme hinwies.

Keynes' Warnungen

Eine herausragende Rolle in der historiographischen Bewertung der Wirtschaftspolitik kommt der Person Heinrich Brünings zu. Als erster Kanzler eines Präsidialkabinetts ist er von Historikern für den Zusammenbruch der Weimarer Republik mitverantwortlich gemacht worden. Bekanntlich hat Brüning in seiner posthum veröffentlichten Autobiographie seine verfassungs- und republikfeindlichen Überzeugungen ausreichend deutlich dargestellt (147). Brünings Aufstieg zur Macht und das von ihm geleitete Präsidialkabinett ist deshalb als schwerwiegende Verfassungskrise verstanden worden, die das Ende der Republik bereits vorweggenommen und den Weg Hitlers zur „Machtergreifung" wesentlich vorbereitet habe (146). Brünings Wirtschaftspolitik erhielt besondere Bedeutung, denn sie setzte angesichts der Weltwirtschaftskrise auf eine radikale Spar- und Deflationierungspolitik mit dem Ziel des Haushaltsausgleichs um jeden Preis.

Rolle Heinrich Brünings

Allerdings war Brünings Politik nur im Rahmen eines breiten, spezifisch deutschen „Deflationierungskonsenses" möglich, der bereits vor Brünings Machtübernahme bestand und mit den katastrophalen Erfahrungen der Hyperinflation von 1914 bis 1923 begründet werden kann (172, S 234). Das wurde lange Zeit übersehen, wenn Brüning als singulärer Architekt der Spar- und Deflationierungspolitik verstanden wurde. Feldman betont deshalb zu Recht die Bedeutung der Hyperinflation für die Weltwirtschaftskrise, denn sie verstellte den im Rückblick denkbaren Ausweg der zielgerichteten Inflationspolitik des Reiches. An dieser Stelle kann nur auf die Literatur zur Hyperinflation hingewiesen werden, die zunächst die inflationären Effekte der Kriegsfinanzierung betont. Die gezielte Inflationspolitik des Reiches führte anschließend zu exorbitanten Wertverlusten des Geldes, die den Zusammenbruch des wirtschaftlichen Lebens in Deutschland im so genannten Ruhrkampf mit verursachte.

Deflationierungskonsens

III. Forschungsprobleme

Prozyklische Sparpolitik

Zweifellos hat die prozyklische Sparpolitik Brünings die sozialen Auswirkungen der Krise nach 1929 verschärft, was auch erklärt, dass die Folgen der Wirtschaftskrise in Deutschland wesentlich schärfer ausfielen als anderswo. Nur war den Zeitgenossen weniger klar, welche wirtschaftspolitischen Alternativen zu Brünings Sparprogramm bestanden. Zunächst schien Brünings Politik die einzig richtige zu sein, denn man rechnete noch mit der raschen Erholung als Teil einer konventionellen Konjunkturkrise. Als aber 1931 zur industriellen Krise eine internationale Bankenkrise trat, bekamen Überlegungen zur antizyklischen Konjunkturpolitik starken Auftrieb. Historiker haben sich seit 1945 dieses Argument zu eigen gemacht und vorgebracht, dass eine stärker keynesianische Wirtschaftspolitik Erfolg versprechender gewesen wäre. Sie glauben, dass die allgemeine Massenverelendung damit viel besser abzufedern gewesen wäre. Oft wird damit auch die Erwartung verbunden, dass so der Aufstieg des Nationalsozialismus hätte verzögert und vielleicht gar ganz hätte aufgehalten werden können. Sidney Pollard beispielsweise schrieb noch 1991: „Die Regierung Brüning musste also einen großen Teil der Verantwortung für den Zusammenbruch tragen: hätte sie eine aktive Beschäftigungspolitik verfolgt, wäre sie weniger dogmatisch borniert auf die Streichung der Reparationen versessen gewesen (…) so hätte sie die braune Revolution möglicherweise verhindern können" (167, S. I).

Alternative Investitionspolitik

Allerdings blieb die Kernfrage der Finanzierbarkeit einer solchen Wirtschaftspolitik angesichts der bereits prekären Verschuldung des Reiches weitgehend unbeantwortet. Zahlreiche Historiker wie Detlef Peukert postulieren positive Effekte einer keynesianisch informierten Ausgabepolitik, wie sie seit dem Sommer 1931 von den Gewerkschaften und Unternehmern gefordert wurde, ohne die konkrete Finanzierungsproblematik einer solchen Politik angesichts der weitgehenden Kreditunfähigkeit des Reiches zu erwähnen (168, S. 251). Auch zur Wirksamkeit antizyklischer Konjunkturpolitik gibt es sicherlich in der aktuellen theoretischen Diskussion unterschiedliche Meinungen. Bombachs 1976 vertretene Interpretation, wonach Brüning ganz offensichtlich versagt habe, erscheint aus heutiger Sicht nicht ganz unabhängig von den konjunkturpolitischen Diskussionen der 1970er Jahre (144, S. 6). Die Wirksamkeit keynesianisch orientierter Fiskalpolitik gilt seit dem Ende der Ära der Globalsteuerung im Rahmen der 1973 einsetzenden Krise jedenfalls nicht mehr als gesichert, auch wenn in jeder wirtschaftlichen Krise solche Rezepte an Popularität gewinnen. Das soll aber nicht verbergen, dass seit 1931 nicht nur die organisierte Arbeiterschaft, sondern breite Kreise die Vorteile eines Arbeitsbeschaffungsprogramms diskutierten und in einer ganzen Reihe von teilweise sehr konkreten Vorschlägen dem Reichskanzler zur Kenntnis brachten (167, S. 282).

Borchardt-Kontroverse

Borchardt legte mit dem 1979 erschienen Aufsatz *Zwangslagen und Handlungsspielräume in der großen Wirtschaftskrise der frühen dreißiger Jahre* eine Neuinterpretation des Zusammenhangs von Weltwirtschaftskrise und dem Aufstieg des Nationalsozialismus vor und durchbrach damit den Konsens der historiographischen Verurteilung Brünings (145). Der Aufsatz löste eine heftige, bis heute andauernde und weit über den engen Kreis der Wirtschaftsgeschichte hinausgehende Kontroverse zur Wirtschaftspolitik Brünings aus (165). Borchardt nahm sich in diesem und zahlreichen weiteren

2. Wirtschaftskrisen und ihre Interpretation

seither erschienenen Aufsätzen zweierlei Probleme an, indem er einerseits Brünings Politik als die einzig realistische rehabilitierte, während er andererseits die Krise vor der Krise hervorhob und die so genannten „Goldenen Zwanziger Jahre" für die Wirtschaftskrise zumindest mit in die Verantwortung nahm (170, S. 14). Wo bis dahin eine Mitschuld Brünings am Scheitern der Weimarer Republik festgestellt wurde, konstatierte Borchardt nüchtern, dass dem Reichskanzler gar keine andere Wahl blieb als zu versuchen, mittels der äußerst rigiden Sparpolitik zahlungs- und damit kreditfähig zu bleiben. Die nach Borchardt erst ab Sommer 1931 überhaupt denkbaren Investitionsprogramme antizyklischer Provenienz hätten in ihrem Ausmaß ohnehin kaum relevant konjunkturbelebend wirken können. Borchardts Warnung vor der Überschätzung der aktiven Konjunkturpolitik gipfelt in der Aussage: „Nein, wirtschaftspolitische Wunderwaffen gegen Hitler sind damals in keinem Arsenal gewesen" (145, S. 173). Die Erwartung, dass mit einem antizyklischen Investitionsprogramm ab 1931 tatsächlich der Gang der Geschichte hätte beeinflusst werden können, hält Borchardt für stark von der Steuerungseuphorie der Nachkriegszeit beeinflusst. Er spricht deshalb polemisch verschärfend auch von „rückwärts gewandtem Problemlösungsoptimismus" und weist auf die Schwierigkeiten einer Ex-post-Perspektive bei der Analyse historischer Entscheidungsträger und ihrer Entscheidungsspielräume hin (145, S. 166).

Neben diese Zwangslage der Wirtschaftspolitik trat aber die zweite, konzeptionell und empirisch äußerst bedeutsame Ansicht Borchardts, die auf die strukturellen Faktoren zur Erklärung der genannten Zwangslage Brünings verweist. Borchardt hat vor allem gezeigt, dass die Erklärung für die besondere Schärfe der Krise in Deutschland in den vorangegangenen Jahren des Booms nach 1924 zu suchen ist. Natürlich war es schon vor Borchardt den interessierten Historikern klar, dass es der Legitimation der Weimarer Republik nicht zuträglich war, nach jahrelangem Tauziehen ausgerechnet 1927 eine umfassende Arbeitslosenversicherung einzuführen, die nach knapp zwei Jahren schon vor dem Zusammenbruch stehen sollte. Peukert betont die unvollständige Wiederherstellung der Weimarer Wirtschaft, die sich von 1924 bis 1926 und dann wieder seit 1927 nur teilweise von der durch Weltkrieg und Hyperinflation bedingten Strukturkrise habe erholen können (168, S. 244f.). Insofern ist die Konzeption der Krise vor der Krise nicht von Borchardt begründet worden. Aber er ging weiter als andere Autoren, indem er eine auch theoretisch gehaltvolle, spezifische Begründung für die Krise in den Boomjahren der so genannten Goldenen Zwanziger Jahre fand. Aus konzeptioneller Sicht ergibt sich daraus ein Kontinuum von Krise und Prosperität, was eine gewisse Nähe zu den Langen Wellen der Konjunktur vermuten lässt, die Borchardt allerdings nicht entwickelt hat. Der Hauptvorteil seiner Analyse besteht jedoch ungeachtet der Rolle Brünings oder des späteren Zusammenbruchs der Weimarer Republik darin, das Ausmaß der Krise auf endogene Ursachen zurückzuführen und damit zu historisieren, statt sie als exogenen Schock zu beschreiben oder gar etwa Brüning persönlich allein in die Verantwortung zu nehmen. Folgt man Borchardt, lassen sich auch bisher gängige Periodisierungen nicht mehr uneingeschränkt halten. Von den Goldenen Jahren der Weimarer Republik spricht es sich weniger leicht, wenn sie kausal für die nachfolgende Krise mitverantwortlich gemacht werden müssen.

Krise vor der Krise

III. Forschungsprobleme

Zwangslage der Wirtschaftspolitik?

Zumeist steht die Frage im Vordergrund, ob nach 1929 tatsächlich eine Zwangslage vorgelegen habe. Dabei konzentriert sich die Diskussion auf den Handlungsspielraum Brünings, ob nur die Politik des Sparens möglich war oder ob eine beschäftigungspolitisch sinnvoll eingesetzte weitere Staatsverschuldung die im internationalen Vergleich besonders scharfen Krisenerscheinungen in Deutschland hätte mildern können. Historiker tun sich prinzipiell schwer mit dem Begriff der Zwangslage, weil sie davon ausgehen, dass die Zukunft niemals durch die Vergangenheit oder Gegenwart determiniert wird. Alternativen müssen immer berücksichtigt werden, auch wenn sie historisch weniger attraktiv oder gar nicht durchsetzungsfähig waren. Allerdings haben die bedachten Alternativen den Plausibilitätstest zu bestehen. Der ökonomische Aspekt der Debatte überrascht nicht, denn in die Auseinandersetzung über die Wirtschaftspolitik Brünings mischen sich aktuelle Züge.

Konjunkturtheorie und Geschichte

Damals wie heute widerspiegeln sich in der wirtschaftspolitischen Diskussionen auch unterschiedliche theoretische Positionen: Die Kritik an Brüning – und damit in gewisser Weise auch an Borchardt – orientiert sich an keynesianischen Überlegungen, wonach mit einer expansiven Fiskalpolitik die Konjunktur günstig beeinflusst werden kann. Brüning hatte demnach genau das Gegenteil von dem gemacht, was von der Theorie geraten wäre. Der Handlungsspielraum der Regierung hätte sich durch eine weitere, aktiv gesuchte Verschuldung ergeben, die sich nach Meinung der keynesianischen Theorie in der Form von Investitionen günstig auf die wirtschaftliche Lage ausgewirkt hätte. Bei der schwierigen Kreditlage war die Finanzierung durch das Ausland, das sich selbst in einer strukturellen Wirtschaftskrise befand, allerdings nahezu unmöglich. Derselbe inflationäre Effekt lässt sich aber auch durch die Abwertung der Währung erreichen, wenn danach eine expansive Geldpolitik durchgesetzt werden kann (159). Dem stand allerdings nach der traumatisierenden Erfahrung der Hyperinflation von 1923 die von breiten Kreisen geteilte Furcht vor Geldentwertung gegenüber, die ein bewusstes Abgleiten in hyperinflationäre Zustände – an sich wohl möglich – aus der spezifisch deutschen Geschichte heraus unrealistisch erscheinen lässt (151).

Reparationsregime in Weimar

Hier befindet sich die Debatte am Scheideweg: Auf der einen Seite steht Brünings Deflationspolitik zur Stabilisierung der Währung und des Haushalts, die – wie man seit 1933 weiß – den Nationalsozialismus nicht verhindern konnte. Auf der anderen Seite steht eine antizyklische Investitionspolitik, die sich nie gegen Hitler hat beweisen müssen. Wehler ist sich seiner Sache sicher und nennt Brüning in seinem vierten Band der Gesellschaftsgeschichte einen „Amokläufer" und „Totengräber der Republik". Er lehnt Borchardts Überlegungen rundweg ab (75, IV, S. 516–518). Demgegenüber argumentiert Ritschl auf zweierlei Ebenen, indem er die politischen Zwänge von den ökonomisch messbaren Wirkungen zu unterscheiden sucht (170). Um den fiskalpolitischen Zwängen auf die Spur zu kommen, unterscheidet er die verschiedenen Reparationsregime. Er nimmt dabei an, dass die Normen und Regeln für die Reparationszahlungen den tatsächlich verfügbaren wirtschaftspolitischen Spielraum determinierten. Der wirtschaftliche Aufschwung der 1920er Jahre war bekanntlich weitgehend kreditfinanziert. Kreditfähigkeit bestand angesichts der Reparationsschulden nur deshalb, weil

2. Wirtschaftskrisen und ihre Interpretation

der ab 1924 gültige Dawes-Plan eine Transfersperre enthielt. Damit mussten private Kredite vor den Reparationsschulden bedient werden. Für die Gläubiger waren die Kredite deshalb relativ sicher, während für das Reich der Schuldendienst privater Kredite die Folge hatte, dass nur geringe Reparationsleistungen fällig wurden. Feldman hob die politischen Gefahren dieses Systems hervor, indem er von „mortgaged democracy" sprach, einer Demokratie auf der Basis von Hypotheken (151, S. 837). Der Young-Plan hingegen berücksichtigte, dass die Siegermächte das ursprünglich beabsichtigte Reparationsvolumen nicht erreichen konnten. Der Plan sah deshalb eine Festlegung der Reparationen auf niedrigerem Niveau vor, hob aber die Transfersperre auf. Das bedeutete aber, dass Reparationszahlungen den Schuldendienst für private Kredite gefährdeten. Den letzten Rest gab der überraschende Wahlerfolg der Nationalsozialisten, die in den Reichstagswahlen vom September 1930 die Zahl ihrer Abgeordneten von bisher 12 auf 107 erhöhen konnten. Dieser politische Erfolg der NSDAP hatte Signalwirkung und trug gemeinsam mit dem neuen Reparationsregime zu einem raschen Kreditrückzug der meist ausländischen Geldgeber bei (145, S. 168). Die Kreditfähigkeit zu erhalten und die noch im Lande befindlichen Kredite nicht zu verlieren war in dieser Perspektive keine irrationale oder gar unverantwortliche Politik Brünings, sondern schlichte Notwendigkeit. Dieser Aspekt wird gern übersehen, wenn der antizyklischen Staatsintervention das Wort geredet wird (75, IV, S. 528). Alle Indizien sprechen dafür, dass nach den Erfahrungen der Hyperinflation von 1914 bis 1923 eine gezielte Inflationspolitik vor allem bei den Kreditgebern äußerst schlecht aufgenommen worden wäre und destabilisierend gewirkt hätte. Darüber hinaus lässt es sich auch nicht eindeutig sagen, ob Brüning eine Inflationspolitik politisch länger überlebt hätte als die Deflationsstrategie, die er bevorzugte. Brünings Wirtschaftspolitik war letztlich darauf ausgerichtet, Deutschland in der Weltwirtschaft zu halten. Das ist ihm bekanntlich nicht gelungen; insofern ist er gescheitert. Daraus aber eine Mitschuld am Aufstieg des Nationalsozialismus abzuleiten, ist ein weitgehendes, vielleicht zu weit gehendes Urteil.

> Erhaltung der Kreditfähigkeit

Eine gänzlich andere Argumentationsschiene entfaltet sich, wenn man überprüfen will, was die Arbeitsbeschaffungsmaßnahmen bewirkt hätten beziehungsweise ob die Entscheidung zwischen Deflation oder Arbeitsbeschaffung den Krisenverlauf überhaupt beeinflusste. Hier ist zunächst mit Borchardt an die ursprüngliche Argumentation zu erinnern, wonach herkömmliche keynesianische Politik darauf angewiesen gewesen wäre, rasch auf die Krisenindikatoren nach 1929 zu reagieren. Erfolgte der Meinungsumschwung jedoch erst im Sommer 1931, weil vorher niemand ernstlich überhaupt solche Maßnahmen diskutiert hatte, war es angesichts der schon voll entfalteten Krise schon sehr spät für antizyklische Investitionen. Selbst überzeugten Keynesianern wird die Behauptung schwer fallen, dass derartige Konjunkturprogramme sofort Wirkung zeigen (145, S. 170). Unterstellt man die Wirksamkeit antizyklischer Maßnahmen, ergäbe sich nach Borchardt selbst im besten Fall lediglich eine Differenz von einigen Monaten vom tatsächlich realisierten zum vielleicht möglichen Aufschwung. Allerdings waren einige Monate eine lange Zeit, als die Republik von nationalsozialistischen und kommunistischen Stoßtrupps systematisch destabilisiert wurde.

> Geringe Wirkung der Arbeitsbeschaffung

45

Aber Skepsis über allzu weit reichende Erwartungen bezüglich der Arbeitsbeschaffungsmaßnahmen ist sicherlich angebracht und auch bereits von Borchardt angemeldet worden. Meister formuliert das Grundproblem deshalb etwas anders: „Doch seit dem Herbst 1931 kam es nicht in erster Linie, wie Borchardt annimmt, auf die absolute Verbesserung der Konjunkturindikatoren an, sondern auch auf die Rückgewinnung des Vertrauens der gesellschaftlichen Gruppen in die Regierung Brüning" (167, S. 286).

Vertrauen als Kategorie

Aber Vertrauen ist eine komplexe Kategorie, da allgemein gültige Mess- oder Nachweisverfahren für Vertrauen fehlen. Wenig wirksame Arbeitsbeschaffungsmaßnahmen, die letztlich nur um den Preis des Ausstiegs der deutschen Volkswirtschaft aus der Weltwirtschaft bei steigender Inflation zu erreichen gewesen wären, können nicht wirklich als *vertrauensbildende* Maßnahmen verstanden werden (167, S. 398). Selbst wenn man eine Inflationspolitik für möglich gehalten, das Reichsbankgesetz rechtzeitig geändert und die Währung abgewertet hätte, wäre damit der erwünschte Erfolg nicht von vornherein gesichert gewesen. Um dieses Argument abzuschließen, ist es notwendig, die NS-Beschäftigungsprogramme kritisch zu betrachten. Im Rückblick hat sich besonders der Autobahnbau im kollektiven Gedächtnis als angeblicher Beweis von Hitlers Kompetenz in der Wirtschaftspolitik etabliert. Einschlägige Untersuchungen etwa von Thomas Zeller sprechen an dieser Stelle von einem zählebigen, empirisch jedoch unbegründeten Mythos des „Dritten Reiches", da vom Autobahnbau entgegen der NS-Propaganda *keine* beschäftigungspolitischen Effekte ausgingen (178, S. 66). Aber selbst während und unmittelbar nach dem Machtantritt dominierte die Skepsis über den Maßnahmenkatalog, der auf Plänen beruhte, die schon seit Sommer/Herbst 1931 von der Reichsregierung, Gewerkschaften und Unternehmern ausgearbeitet worden waren. Ritschl geht in einer seiner jüngsten Veröffentlichungen noch weiter und bezeichnet die Arbeitsbeschaffungsmaßnahmen Hitlers als weitgehend unerheblich bei der Erklärung des nationalsozialistischen Aufschwungs, da seiner Analyse zufolge die konjunkturelle Entwicklung bis 1936 mit oder ohne Beschäftigungspolitik einen analogen Verlauf genommen hätte (171). Damit wird eine Position untermauert, die Borchardt und Ritschl seit längerem vertreten, wonach das Volumen der nationalsozialistischen Beschäftigungspolitik irrelevant für die wirtschaftliche Erholung war (169).

Mythos Autobahnbau

Dieser pessimistischen Bewertung antizyklischer Investitionen hat Holtfrerich mehrfach entschieden widersprochen (157; 159). Im Kern besteht sein Argument darin, dass sich mit dem Hoover-Moratorium und der internationalen Bankenkrise die historische Möglichkeit ergeben hätte, aus dem Reparationsregime auszubrechen. Deutschland hätte unter den außergewöhnlichen Umständen mit einer Abwertung der Reichsmark unmittelbar nach der Abwertung des englischen Pfundes sicherlich Verständnis im Ausland gefunden (159, S. 122). Wehler unterstützt diese Ansicht und spricht davon, dass ein umsichtiger Politiker sich über Reichsgesetze und internationale Verträge einfach hinweggesetzt hätte (75, IV, S. 526). Zum ökonomischen Potential der Arbeitsbeschaffungsmaßnahmen äußern sich aber weder Holtfrerich noch Wehler. Buchheim weist demgegenüber nach, dass der Aufschwung sogar schon vor dem Machtantritt Hitlers einsetzte. Die späteren Arbeitsbe-

Aufschwung schon vor Hitler

schaffungsmaßnahmen – ohnehin gering in ihrem Volumen – verursachten den Aufschwung somit jedenfalls nicht (148). Darüber hinaus ist immer noch das Problem ungelöst, dass das im Gegensatz zu anderen europäischen Ländern hoch verschuldete Deutschland seine Kreditfähigkeit verloren hätte und mit dem sofortigen Abzug des noch im Lande befindlichen ausländischen Kreditkapitals hätte rechnen müssen. Die Abwertung als Reaktion auf die Überschuldung wäre auch von den Alliierten leicht als Versuch zu erkennen gewesen, sich der Schulden mit Hilfe der Notenpresse zu entledigen (172, S. 234).

Letztlich bleibt die Frage über den Zusammenhang der Wirtschaftskrise mit dem Aufstieg des Nationalsozialismus immer noch unbeantwortet. Ritschl hat die Rolle der schwerwiegenden innenpolitischen Verwerfungen im Zusammenhang mit den verschiedenen Reparationsregimen betont. Brüning war es wohl nicht, jedenfalls sicher nicht allein, der die Republik zu Grabe trug. Die Wirtschaftskrise fand jedoch zeitgleich mit einer fundamentalen politischen, sozialen und gesellschaftlichen Krise der Weimarer Republik statt. Wenn man eine Anregung Meisters bezüglich des verlorenen Vertrauens in die Regierung Brüning aufnimmt, dürfte eine Untersuchung des Zusammenspiels der verschiedenen Krisenfaktoren nach 1929 mit Hilfe einer ökonomisch und sozialwissenschaftlich informierten Krisentheorie demnächst als lohnendes Unterfangen entdeckt werden. Aber die Historiographie der Weltwirtschaftskrise belegt eindeutig die Schwierigkeiten bei der Beurteilung vergangener Krisen und der resultierenden wirtschafts- und gesellschaftspolitischen Verwerfungen. Gerade der Hinweis auf die politische Gebundenheit der Stimmen zu Brüning unterstreicht die Wichtigkeit einer sorgfältigen wirtschaftshistorischen Analyse. Wenn Anhänger einer antizyklischen Wirtschaftspolitik in der Gegenwart deren Erfolg in der Vergangenheit postulieren, während gleichzeitig neoklassisch informierte Stimmen jeder Art von aktiver Konjunkturpolitik agnostisch widersprechen, dann lässt sich feststellen, dass nicht nur die Krise als historisches Phänomen perspektivisch gebunden ist, sondern auch die sich damit beschäftigende Historiographie.

Zusammenspiel der Krisenfaktoren ungeklärt

3. Wirtschaft, Staat und Politik

Das vorliegende Kapitel nimmt sich zum Ziel, den Zusammenhang von Staat und Wirtschaft genauer zu beleuchten. Diese Problematik schließt an die konzeptionellen Fragen nach den Ursachen der Industrialisierung und den Diskussionen über die Führungsrolle der englischen Industrie an. Nach einigen Ausführungen zur historiographischen Entwicklung werden als Fallbeispiele die preußischen Reformen, Währungspolitik sowie der Eisenbahnbau näher beleuchtet, bevor der Politikbereich der Sozialpolitik genauer untersucht wird.

Der Beginn der Industrialisierung lässt sich in Deutschland bekanntlich einige Jahrzehnte vor der nationalen Einigung nachweisen; je nach genauer

Antienglischer Industriestaat

Forschungsprobleme

Datierung setzte das Wachstum der Wirtschaft, angeführt durch den Leitsektor des Eisenbahnbaus, zwischen 1840 und 1848 in unumkehrbarer Weise ein. Die Rolle des Staates für die Industrialisierung ist ein in der deutschen Historiographie besonders intensiv diskutiertes Forschungsfeld. Weil kein deutscher Nationalstaat vorhanden war, gingen politische Impulse besonders von Preußen als größtem deutschen Einzelstaat aus. „Klassiker" der deutschen Wirtschaftsgeschichte wie Gustav Schmoller und in seiner Nachfolge Wilhelm Treue haben deshalb großen Wert auf den preußischen Einfluss auf die Industrialisierung gelegt und den Staat als wesentlichen Initiator wirtschaftlichen Handelns dargestellt (26, S. 76). Friedrich List, einer der ökonomischen Vordenker des Vormärz, schlug sogar vor, den deutschen Nationalstaat von vornherein als antienglischen Industriestaat zu modellieren (213). Diese Ansicht hat sich auch unter etablierten Historikern erstaunlich lange gehalten. Selbst ein so ausgewiesener Kenner der deutschen Industrialisierung wie Hans Mottek hat die staatlichen Initiativen Preußens als Abwehrmaßnahmen gegen die englische Industrie eingestuft (203, S. 24). Sicherlich lässt sich über den Einfluss der englischen Industrialisierung auf Deutschland lange diskutieren, aber die deutsche Entwicklung lediglich als Ausfluss des königlich-preußischen Machtkalküls darzustellen, scheint wenig angemessen. Schon unter den Klassikern regten sich erste Zweifel. Werner Sombart als Vertreter der historischen Schule der deutschen Nationalökonomie, obgleich interessiert an der Rolle der staatlichen Ordnungspolitik, glaubte nicht an einen besonderen Einfluss des Staates auf die Industrialisierung (208).

Mythos Preußen

Pierenkemper hat seine Ausführungen zu Staat und Industrialisierung mit dem Hinweis begonnen, dass für eine starke Rolle des Staates keine überzeugenden empirischen Belege vorliegen (50, S. 123). Die Zuschreibung basiert weitgehend lediglich auf der Koinzidenz politischer und wirtschaftlicher Ereignisse nach dem „post-hoc-ergo-hoc"-Prinzip, begründete aber schon unter den Zeitgenossen den „Mythos Preußen" (Wehler). Als bekannte Beispiele für den Einfluss des deutschen (oder preußischen) Staates auf die Industrialisierung werden die Preußischen Reformen von 1807/11, der Deutsche Zollverein von 1834, die bürgerliche Revolution von 1848 und schließlich auch die Gründung des Kaiserreichs selbst genannt. Aber mit Thomas Nipperdey gilt es festzuhalten: „Man hat diese (Rolle des Staates, FC) früher oft übertrieben. Im Vergleich zu heutigen Entwicklungsländern wird sofort deutlich, dass der Staat in Deutschland die Industrialisierung nicht geschaffen, nicht initiiert, nicht à tout prix begünstigt hat" (44a, I, S. 182). Auch wenn das hier anklingende Verständnis von aktuellen entwicklungspolitischen Zusammenhängen detaillierter diskutiert werden könnte, verdeutlicht einer der wichtigsten Experten der neueren deutschen Geschichte die begründeten Zweifel an der Rolle des Staates.

Zweifel an der Rolle des Staates
Regionen und Industrie

Dabei stellte die territoriale Zerstückelung die deutsche Industrialisierung vor besondere Probleme, was sich auch auf die Historiographie übertragen hat, denn es ist nahezu unmöglich, ein für alle Staaten gültiges Urteil zu treffen (20, S. 85–88). Bereits die Rede von *deutscher* Industrialisierung wird angesichts der extremen Zersplitterung sicherlich schwierig, da es Deutschland als Nation damals nicht gab. Auch für das Beispiel England, wo der politische

3. Wirtschaft, Staat und Politik

Einigungsprozess schon längst vor der Industrialisierung abgeschlossen war, hat sich in letzter Zeit die Meinung eingebürgert, dass regionale Unterschiede der Industrialisierung eine nationale Perspektive zumindest während der Frühphase ausschließen (204). Der gegenwärtig beste Kenner der deutschen Regionalentwicklung im 19. und 20. Jahrhundert, Hubert Kiesewetter, geht sogar noch weiter, wenn er sich letztlich ganz vom nationalstaatlichen Konzept löst und nur noch von industriellen Regionen spricht, die durchaus länderübergreifend organisiert sein konnten (37). Die Gleichzeitigkeit des Ungleichzeitigen, die Koexistenz von Landwirtschaft als wichtigstem, aber relativ stagnierendem Wirtschaftszweig und der aufstrebenden jungen Industriegebiete sowie des Durchbruchs des Eisenbahnbaus, ist zweifellos eines der bemerkenswertesten Kennzeichen der deutschen Industrialisierung. Das verdeutlicht das Nebeneinander verschiedener Entwicklungsstufen und Wirtschaftsformen und wirft in der Tat die Frage auf, ob die Städte Bochum und Sheffield nicht in vielerlei Hinsicht mehr gemeinsam hatten als Bochum und München.

Erst mit der Gründung des zweiten Deutschen Kaiserreichs von 1871 war die nationale Einigung Deutschlands überhaupt erreicht worden. Spätestens seit Tillys Arbeiten zum Take-Off der deutschen Wirtschaft wird die Gründung des Kaiserreichs jedoch eher als *Ergebnis* wirtschaftlichen Handelns denn als dessen *Voraussetzung* interpretiert. Das ist sicherlich eine im Hinblick auf die Globalisierung im Allgemeinen und jüngere Geschichte der Europäischen Union im Speziellen besonders bemerkenswerte Ansicht, denn auch die EU hat bekanntlich zuerst Wert auf die wirtschaftliche Integration gelegt, die eine weitergehende politische und soziale Integration überhaupt erst möglich gemacht hat (9). Dem Beginn der Großen Depression und dem ordnungspolitische Übergang zu einer protektionistischen, von Staatsinterventionismus geprägten Wirtschaftspolitik unter Bismarck seit dem Ende der 1870er Jahre käme damit beim Versuch des Staates, sich in den Wirtschaftsprozess aktiver einzubringen, eine wichtige Rolle zu. In der Tat lässt sich ein grundsätzlicher Wandel der deutschen Wirtschaftspolitik identifizieren, der zeitlich mit der Großen Depression zusammenfiel und wohl auch strukturell von ihr verursacht wurde. Aber die Rolle des Staates per se dürfte hier ebenfalls eher überschätzt worden sein; Wehler spricht jedenfalls in diesem Zusammenhang lieber vom „Siegeszug der Großunternehmen und Großbanken", die durch die wachsende Bereitschaft des Staates zu Interventionspolitik und Lobbyismus seit den späten 1870er Jahren zunehmend an Bedeutung gewannen (75, III, S. 622). Diese Deutung soll keineswegs die Rolle des Staates unterschätzen, sondern vielmehr darauf hinweisen, dass der Staat selbst zwar als Akteur in der wirtschaftlichen und politischen Entwicklung auftrat, seine Interessenlage aber kontinuierlicher Wandlung unterworfen war. Es lohnt sich immer wieder in Erinnerung zu rufen, dass der Staat im wirtschaftlichen Handeln selten ein einheitlicher Akteur war, sondern immer schon dem Druck unterschiedlicher Interessengruppen ausgesetzt war. Schumpeter ist deshalb grundsätzlich zuzustimmen, wenn er von Wehler zitiert wird: „Niemals sollte man eigentlich sagen: Der Staat tut das oder jenes. Immer kommt es darauf an zu erkennen, wer oder wessen Interesse es ist, der oder das die Staatsmaschinerie in Bewegung setzt" (75, III, S. 673).

Reichsgründung 1870/71

Staat und Interessengruppen

Forschungsprobleme

Nationalismus und Industrie

In veränderter Form hält sich allerdings die Hypothese zum Einfluss des Staates hartnäckiger. Sie lautet, dass zwar nicht der Staat an sich, wohl aber der weit verbreitete Nationalismus im 19. Jahrhundert einen direkten Einfluss auf die Industrialisierung gehabt hätte. Rostow war bekanntlich generell von der Interdependenz von Wirtschaft und Politik überzeugt. Er betonte deshalb den positiven Einfluss nationalistischer Bestrebungen auf den Gang der Industrialisierung (125, S. 44). Seinen Take-Off der deutschen Wirtschaft lässt er – wie bereits dargestellt – mit der Revolution von 1848 beginnen. Dabei sieht er Deutschland als ein Paradebeispiel für den Zusammenhang von wirtschaftlicher und staatspolitischer Entwicklung an. Hobsbawm erhebt vor diesem Hintergrund den Nationalismus gleichsam zur „Industrialisierungsideologie" (Henning), indem er einen Kausalzusammenhang von Nationalismus, Staatenbildung und Industrialisierung postuliert (193, S. 105f.) Auch hier liegt die Attraktivität der Hypothese zunächst in der zeitlichen Koinzidenz begründet, vollzogen sich doch der deutsche Einigungsprozess sowie die ersten Schritte der Industrialisierung nach 1830 weitgehend zeitgleich. So ist etwa der Zollverein von 1834 sicher beides, eine Verbesserung der wirtschaftlichen Rahmenbedingungen sowie ein Schritt auf dem Weg zur nationalen Einigung Deutschlands.

Ökonomischer Erfolg des Zollvereins

Kiesewetter etwa hält den ökonomischen Erfolg des Zollvereins für unmittelbar sichtbar, wenn er auf die gestiegenen Zolleinnahmen durch die Erhöhung der Außenhandelszölle bei gleichzeitigem Abbau der Binnenzollverwaltung hinweist (36, S. 53). Für Pierenkemper ist gerade die ökonomische Bedeutung des Zollvereins jedoch überhaupt nicht klar. Er weist darauf hin, dass der Zollverein nicht zu einer strukturellen Gesundung der Landwirtschaft etwa durch verbesserte innerdeutsche Handelschancen geführt habe. Vielmehr betont Pierenkemper den fiskalpolitischen Nutzen des Zollvereins, weil die meisten deutschen Staaten die Einnahmen tatsächlich durch die Beseitigung aufwändiger Zollkontrollen im Inneren erhöhen konnten (50, S. 123f.). Ob sich aus einer zeitlichen Kongruenz auch ein gültiger kausaler Zusammenhang von Nationalismus und Industrialisierung herstellen ließe, ist mit Henning als grundsätzlich unklar zu bezeichnen (31, II, S. 325). Im Gegenteil deutet es sich an, dass der historisch gewählte, „klein-deutsche" Weg der staatlichen Vereinigung unter preußischer Führung föderalistische Elemente der politischen Kultur stärkte und damit eher einer dezentralen Standort- und Regionalpolitik als einer zentralen staatlichen Industriepolitik

Behinderungen durch den Staat

förderlich war (31, II, S. 323–340). So böte sich gerade für die Frühzeit der Industrialisierung auch an, vom hinderlichen Einfluss des Staates zu sprechen, womit etwa die Verzögerung im Eisenbahnbau in den 1830er Jahren erklärt werden könnte.

Damit jeden Einfluss staatlichen Handelns auf die Industrialisierung negieren zu wollen, wäre aus historischer Sicht allerdings abwegig. Nur äußert sich dieser Einfluss eben nicht notwendigerweise deterministisch – die Industrialisierung in Europa zeigte sich gerade nicht abhängig von bestimmten Formen der Nationenbildung –, sondern folgte vorrangig regionalen Verlaufsmustern (37). Welche genaue Bedeutung soll aber dem Begriff des Staates zukommen, wenn schon nationalstaatliche Kategorien für die deutsche Industrialisierung keine besondere Rolle gespielt haben? Pollard spricht in

3. Wirtschaft, Staat und Politik

europäisch vergleichender Perspektive von einer regionalen statt nationalen Basis der Industrialisierung und hält den Staat insgesamt für relativ bedeutungslos (205, S. V). Als politisches Handeln konzipiert, lassen sich allerdings zahlreiche Bereiche identifizieren, in denen die Rolle des Staates für die Industrialisierung untersucht werden kann (216, S. 22). Vogel zeigt beispielsweise, wie sehr die Bewertung des Staates von der genauen Chronologie der Industrialisierung abhängt. Während sich die merkantilistische Wirtschaftspolitik als Handelsförderung des späten 18. Jahrhundert verstehen lässt, steht in den 1830er Jahren eher die industrieskeptische, wenn nicht gar industriefeindliche Bürokratie und ihr verzögernder Einfluss auf den Eisenbahnbau im Vordergrund. Seit den 1850er Jahren trat wiederum die zunehmend industriefreundliche Förderung der Großbetriebe hervor (216, S. 25). Auch Kiesewetter hebt die Notwendigkeit chronologischer Genauigkeit etwa bei der Beurteilung der Gewerbereformen hervor, denn erst 1845 wurde eine für ganz Preußen gültige Gewerbeordnung erlassen, als alle Anzeichen bereits auf eine Industrialisierung hindeuteten (36, S. 55).

Regionale Basis der Industrialisierung

Lässt sich über den Zusammenhang von Staat und Wirtschaft in der frühoder vorindustriellen Zeit dennoch trefflich streiten, so war der staatliche Einfluss spätestens seit der Phase der Hochindustrialisierung, die in Deutschland etwa mit der Reichsgründung zusammenfiel, nicht mehr aus der Wirtschaft wegzudenken (213). Dabei übernahm der Staat mit der Ordnungspolitik eine für moderne Volkswirtschaften wichtige regulierende Aufgabe wie etwa im Bereich das Banken- und Börsenwesens. Darüber hinaus sicherte er die Gewerbefreiheit und die Freizügigkeit und er förderte auf lokaler, regionaler und nationaler Ebene die fortdauernde Industrialisierung. Das lässt sich etwa an der modernen Stadtgeschichte leicht exemplifizieren. Hier erhielten seit der Mitte des 19. Jahrhunderts städtische Verwaltungen immer professionellere Strukturen und – damit einhergehend – weitgehende Kompetenzen. Bis zur Jahrhundertwende war bereits der Grundstein für die modernen städtischen Leistungsverwaltungen gelegt, die in zentraler Weise die urbane Wirtschaftsstruktur prägten und auch zu den wichtigsten Trägern industrieller Sozialpolitik wurden (200). Die Urbanisierung ist insgesamt ein wichtiger Prozess im Rahmen der Geschichte der Industrialisierung, denn durch das starke Wachstum urbaner Strukturen in Deutschland wurde mit dem Wohnungsbau und den verschiedenen Projekten der städtischen Infrastruktur der wichtige Konjunkturzyklus ab 1890 mitbegründet, mit dem in Deutschland die Periode der Großen Depression überwunden wurde (13, S. 121 f.).

Staatliche Ordnungspolitik

Bereits zu Beginn der neueren Industrialisierungsforschung hat Wolfram Fischer darauf hingewiesen, dass der Einfluss des Staates auf die Industrialisierung in sehr viel differenzierterer Form überprüft werden müsste, als es die einfache Frage nach Einfluss oder Bedeutungslosigkeit möglich macht. Dabei nahm Fischer in mancher Hinsicht Norths Analysen von Institutionen und institutionellen Regeln vorweg, indem er – neben der offensichtlichen Bedeutung des Staates als Unternehmer und Konsument – die Bedeutung des Staates vor allem als Garant von Handlungsspielräumen und Regelsystemen unterstrich (188). Bekanntlich trägt gerade auch der Beginn der modernen sozialen Sicherungssysteme zu einer tendenziell wachsenden Staatsquote bei, die den Beitrag des Staates zur modernen Wirtschaft qualitativ und quan-

Kommunaler und nationaler Interventionsstaat

titativ wachsen ließ. Chronologisch weitete sich deshalb nach Ambrosius der kommunale und nationale Interventionsstaat seit den 1880er Jahren rasch aus und er wurde zu Beginn des 20. Jahrhunderts zu einem entscheidenden Faktor der Wirtschaftsstruktur (181). Eine eingängige Überblicksdarstellung über die Bedeutung des Staates als Wirtschaftsfaktor seit dem 19. Jahrhundert existiert jedoch nicht, obgleich sie gerade in der aktuellen politischen Diskussion äußerst nützlich wäre.

Preußische Reformen

Ein besonders wichtiger Stellenwert in der Diskussion über den staatlichen oder wenigstens politischen Einfluss auf die Industrialisierung kommt den so genannten Preußischen Reformen zu. Unter Federführung von Stein und Hardenberg wurden in Preußen zwischen 1807 und 1811 zwei große Reformprojekte durchgeführt, die seither immer wieder zu kontroversen Deutungen und Interpretationen geführt haben. Unter dem Einfluss der napoleonischen Hegemonie sah sich die preußische Bürokratie veranlasst, Liberalisierungen teilweise auch gegen etablierte Interessen durchzusetzen. Im Rahmen der „Bauernbefreiung" wurden die Bauern aus der feudalen Herrschaftsbeziehung zwischen Grundherren und Bauern entlassen. Schon im 18. Jahrhundert hatte sich eine Tendenz ergeben, die alten Feudalrechte zunehmend zu Grundlasten werden zu lassen, das heißt Geld- oder Naturalienabgaben an die Stelle von Frondiensten zu stellen (196, S. 49). Mit der „Bauernbefreiung" fand dies ein Ende; die Bauern sollten fortan als freie landwirtschaftliche Unternehmer arbeiten, mussten jedoch den zu bebauenden Grund vom ehemaligen Grundherren ablösen, was sie vielfach wirtschaftlich überforderte und in eine neue, jetzt aber marktvermittelte Abhängigkeit brachte (196, S. 52). Die Einführung der Gewerbefreiheit, im frühen 19. Jahrhundert angesichts der dominierenden wirtschaftlichen Bedeutung der Landwirtschaft von geringerer Bedeutung, leitete das Ende der Zünfte ein. Fortan sollte die Ausübung eines Gewerbes nicht mehr an die Zustimmung einer Zunft oder Obrigkeit gebunden sein. Zwar wurden die Zünfte formell erst mit der Reichsgründung von 1871 verboten; der Einführung der Gewerbefreiheit kam aber Signalwirkung zu, denn sie zeigte an, wie sich die Wirtschaftspolitik weiterentwickeln würde (216).

Reformen als Revolution von oben

Die preußischen Reformen haben seit ihrer Einführung zu regen Diskussionen Anlass gegeben (215). Zu nennen sind beispielsweise die Untersuchungen zur preußischen Bürokratie und ihren Handlungsfeldern, die sich im 19. Jahrhundert vor allem mit Hilfe der Reformgesetzgebung zunehmend in die Wirtschaftspolitik einschaltete (210; 199). Aus modernisierungstheoretischer Sicht sind die Reformen besonders beachtet worden, weil sie zwar zur Steigerung der Produktivität und in gewisser Weise auch zur Erhöhung der sozialen Mobilität beitrugen, ohne allerdings einer namhaften Demokratisierung den Weg zu ebnen (217, S. 23). Aber die vielleicht wichtigste Diskussion der preußischen Reformen ist im Anschluss an Hardenbergs Diktum von der „Revolution im guten Sinn" erfolgt (216, S. 238). Lenin nannte das die „Revolution von oben" und prägte damit eine analytische Perspektive, die in der DDR-Historiographie und in der westdeutschen Geschichtsschreibung von zentraler Bedeutung war (187). Aber die fehlende Demokratisierung trotz tief greifender wirtschaftlicher Liberalisierung hat längere Zeit zur Verurteilung der Reformen geführt. Erst in jüngster Zeit finden die preußi-

3. Wirtschaft, Staat und Politik

schen Reformen unter Historikern wieder etwas wohlwollendere Betrachtung, weil sie als eingängige empirische Beispiele für die bereits dargelegten Überlegungen im Rahmen des Property-Rights-Ansatzes sowie generell der neuen Institutionenökonomie in der Wirtschaftsgeschichte interpretiert werden (79, S. 242). Hier ist besonders auf Wehler hinzuweisen, der im ersten Band seiner Gesellschaftsgeschichte die Reformen ausführlich behandelt hat (75, I, S. 397–485). Dabei interpretiert er den Feudalismus als gesamtgesellschaftliches Regelsystem, das sich wenigstens teilweise bis zur Umbruchsphase des 18. und 19. Jahrhunderts habe halten können (75, I, S. 36). Dieses sei endgültig erst durch die Französische Revolution und die anschließende Niederlage Preußens gegen Frankreich zusammengebrochen. Die preußischen Reformen hat Wehler als Abwehrreaktion gegen weitergehende politische, soziale und wirtschaftliche Reformvorhaben interpretiert und sie als „defensive Modernisierung" bezeichnet, denn ihr Zweck sei die Stabilisierung und Modernisierung Preußens bei gleichzeitiger Abwehr weitergehender revolutionärer Forderungen gewesen (75, I, S. 531). Pierenkemper hat zudem die preußischen Zollreformen von 1818 hervorgehoben, denn durch sie wurde innerhalb Preußens zum ersten Mal die Vorstellung eines volkswirtschaftlich integrierten Raumes geschaffen, ein Gedanke, der bald zur Gründung des Zollvereins führte (50, S. 96). Die institutionellen Leistungen des Staates – dies kann man an dieser Stelle sicherlich feststellen – dürften zu den wichtigsten Einflusssphären des Staates bei der Industrialisierung zählen. Wenn alle Märkte verfasste Märkte sind, deren Normen und Institutionen staatlich festgelegt und/oder garantiert werden, muss sich dieses Konzept besonders bei der Industrialisierung bewähren. Wischermann hat diesen Zusammenhang in seiner Regionalstudie besonders überzeugend nachgewiesen (218).

Reformen als defensive Modernisierung

Das gilt zum Beispiel auch für die Währungspolitik, die in Deutschland besonders interessante Züge aufweist. Anders als beispielsweise in England oder in der Schweiz besteht in Deutschland eine dezidierte Tradition der Währungsdiskontinuitäten. Bereits die alte Reichsmark, die 1870/71 als Einheitswährung des Deutschen Kaiserreichs eingeführt wurde, war wie Buchheim es nennt, aus der Retorte geboren. Eine arbiträre staatliche Entscheidung diente der Standardisierung der Währung im deutschen Wirtschaftsraum und als Ersatz für die altbewährten Taler und Gulden (90, S. 142). Aber selbst hier ist die ökonomische Beurteilung der vorangegangenen Periode der Währungsvielfalt nicht eindeutig. Kiesewetter weist auf die in den 1840er Jahren existierenden 56 Wechselordnungen hin und verdeutlicht, dass trotz allem das Währungssystem den Take-Off wohl nicht spürbar behindert hat (36, S. 57f.).

Währungspolitik

Obgleich die Etablierung eines zunächst preußischen, dann deutschen Wirtschaftsraumes wegen der Währungsvielfalt schwierig war, blieben diese währungspolitischen Turbulenzen doch gering im Vergleich zur Währungskrise der frühen Weimarer Republik. Die übergeordnete, die deutsche Geschichte des 20. Jahrhunderts klar dominierende Suche nach einer schlüssigen Erklärung des Aufstiegs der NSDAP und der Machtübernahme Hitlers wird schon länger auch in Hinblick auf die Wirtschaft und die Wirtschaftspolitik diskutiert. Parker schreibt in der immer noch gern gelesenen *Fischer Weltgeschichte* beispielsweise: „Wie gewann Hitler die Herrschaft über

Deutschland? … Der einleuchtendste Grund dafür liegt in den wirtschaftlichen Schwankungen in der Zeit von 1918 bis 1933" (48, S. 216). Diese stark vereinfachende Darstellung gilt heute, wie hier bereits dargestellt worden ist, als überholt, aber sie akzentuiert das Verhältnis von Wirtschaft und Staat in Weimar. Es ist sicherlich eine bemerkenswerte Situation, dass die Weimarer Republik mit einer schwerwiegenden, teilweise bewusst herbeigeführten wirtschaftlichen Krise begann und ihre Regierungen die dadurch verursachten Probleme nie bewältigten.

Verdeckte Währungsreform von 1914

Ein letztlich wohl entscheidendes Moment der deutschen Währungskrise ist in der verdeckten Währungsreform vom 4. August 1914 gesehen worden, als die Verpflichtung der Reichsbank, die Reichsmark in der Parität zu Gold zu halten, aufgegeben wurde (90, S. 143). Da die Reichsbank damals direkt von der Reichsregierung kontrolliert wurde, war es, wie Holtfrerich erstmals zeigte, sofort möglich, die Umstellung auf die Kriegswirtschaft durch Geldschöpfung zu finanzieren. Die Reichsbank dehnte die Geldmenge daraufhin seit Kriegsbeginn aus, was zu einer beachtlichen, jedoch verdeckten Inflation während der Jahre bis 1918 führte (158). Die Bevölkerung litt zwar unter der schleichenden Geldentwertung, hielt sie jedoch für eine Begleiterscheinung des Krieges. Das üblicherweise deutlichste Signal für inflationäre Tendenzen sind Schwarzmärkte, die im Ersten Weltkrieg in Folge der preisbindenden Rationierungsmaßnahmen zunahmen (198, S. 35 f.). Die Reichsregierung hoffte jedoch, nach dem für sicher geglaubten Sieg durch Reparationsforderungen die aufgebauten Schulden wieder abbauen und die entstandene Inflation wieder unter Kontrolle bringen zu können. Schon im Krieg, aber auch anschließend, bestand ein Inflationskonsens, der unter anderem durch die scharfe Ablehnung aller Reparationsforderungen angetrieben wurde. Borchardt hat schon früh darauf hingewiesen, dass die politischen und gesellschaftlichen Spannungen nach 1918 mit Hilfe der bewusst weitergeführten Geldentwertung in ein finanzpolitisches Problem übertragen wurden (182). Er wies auch auf die im internationalen Vergleich niedrigen deutschen Arbeitslosenzahlen direkt nach Kriegsende hin, die zu einer raschen Stabilisierung der Weimarer Wirtschaft nach dem Krieg beitrugen (145, S. 172). Im

Hyperinflation und Ruhrkampf

Kontext der Hyperinflation brach die deutsche Wirtschaft im so genannten Ruhrkampf zusammen. Die Folgen der bewusst herbeigeführten Inflation waren für die Bevölkerung katastrophal. Der erlebte Inflationsschock sollte fortan die Bewertung einer expansiven Finanzpolitik in der Weimarer Republik bestimmen (151, S. 309–507). Die daraufhin von Gustav Stresemann geführte Währungsreform war die erste von zwei Währungsreformen in den ersten Nachkriegsjahren, die als wesentliche Strukturunterschiede die deutsche Industrialisierung und die industrielle Gesellschaft von den übrigen europäischen Industrienationen unterschieden (90, S. 144 f.).

Währungsreform und Wirtschaftswunder

Die Währungsreform von 1948 stand unter gänzlich anderen Vorzeichen als diejenige von 1923/24, da das Land vollständig besiegt und von den Kriegsgegnern besetzt war. In der jungen Weimarer Republik war der Zerfall der Währung bewusst verschärft worden, einerseits um die Kriegsschulden abbauen zu können, andererseits um den politischen Konflikt zu entschärfen. Eine positive Wirkung am Arbeitsmarkt erleichterte die Stabilisierung der Wirtschaft, während die enorm viel Zündstoff bergende Reparationsfrage mit

3. Wirtschaft, Staat und Politik

einer raschen Entwertung der Schulden ebenfalls einfacher vermittelbar war. Nach 1933 wurden zuerst die Arbeitsbeschaffungsmaßnahmen, später dann die Kriegsrüstung erneut mit Hilfe einer inflationären Politik finanziert, was sich allerdings aufgrund des von Hitler durchgesetzten Preisstopps nicht sofort in einem spürbaren Wertzerfall der Währung äußerte. Der Preisstopp entfiel allerdings spätestens 1945. Kleßmann hat auf die „Zusammenbruchsgesellschaft" der unmittelbaren Nachkriegsjahre hingewiesen, welche die volle Wucht der aufgestauten Inflation und der Warenverknappung zu spüren bekam (197). Darunter litt, wie unter anderen Trittel zeigte, vor allem die Ernährung, denn die katastrophale Versorgungslage äußerte sich in mehreren Hungerwintern, die nach den Leiden des Krieges die Bevölkerung vollends zu demoralisieren drohten (214). Die Währungsreform von 1948 unterschied sich von derjenigen von 1923/24 allein schon dadurch, dass sie von den Siegermächten diktiert wurde. Das machte die Vermittlung des Wertverlusts der Sparguthaben als Siegerdiktat einfacher und vermied die ohnehin nach 1945 ausgeschlossenen innenpolitischen Spannungen und anti-alliierten Kampagnen von 1923. Im Grunde ging es einfach darum, den seit dem Machtantritt Hitlers angehäuften Geldüberhang zu reduzieren, indem die Währung über Nacht um 90 Prozent abgewertet wurde. Dies führte zu einem ähnlichen Effekt wie in der Zwischenkriegszeit. Die Stabilisierung der D-Mark wurde durch den „Schaufenstereffekt" erfolgreich erreicht, denn mit der Gültigkeit der neuen Währung flossen sofort wieder zuvor noch knappe Waren in die Läden und die Bevölkerung konnte sich an den nicht für möglich gehaltenen Dingen so weit erfreuen, dass Konsumwünsche die Angst vor Währungskrisen rasch überflügelten (90, S. 151 f.).

Der Eisenbahnbau ist ein weiteres, oft genanntes Fallbeispiel, anhand dessen der staatliche Einfluss auf die Industrialisierung überprüft werden kann. Analog zu den preußischen Reformen und der Währungspolitik spielen auch hier die institutionellen Leistungen eine gewisse Rolle. Die Eisenbahn war zweifellos die entscheidende Innovation im Industrialisierungsprozess Deutschlands, indem sie einerseits die Importsubsitution anregte, während sie gleichzeitig durch „forward" und „backward linkages" Wachstumseffekte in vor- beziehungsweise nachgelagerten Industrien erzeugte (99). Die Eisenbahn war aber nicht nur ein technisches, sondern auch ein kulturelles Ereignis, das selber institutionenbildend im Sinne von North wirkte. In der Geschichte der Eisenbahn fließen deshalb Konjunktur-, Kultur-, Architektur-, ja sogar Kriegs- und Kolonialgeschichte zusammen. Ein wesentlicher Effekt des Eisenbahnbaus ist sicherlich in seinem für damalige Verhältnisse einmaligen Kapitalbedarf zu sehen. Zum ersten Mal in der Geschichte beruhte die Finanzierung nicht mehr auf einzelnen Personen und ihren persönlichen Beziehungen, sondern benötigte Aktiengesellschaften als Basis, um solche kapitalintensiven Großprojekte zu realisieren (75, II, S. 103–107). Verschiedene Staaten lockerten ihre traditionelle Zurückhaltung bei der Industriefinanzierung, um Eisenbahnprojekte möglich zu machen (219). Man könnte vermuten, dass es für die Investoren schwierig gewesen sein musste, die nach einem Monopol strebende zentralistische, auf staatlichen Rückhalt angewiesene Technik mit den liberalen, individualistischen und antistaatlichen Tendenzen der Zeit in Einklang zu bringen. Das schnelle Wachstum der Eisen-

Eisenbahnen und Staat

Forschungsprobleme

bahn in Deutschland macht aber deutlich, dass solche Probleme überraschend schnell gelöst werden konnten. Die erste, 1835 eröffnete Strecke zwischen Nürnberg und Fürth war lediglich sechs Kilometer lang. Zehn Jahre später zählte man bereits 500 km und um 1850 waren es bereits gegen 5000 km. 1870 flossen rund ein Viertel aller Investitionen in der deutschen Wirtschaft in den Eisenbahnbau. 1880 wies das Streckennetz in Deutschland 34000 km auf (189, S. 2). Eine mögliche Erklärung dieses schnellen Wachstums besteht darin, dass das Eisenbahnsystem nicht nach einem Gesamtplan von einer Zentrale aus errichtet worden war, sondern dass eine Vielzahl von Akteuren miteinander konkurrierten und damit den Bau der Eisenbahn beschleunigten. Umstritten ist jedoch geblieben, ob einzelne Unternehmer, Privatkapital oder gar die Staatstätigkeit für den raschen Bau der Eisenbahnen verantwortlich waren. So ist die Interpretation vertreten worden, dass die 38 deutschen Einzelstaaten der ersten Hälfte des 19. Jahrhunderts angesichts der wirtschaftlichen Strukturschwäche als treibende Kräfte des Investitionsbooms nicht ignoriert werden könnten. Fremdling entgegnet mit der Ansicht, dass auch ohne staatlichen Einfluss ein Eisenbahnnetz auf der Basis von Handelskapitalisten und Bankiers gebaut worden wäre (189, S. 2). So stiegen anfänglich vor allem private Investoren ins Eisenbahngeschäft ein. Sie annoncierten ihre Pläne in Zeitschriften und Zeitungen, um zahlungskräftige Aktionäre für ihre Vorhaben zu gewinnen. In den 1860er Jahren betrieben die Privatbahnen noch gut die Hälfte aller Strecken in Deutschland, womit eine gewisse Analogie zum privaten Eisenbahnbau Englands gegeben ist (189, S. 5). In Deutschland griffen die Einzelstaaten, nach der deutschen Einigung dann das Kaiserreich – im Unterschied zu England – direkt in den Eisenbahnbau ein (206, S. 134). Diese Mischung von unterschiedlichen Akteuren, die in einem regelrechten Wettlauf gegeneinander verstrickt waren, führte zur Beschleunigung des Wachstums. Oft bauten deutsche Staaten ihre Linien gar nicht im Hinblick auf ein flächendeckendes Netz, sondern als Reaktion auf Eisenbahnprojekte im Nachbarland aus, um damit die Umlenkung von Handelsströmen zu verhindern (189, S. 3). So wuchs das Schienennetz viel schneller als in Frankreich, wo der zentralistische Staat ohne Konkurrenz für das Eisenbahnnetz verantwortlich war.

Verstaatlichung der Eisenbahn

In den 1870er Jahren setzte die Verstaatlichung der deutschen Bahnen ein. Bismarck beabsichtigte, die Einnahmen aus den profitablen Eisenbahnunternehmen dem Reich zukommen zu lassen. Aber der einsetzende Strukturwandel im Zusammenhang mit der Konjunkturkrise ließ die Bedeutung der Eisenbahnen für die deutsche Industrialisierung sinken. Im Sinne des ökonomischen Prinzips des abnehmenden Grenznutzens war das Eisenbahnnetz mehr oder weniger fertig gebaut; verhältnismäßig neues Wagenmaterial und Lokomotiven aus deutscher Produktion erforderten keinen weiteren Ausbau der Investitionstätigkeit (189, S. 6). Der Gleichbehandlungsgrundsatz hatte die Tarifpolitik zudem inflexibler gemacht; die für die erste Phase des Eisenbahnbaus charakteristischen Tarifsenkungen unterblieben deshalb zunehmend. Dafür war sie von da an unangefochtenes wichtigstes Verkehrsmittel nicht nur für die Beförderung von Gütern, sondern auch als Reisemittel für Personen. Das änderte sich erst allmählich und langsam in der Zwischenkriegszeit mit dem Massengebrauch des Fahrrads und dem Aufkommen des

3. Wirtschaft, Staat und Politik

Automobils, vor allem aber dem Einsatz von Bussen und Lastwagen. Immer mehr Menschen fuhren mit Eisenbahnen oder kamen mit Eisenbahnen auf die eine oder andere Weise in Kontakt. Dadurch wandelten sich deren Wahrnehmungswelten und Alltagserfahrungen. Mit dem Aufkommen der Eisenbahn veränderten die Ingenieure und technischen Eliten auch ihre Vorstellungen davon, was ihrer Meinung nach Deutschland ausmachte und weiterbringen konnte. Hatten sie die Chancen lange Zeit im Kleinen gesehen, so galt nun der Großmaschinenbau besonders in der Form von modernen Lokomotiven als Krönung der deutschen Technik (206, S. 135). Die deutsche Produktion von Lokomotiven und Schienenmaterial konnte bereits Anfang der 1850er Jahre den Eigenbedarf decken und begann, den Exportmarkt zu erobern. Der allgemeine Stolz auf deutsche Produktion wurde nicht nur durch publikumswirksame Inszenierungen auf den industriellen Weltausstellungen genährt, sondern selbst Journale mit gesellschaftspolitischem Schwerpunkt für das breite Publikum wie die „Gartenlaube" berichteten kontinuierlich von den Triumphen der deutschen Industriekunst (206, S. 141).

Alle Bevölkerungsschichten benutzten zunehmend die neue Technik. War die Eisenbahn zunächst zentrales Element der Industrialisierung im wirtschaftlichen Sinne, führte sie auch zur „Industrialisierung von Raum und Zeit" (207). Die Eisenbahn erlaubte den Menschen mit einer Geschwindigkeit unterwegs zu sein, die sie vorher nicht gekannt hatten. Einerseits eröffneten sich so neue Räume, da neue Reiseziele viel schneller zu erreichen waren. Andererseits verkleinerte sich aber der Raum auch in einem gewissen Sinne, da man nun schneller an einem anderen Ort sein konnte, was sich besonders am Einzugsgebiet der Großstädte zu zeigen begann. Eine wichtige Voraussetzung für die Entwicklung von flächendeckenden Netzen war die Vereinheitlichung der Zeit. Vor dem Bau der Eisenbahnen lebten die Menschen nach ihren jeweiligen lokalen Zeiten. Die Verkehrsmittel waren so langsam, dass die Zeitunterschiede zwischen den einzelnen Orten unbedeutend blieben. Dies änderte sich mit der schnelleren Eisenbahn. Die Eisenbahngesellschaften wussten anfänglich nicht, nach welcher Zeit sie ihre Fahrpläne ausrichten sollten. Deshalb führten sie eine einheitliche Zeit ein. Diese „Eisenbahnzeit" galt bis gegen Ende des 19. Jahrhunderts auf dem Streckennetz. 1880 führte England die Eisenbahnzeit als Standardzeit ein. 1884 hatte eine internationale Standardzeit-Konferenz in Washington die Welt in Zeitzonen eingeteilt, denen schließlich 1893 auch Deutschland mit der „Mitteleuropäischen Zeit" folgte (207, S. 43 f.). Auch die Wahrnehmung des Raumes veränderte sich durch die neuartige Schnelligkeit der Fortbewegung. Die Menschen entwickelten den „Panoramablick" auf die Landschaft und begannen, aus dem Fenster zu sehen und Landschaft in gewisser Weise zu konsumieren. Schließlich schuf die Eisenbahn auch neue Räume der Begegnung. Obgleich separate Waggons und Wartesäle erster, zweiter und dritter Klasse den sozialen Unterschieden Rechnung trugen, bildeten Bahnhöfe und Zugabteile halböffentliche Räume, in denen Menschen zusammentrafen, die sich vorher nie gesehen oder getroffen hätten. Die Eisenbahn unterstrich die geschlechtsspezifische Segregation des Arbeitsmarktes, indem sie praktisch nur neue Arbeitsplätze für Männer bot. Männer waren im Allgemeinen mobiler als Frauen, was Drummond zur Einschätzung bewogen hat, dass

> Industrialisierung von Raum und Zeit

Frauen insgesamt nur eingeschränkten Zugang zur Eisenbahn hatten (186). Sie zitiert Katherine Chorley, die sich an ihre Erfahrungen mit der Hauptverkehrszeit um 1900 erinnerte: „It was highly embarrassing, a sort of indelicacy, to stand on the platform surrounded by a crowd of males who had to be polite but were obviously not in the mood for feminine society" (183, S. 220).

Industrielle Ästhetik

Im Sammelband von Roth und Polino finden sich weitere Beispiele für die Interdependez von wirtschaftlicher und kultureller Dynamik (186). So drückte die Eisenbahn auch dem urbanen Raum ihren Stempel auf, indem mit Bahnhöfen ein neuer Gebäudetyp entstand. Als „Kathedralen der Moderne" veränderten sie das Gesicht der Städte nachhaltig. Eisenbahngesellschaften, städtische Verwaltungen oder Regenten fanden in diesen Gebäuden Orte der unternehmerischen, sozialen und herrschaftliche Repräsentation. In der Umgebung der Bahnhöfe entstanden neue Viertel. Hinter den (Kopf-)Bahnhöfen, wo Güterschuppen, Rangiergeleise und Abstellhallen gebraucht wurden, befanden sich die ‚schlechten', von allerlei Gesindel und Prostituierten bevölkerten, heruntergekommenen Gegenden, während vor den Bahnhöfen mit den Bahnhofsplätzen prunkvolle Eingangstore zur Stadt hin zeigten. Insgesamt ist der Zusammenhang des Themas Eisenbahn und Staat nicht eindeutig determiniert. Sicherlich spielte der Staat in der Ordnungspolitik eine große Rolle, die für ein so enormes Investitionsprojekt unabdingbar war. Mit der zunehmenden Verstaatlichung gelang es dem Staat aber auch, einen der wirtschaftlich, sozial und kulturell einflussreichsten Bereiche an den Staat heranzuführen.

Staatliche Sozialpolitik

Analog zur Eisenbahn gelang dem Staat in der Sozialpolitik eine vergleichbare Annäherung. Während die vorindustrielle Zeit von einer Vielzahl verschiedener traditioneller Träger der Sozialpolitik geprägt war und der Staat eigentlich keine Rolle spielte, drehte sich dieses Verhältnis zumindest in der Außenwahrnehmung um, so dass der Staat im Laufe des 20. Jahrhunderts zum alles überragenden Träger der Sozialpolitik werden konnte. Aber wo endet der „Nachtwächterstaat", wo beginnt der Interventionsstaat oder gar der Sozial- oder Wohlfahrtsstaat? Mit solchen Schlagworten ist ein Themenbereich eingekreist, der seit Beginn der Industrialisierung in Deutschland die Gemüter erhitzt. Der massive wirtschaftliche und soziale Strukturwandel im Rahmen der Industrialisierung wurde seit den 1830er Jahren im Zusammenhang mit der Verelendung breiter Kreise gesehen. Hunecke weist auf den Bedeutungswandel des Begriffes der Armut im Rahmen des so genannten Pauperismus hin (195). Er beschreibt besonders, wie die alte Teilung von würdiger und unwürdiger Armut durch den Niedergang des ländlichen Gewerbes und den veränderten Bedingungen der Landwirtschaft an Bedeutung verlor und mehr und mehr die unverschuldete Armut von arbeitsfähigen und auch arbeitswilligen Menschen ins Zentrum der Aufmerksamkeit rückte (179). Die hier anklingenden Fragen der Bewertung des Lebensstandards vor allem der Arbeiter im Rahmen der Industrialisierung wird in Kapitel 5 genauer verfolgt (11). Deshalb konzentrieren sich die folgenden Ausführungen auf die staatliche Sozialpolitik, verstanden als der staatliche Beitrag zur Gewährung der sozialen Sicherheit, wie sie seit der Erklärung der allgemeinen Menschenrechte von 1948 gilt.

3. Wirtschaft, Staat und Politik

Funktionen der Sozialpolitik

Kontroversen um die Sozialpolitik sind so alt wie das Fabriksystem. Sie haben sich immer schon rund um die Frage entzündet, wie weit die private Wohlfahrt, die Sicherung des materiellen Lebensstandards und eines bestimmten Maßes an Lebensqualität ausreichend über Märkte reguliert wird, oder ob der Staat sich angesichts des ungleichen Kampfes von Kapital und Arbeit auf die Seite der Arbeitenden zu schlagen hat und sicher stellen sollte, dass sie im freien Spiel der Kräfte nicht aufgerieben werden. Die neuere Historiographie der Sozialpolitik ist in zwei Gruppen zu unterteilen. Die erste Gruppe von Autoren wie Alber oder Gladen betonen die Vorbildwirkung der deutschen Sozialpolitik, vor allem im Versicherungswesen. Ihr Hauptziel besteht darin, aktuelle Systeme der Sozialpolitik als historisch gewachsene Strukturen darzustellen (180; 192). Eine zweite Gruppe von Autoren, allen voran Tennstedt, interessiert sich mehr für die Binnengeschichte der Sozialpolitik und fragt nach Bedingungen und Funktionen der Sozialpolitik in ihrer Zeit. Die Geschichte der Sozialpolitik ist ein intensiv erforschtes Politikfeld, das auch über ein äußerst hilfreiches *Handbuch der Geschichte der Sozialpolitik* verfügt, das in drei Bänden die gesetzlichen Entwicklungen der Sozialpolitik in Deutschland seit der vorindustriellen Zeit bis zur deutschen Einheit verfolgt (24). Seit 2001 erscheint ferner eine auf elf Bände zu je rund tausend Seiten angelegte Reihe zur Geschichte der Sozialpolitik in Deutschland seit 1945, die vom Bundesministerium für Gesundheit und Soziale Sicherung und dem Bundesarchiv gemeinsam herausgegeben wird (191). Eine umfassende Darstellung der Geschichte der Sozialpolitik kann hier deshalb nicht das Ziel sein. Im Hinblick auf die aktuelle Debatte um die Reform des Wohlfahrtsstaates ergibt sich der Schwerpunkt dieses Abschnitts jedoch von selbst. Die Darstellung konzentriert sich hier auf folgende Fragen: Warum führte das Deutsche Reich in den 1880er Jahren das System der Sozialversicherungen überhaupt ein? Was machte die Absicherung typischer sozialer Risiken der industriellen Gesellschaft für den Staat interessant?

Kaiserliche Botschaft und Sozialistengesetz

In der berühmten Kaiserlichen Botschaft vom 17. November 1881 verkündete Kaiser Wilhelm I. die bevorstehende umfassende Sozialversicherungsgesetzgebung. Er führte dabei aus, dass diese neuartigen Gesetzeswerke in direktem Zusammenhang zu dem 1878 erlassenen Sozialistengesetz zu sehen seien. Die Lösung der sozialen Frage wurde demnach vom Reich von Anfang an als politisches Instrument zur graduellen Entschärfung des sich abzeichnenden Klassenkampfes zwischen Arbeit, Kapital und Staat angesehen. Die genaue Bewertung dieses Ziels ist nicht einfach. Sicherlich war die Arbeiterschaft bei Kriegsausbruch 1914 erstaunlich loyal zur Kriegspolitik des Reiches, aber ob das mit der Sozialpolitik allein zu erklären ist, bleibt eine kaum zu beantwortende Frage. Eine kürzere Zeitperspektive erlaubt die historisch durchaus überprüfbare Frage, ob es dem Reich tatsächlich gelang mit Hilfe der Sozialversicherungsgesetzgebung die staatskritischen Tendenzen der Arbeiterschaft zu kontrollieren. Hier dürfte die Antwort relativ skeptisch klingen, denn sieht man genauer hin, änderte sich kurzfristig für die Arbeiter relativ wenig. Das Sozialistengesetz war sicherlich ein Element der repressiven Politik des Reiches gegen die politische Opposition. Aber es bedeutete keinesfalls das Ende der Partei oder der Arbeiterbewegung. Im Gegenteil: Es kräftigte gerade die parlamentarische Tätigkeit der erstarkenden Sozialdemokratie und schon 1890, als das Sozialistengesetz aufgegeben wurde, war die Sozialdemokratie zur stärksten politischen Kraft im Reichstag aufgestiegen (75, III, S. 906).

Unfallversicherung

Die Anstrengungen zur gesetzlichen Regelung der Unternehmenshaftpflicht bei Betriebsunfällen waren ohnehin schon älter als das Sozialistengesetz. Gerade in diesem ersten großen Versicherungswerk sind deshalb sicherlich weitergehende Fragen nach den Motiven Bismarcks und des Reiches zu stellen, das sich, 1870/71 gegründet, innenpolitisch gewissermaßen auf der Suche nach einer legitimationsstiftenden Aufgabe befand. Das Reichshaftpflichtgesetz von 1871 dokumentiert das Interesse an rascher politischer Aktivität des Reiches. Sein Hauptmangel, der später in der Unfallversicherungsgesetzgebung bereinigt wurde, bestand in der Dominanz der „Verschuldungshaftung". Der verunglückte Arbeiter musste dem Unternehmen die Schuld am Unfall nachweisen können, um eine Entschädigung zu erhalten, was aber nur wenigen Arbeitern in der Praxis gelang. Umgekehrt stellte die Haftpflicht aber auch ein erhebliches unternehmerisches Risiko dar. Das Konzept der „Gefährdungshaftung", das die Unternehmen außer in Fällen der groben Fahrlässigkeit des Verunfallten immer haftbar macht, war deshalb für die Unternehmen aus wirtschaftlichen Gründen nicht akzeptabel. Das schließlich am 6. Juli 1884 vom Reichstag verabschiedete Unfallversicherungsgesetz löste diese Konfliktherde auf, indem es die Gefährdungshaftung einführte, aber nicht die Unternehmen selbst, sondern die von ihnen auf Gegenseitigkeit getragenen Berufsgenossenschaften in Haftung nahm.

Integrationsleistung der Sozialpolitik

Im Bereich der Unfallversicherung und der nach 1890 hinzukommenden Arbeiterschutzgesetzgebung scheint die Integrationspolitik des Reiches erfolgreich gewesen zu sein. Verschiedene Autoren weisen besonders auf die Verrechtlichung eines schwelenden sozialen Konflikts hin, da mit den Berufsgenossenschaften, den für Konflikte zuständigen Schiedsgerichten und dem Reichsversicherungsamt eine Reihe von Instanzen vorlagen, die sich mit den Entschädigungsleistungen nach Berufsunfällen befassten (211; 212). Im Streitfall sah sich der einzelne Arbeiter zwar einer professionell arbeitenden Berufsgenossenschaft oder Behörde gegenüber; diese Konfrontation brachte ihn aber in die Nähe der Gewerkschaften und integrierte ihn so auch in Arbeiterorganisationen, die indirekt wohl zu den Begünstigten der Sozialversicherungsgesetzgebung zu zählen sind. Die Gesetzgebung zwang die Arbeiter auf den Weg durch die Instanzen und verbaute den direkten Weg von Radikalisierung und Protest. Insofern darf man sicherlich von einer gewissen Integrationsleistung der Sozialversicherungen vor allem im Bereich der Risiken am Arbeitsplatz ausgehen (75, III, S. 915). Zu welchem Preis diese Integration allerdings erfolgte, ist nach wie vor umstritten. Dabei hängt viel davon ab, für wie hilfreich man die Versicherungs- und Arbeiterschutzgesetzgebung aus der Sicht der Betroffenen seit den 1880er Jahren hält. Milles und Müller sprechen von einer Dethematisierung der industriellen Pathologie (202). Sie untersuchen, wie die ihrer Meinung nach strukturell angelegte „Pathologie des industriellen Prozesses", wie also die grundsätzlich Krankheiten verursachenden industriellen Arbeitsformen durch eine auf das Individuum begrenzte Absicherung sowie durch die Verrechtlichung der daraus entstehenden Forderungen verdeckt wurden.

3. Wirtschaft, Staat und Politik

Die Krankenversicherung war in den 1880er Jahren kaum umstritten. Das Gesetz wurde am 31. Mai 1883 verabschiedet und legte zahlreiche Grundprinzipien der Krankenversicherung fest, wie sie bis heute gültig sind, wie etwa ein Unternehmerbeitrag, die Einkommensobergrenze für den Versicherungszwang oder die relativ begrenzte Zeitdauer von dreizehn Wochen für Krankengeld und medizinische Leistungen (24). Besonders wichtig ist es festzuhalten, dass ähnlich wie die Unfallversicherung auch die Krankenversicherung keine im eigentlich Sinn innovative Leistung darstellte. Das Versicherungsprinzip für Krankheitsfälle war sicher nicht von Bismarck erfunden worden; vielmehr war es ein bewährtes Mittel der Arbeiterselbsthilfe in den freiwilligen Hilfskassen und anderen Einrichtungen (190). Im Zusammenhang mit der Finanzierung moderner Krankenhäuser für heilbare Kranke hatten auch zahlreiche, vor allem süddeutsche Kommunen Erfahrungen mit versicherungsähnlichen Strukturen in der Finanzierung moderner Krankenhäuser gewonnen (209). Wegen der starken Tradition der Krankenkassen in der Arbeiterselbsthilfe traf die Initiative des Reiches vielerorts auch auf kritische Stimmen, die in der Übernahme dieser Aufgabe durch das Reich keine Verbesserung erkannten. Aber die rasche Expansion der Versichertenzahlen, die Bedeutung des Krankentagegeldes sowie die paritätische Selbstverwaltung der Krankenkassen schufen rasch vollendete Tatsachen. Besonders die Selbstverwaltung der Krankenkassen dürfte ein wichtiger Faktor gewesen sein, führte sie doch ordentlich bezahlte und gut angesehene Verwaltungsposten für Arbeitervertreter herbei, die dadurch zum Teil einer funktionierenden Arbeiterbürokratie wurden. So gesehen, erfüllte gerade die Krankenkasse die Anforderungen an eine Integration der Arbeiterschaft. Aber sie steht nach Leibfried und Tennstedt auch stellvertretend für die „Spaltung des Sozialstaates" (201). Damit ist die konzeptionelle Trennung zwischen einer Arbeiterpolitik nach Versicherungsprinzip sowie Armenpolitik nach Fürsorgeprinzip gemeint. Gibt es im ersten Fall einen einklagbaren Rechtsanspruch auf Leistungen mit dem Ziel der Sicherung des Lebensstandards, steht im anderen Fall die Bedürftigkeitsprüfung und die bürokratische Kontrolle über die Leistungen im Vordergrund. Diese strukturelle Teilung dürfte mit dafür verantwortlich sein, dass sich vormoderne Beurteilungen von moralisch verwerflicher, gleichsam selbstverschuldeter Armut bis in die Gegenwart gehalten haben (195). Dem widerspricht nur scheinbar die Tatsache, dass sich die Fürsorgepolitik als eines der Hauptmerkmale der kommunalen Leistungsverwaltung spätestens seit der Weimarer Republik etabliert hat. Rudloff hat den treffenden Titel *Wohlfahrtsstadt* für seinen herausragenden Beitrag gewählt, der das Ausmaß und die zunehmende Differenzierung der Fürsorgetätigkeit sowie die nahezu unlösbare Situation in der Weltwirtschaftskrise darstellt (174).

Die Altersversicherung stellt aus der Sicht der Historiker die wichtigste Errungenschaft der Versicherungswerke Bismarcks dar, denn sie betrat weitgehend gesetzgeberisches Neuland. Die Leistungen der Altersversicherungen waren zwar bis zur Rentenreform, die Adenauer 1957 durchsetzte, bescheiden und orientierten sich weder am Lebensstandard noch am Existenzminimum. Im Unterschied zur Unfall- und Krankenversicherung kam die Altersversicherung dem Konzept Bismarcks, in der Sozialversicherung „eine Weiterentwicklung der Idee, welche der staatlichen Armenpflege zugrunde liegt" zu sehen, jedoch am nächsten (24, S. 93). Hier lässt sich vermutlich am besten prüfen, ob es Bismarck tatsächlich gelang, aus widerspenstigen Arbeitern „kleine Staatsrentner" zu machen (75, III, S. 910). Das ursprünglich festgelegte Rentenalter von 70 Jahren entsprach in den 1880er Jahren bei weitem nicht der schichtspezifischen, durchschnittlichen Lebenserwartung der Arbeiter (67, S. 35–39). Aber die Altersversicherung trug entscheidend dazu bei, aus den bereits fragmentarisch existierenden Pensionsregelungen eine gesamtgesellschaftliche Alterslebensphase zu formen (185). Allerdings stand die Gesetzgebung nach Conrad noch ganz in der Tradition der Arbeitsunfähigkeit. Diese konnte die Folge von Betriebsunfällen, krankheitsbedingter Invalidität oder eben auch des Alters sein. „Von einem bestimmten Geburtstag ab entfiel die individuelle Begutachtung, und Arbeitsunfähigkeit wurde automatisch angenommen" (184, S. 341). Das durchschnittliche Rentenzugangsalter in Deutschland lag seit 1895 bis zur jüngsten Vergangenheit mehr oder weniger konstant zwischen 56 und 61 Jahren, obwohl sich die Lebenserwartung bei Geburt ungefähr verdoppelte (184, S. 433). Erst seit dem Zweiten Weltkrieg änderte sich in Deutschland die Berechnungsweise und auch der sozialpolitische Anspruch der Renten, die zunehmend nicht mehr als Beitrag zum Existenzminimum, sondern als wichtigste Säule zum Erhalt des Lebensstandards – gleichsam als verdiente Belohnung nach einem arbeitsreichen Leben – angesehen wurde. Erst damit weitete sich Sozialpolitik endgültig zur Gesellschaftspolitik aus, denn die Finanzierung der finanziell massiv ausgebauten Altersrente wurde nun der jüngeren Generation übergeben (194).

Sozialpolitik als Gesellschaftspolitik

4. Frauen in der Industrialisierung

Für das Verständnis der Industrialisierung und ihrer verschiedenen Folgen für die breite Masse der Menschen bietet sich das Studium der Frauengeschichte an. Frauen sind von den komplexen gesellschaftlichen Veränderungen im Zuge der Industrialisierung nicht weniger, aber teilweise anders betroffen worden als die Männer. So zwang die Durchsetzung des industriellen Arbeitsmarktes die verheirateten Frauen immer wieder zur Entscheidung zwischen Arbeit und Familie. Sie regulierte die Formen, in denen Frauen am Arbeitsmarkt partizipieren konnten, ohne auf ihre familiären und häuslichen Pflichten verzichten zu können. Frauen waren (und sind) auch oft in schlecht bezahlten Positionen zu finden, waren gewerkschaftlich weniger organisiert und zusätzlich der systematischen Belästigung und Beleidigung am Arbeitsplatz unterworfen. Es liegt also aus verschiedenen Gründen nahe, die besondere Erfahrung von Frauen im Industrialisierungsprozess zu untersuchen. Buchheim erwähnt die Frauenerwerbstätigkeit im Ersten Weltkrieg und in der DDR (13, S. 108) und Fisch weist auf die Bedeutung der Frauenbewegung hin (20, S. 292). Darüber hinaus werden aber Frauen in der Historiographie zur Industrialisierung von den „großen" Themen wie Eisenbahnbau, Fragen zum Staatsinterventionismus oder Brünings Deflationspolitik in den Hintergrund gedrängt.

4. Frauen in der Industrialisierung

Die moderne Frauen- und/oder Geschlechtergeschichte befasst sich demgegenüber mit der Bedeutung der Kategorie Geschlecht in allen Bereichen der Geschichtswissenschaft. Unter dem Eindruck der neuen Frauenbewegung und auch dem Vorbild der USA folgend, begann sich in den späten 1970er Jahren in Deutschland das Interesse an Frauengeschichte zu entwickeln. Nach ersten Anfängen stellte der 1983 von Karin Hausen unter dem programmatischen Titel *Frauen suchen ihre Geschichte* herausgegebene Sammelband einen bemerkenswerten Meilenstein dar (240). Es ging zunächst also darum, Frauen in der Geschichte *und* die Geschichte der Frauen sichtbar zu machen. Dabei waren sich die Autorinnen der Nähe zur gegenwärtigen Frauenbewegung zwar bewusst, gingen aber mit größter wissenschaftlicher Akribie vor. Vor allem in den USA erfolgte im Unterschied zu Deutschland eine sehr erfolgreiche Institutionalisierung der Frauengeschichte als komplementäre Geschichtsschreibung: „Making Women Visible" war einer der programmatischen Titel (263). Die allgemeine Geschichte blieb dagegen weitgehend unberührt von der Frauengeschichte. Die deutschen Fachvertreterinnen erkannten jedoch von Beginn an, dass die Kategorie Geschlecht eine relationale Kategorie ist, die eigentlich nur in wechselseitigem Bezug von Männern und Frauen sinnvoll genutzt werden kann. Der erste Schub der einschlägigen Publikationen zielte noch vorrangig darauf, Frauen in der Vergangenheit sichtbar zu machen. Gleichwohl formulierte die deutsche Frauengeschichte von Anfang an auch eine umfassende Kritik der allgemeinen Historiographie. Die Einwände richteten sich allerdings erstaunlich selten gegen die etablierte Politik- und Ereignisgeschichte, sondern trafen vor allem die Sozialgeschichte, denn ihr wurde eine in der Sache unangemessene Konzentration auf den „Mann" als Normalfall vorgeworfen, von dem sich die Erfahrung der Frauen jedoch deutlich unterschied (235, S. 242).

Die Kontroverse zwischen der Sozialgeschichte und der aufkommenden Frauen- und Geschlechtergeschichte wurde seit den 1980er Jahren in aller Schärfe geführt. Zunächst wurden die allgemeinen, seit der Mitte der 1970er Jahre immer wieder geäußerten Argumente gebraucht, wonach Frauen in der allgemeinen Geschichte selten berücksichtigt und damit die historische Erfahrung der Hälfte der Bevölkerung kaum oder gar nicht aufgearbeitet würde. Wenn aber die Sozialgeschichte Bielefelder Provenienz angegangen wurde, dann wurde der Streit spezifischer. Die Kritikerinnen nahmen gemeinsam mit Vertretern der Alltagsgeschichte manche Ansätze der neuen Kulturgeschichte vorweg, indem sie die Erfahrungen für wichtiger hielten als die Strukturen. Es ging ihnen darum zu zeigen, dass der universale Anspruch der „Bielefelder" nicht einlösbar war. Die etablierte Sozialgeschichte reagierte heftig auf die Angriffe von Seiten der Frauen- und Geschlechtergeschichte. Kocka beispielsweise bezweifelte ihre wissenschaftliche Glaubwürdigkeit: „Damit (…) hängt kausal zusammen, dass die frauengeschichtliche Herausforderung an die Geschichtswissenschaft und besonders an die Sozialgeschichte bisweilen utopisch-überzogen auftritt und in Gegensatz zu den Grundprinzipien wissenschaftlichen Arbeitens gerät" (39, S. 139).

Aber es gelang der Frauengeschichte mit Gisela Bock nachzuweisen, „dass weder Klassen noch Geschlechter homogene – oder gar immer solidarische – Gruppen sind" (7, S. 385). Es war nicht mehr ohne weiteres

Kategorie Geschlecht

Frauen-, Geschlechter- und Sozialgeschichte

Klasse und Geschlecht

einsichtig, warum Wehler in seiner Gesellschaftsgeschichte Frauen bereits in der Einleitung explizit ausklammerte (75, I, S. 125). Er hat das seither wenigstens teilweise korrigiert; dennoch bleibt die Frauengeschichte in seinem monumentalen Werk eklatant unterbewertet (75, IV, S. 94–101 und S. 752–760). Im Kern konzentrierte sich die Kontroverse auf die „Klassenfrage", denn die Sozialgeschichte argumentierte für die alles dominierende Bedeutung von Klassen. Aber nicht nur von der Frauen- und Alltagsgeschichte, sondern auch von der Arbeitergeschichte selbst wurde nun die etablierte Klassenstrukturanalyse als zu eng abgelehnt (265). Der Frauengeschichte ist es gelungen, mit quellennahen Studien und präzisen Analysen entscheidende empirische, aber auch methodisch gehaltvolle Korrekturen anzubringen (221). So hat Daniel mit ihren „Arbeiterfrauen" die Interpretation des Ersten Weltkriegs deutlich erweitert (233; 198). Die Faszination der recht abstrakten Analyse von Klassen und Schichten hat auf jeden Fall deutlich abgenommen. Die meisten sozialwissenschaftlichen, besonders aber sicherlich die geschichtswissenschaftlichen Versuche, Konzepte der Klassenbildung und der Geschlechterverhältnisse zu einer Theorie sozialer Ungleichheit zu vereinen, dürfen heute jedenfalls als gescheitert betrachtet werden (230).

<small>Frauen in der Protoindustrialisierung</small>

Jedoch wäre der Vorwurf überzogen, die Sozialgeschichte habe sich gar nicht für die Frauen interessiert, denn die Schärfe des Konflikts rührte auch daher, dass die Sozialgeschichte grundsätzlich offen war für entsprechende Differenzierungen, solange sie innerhalb des Paradigmas und nicht als Alternative vorgebracht wurden. Das lässt sich in dieser Form von der Wirtschaftsgeschichte nicht behaupten. Allein die spezifische Institutionalisierung der Wirtschaftsgeschichte legte eine zurückhaltende Rezeption der frauengeschichtlichen Perspektive nahe. Lediglich die Protoindustrialisierungs- und Familienforschung beachtete die spezifische Lage der Frauen umfassender (248). Grundsätzlich hat sich aber die moderne Wirtschaftsgeschichte an modellorientierte Denkweisen der Volkswirtschaftslehre angelehnt, die wenig Raum für Frauen- und Geschlechtergeschichte lassen (28). Allerdings weisen Forderungen, Wirtschaftsgeschichte im Rahmen der neuen Institutionenlehre als Geschichte der Märkte und der Marktbeziehungen zu verstehen, darauf hin, dass der wirtschaftliche Beitrag der Frauen(arbeit) für das 19. und 20. Jahrhundert bisher noch viel zu wenig untersucht worden ist. Dies trifft sicherlich auch auf eine genauere Untersuchung der in der Ökonomie so wichtigen „Haushalte" zu, denn die Wirtschaftsgeschichte hat das in der Sozial- und Kulturgeschichte mittlerweile viel beachtete Feld des modernen Konsums erst noch in seiner ganzen Breite zu entdecken. Es wird aber auch überdeutlich, dass sich die Frauen- und Geschlechtergeschichte ihrerseits noch zu wenig mit der „harten" Wirtschaftsgeschichte auseinander gesetzt hat. Der jüngst erschienene, teilweise herausragende Sammelband *Sozial- und Wirtschaftsgeschichte* weist keinen Beitrag zur Geschichte des Konsums auf; der darin abgedruckte Aufsatz Heide Wunders zur Frauen- und Geschlechtergeschichte konzentriert sich auf die Darstellung der bekannten Arbeiten zur Familien- und Haushaltsforschung sowie der Sozialpolitikforschung. Er zieht sich damit auf klassische „Frauenthemen" zurück, ohne eine Berücksichtigung der Geschlechterperspektive in der ganzen Breite des Faches anzumahnen oder gar zu dokumentieren (81).

4. Frauen in der Industrialisierung

Frauenarbeit als Merkmal der Industrialisierung

Nach dieser disziplinengeschichtlich orientierten Debatte zwischen Sozial- und Wirtschaftsgeschichte auf der einen sowie der Frauen- und Geschlechtergeschichte auf der anderen Seite wendet sich nun die Aufmerksamkeit einigen Facetten der Geschichte von Frauen in der Industrialisierung zu. Der Darstellung liegt nicht ein additives Geschichtsverständnis zu Grunde, das der „allgemeinen" Geschichte lediglich ein Kapitel über Frauen hinzufügt. Vielmehr lassen sich mit Hilfe einer frauengeschichtlichen Perspektive sehr gut unterschiedliche Diskussionsstränge rund um die Industrialisierung darstellen, die von gesamtwirtschaftlicher Bedeutung waren. Seit Berg und Hudson wird die Erfahrung der Frauen in der Industrialisierung sogar zu einem konstitutiven Merkmal, das den schleichenden Prozess in eine revolutionäre Umwälzung transformiert (5).

Ganzes Haus und Frauenarbeit

Die Schriften zur Geschichte der Protoindustrie haben sich ausführlich mit dem Beitrag der weiblichen Erwerbsarbeit zur Familienökonomie auseinander gesetzt. So wird im Idealtyp des so genannten „Ganzen Hauses" der weibliche Beitrag zur Haushaltsökonomie konstitutiv für die Haushaltsform als Ganzes (75, I, S. 81–83). Das im Wesentlichen auf Verlagsbasis organisierte Heimgewerbe stellte bereits seit der frühen Neuzeit die wesentliche Herausforderung für die zünftig organisierte, städtische Gewerbewirtschaft dar. Im Fall des Idealtyps des Ganzen Hauses und der frühindustriellen Verlagsindustrie traten arbeitende Frauen typischerweise nicht als Teil von überregionalen Marktprozessen hervor, denn ihre Arbeit wurde in der Regel direkt vom Verleger am heimischen Arbeitsplatz abgeholt. Das änderte sich mit der Industrialisierung.

Industrialisierung und weiblicher Lebensstandard

In Anlehnung an ähnliche Diskussionen über den Lebensstandard oder die Sozialpolitik hat sich auch bei der Bewertung der Bedeutung der Industrialisierung für die Frauenarbeit eine wichtige Kontroverse herausgebildet (229). In seinem klassischen Aufsatz zur Geschichte des Lebensstandards in der industriellen Revolution stellt Hartwell die zunehmende Integration von Frauen in den Arbeitsprozess als einen wichtigen Beitrag der Industrialisierung zur Frauenemanzipation heraus (238, S. 416). Der Strukturwandel von der Heim- und Verlagsindustrie, wo Frauen der Ausbeutung durch die Verleger nahezu schutzlos ausgeliefert waren, zur industriellen Arbeit sieht er als positive Entwicklung. Die Industrialisierung schuf zunächst neuartige Fabrikberufe für Frauen; später kamen dann auch die Büro- und Verwaltungsarbeitsplätze hinzu. Obgleich die Arbeitsbedingungen in diesen Berufen zunächst überwiegend schlecht und die Bezahlung gegenüber den männlichen Kollegen weitaus geringer ausfiel, stellte doch die Tatsache, dass Frauen an den Marktbeziehungen (zunächst vor allem im Arbeitsmarkt) teilzunehmen und über eigene Einkommen zu verfügen begannen, einen qualitativen Wandel dar. Der Strukturwandel der Arbeit wäre so gesehen die vielleicht wichtigste Voraussetzung für eine Aufweichung und schließlich auch Abschaffung von Berufs- und später auch Berufsausbildungsbarrieren, die im 20. Jahrhundert eine weitergehende Partizipation von Frauen am Arbeitsprozess möglich machte.

Arbeiterin als soziales Konstrukt

Dagegen hat aber Joan Scott eingewandt, dass sich nicht so sehr die realen Arbeitsbedingungen oder Gehaltsperspektiven von vorindustriellen Zeiten unterschieden, sondern die „Arbeiterin" als soziales Konstrukt neu entdeckt, beschrieben und untersucht worden sei (264). Sie argumentiert weiter, dass die Unterschiede von vorindustrieller und industrieller Zeit wahrscheinlich sehr viel geringer gewesen seien, als vielfach angenommen wird, und Frauen auch früher schon außerhalb des eigenen Haushalts an Marktprozessen – wenn auch überwiegend in lokalen Tausch- und Gütermärkten – teilgenommen hätten. In historischer Perspektive hat sich demnach entgegen der zunächst angenommenen Diskontinuität weitgehend die Ansicht durchgesetzt, dass die Frauenerwerbstätigkeit als nahezu konstante Größe zu betrachten ist, die relativ langsam auf den gesellschaftspolitischen Wandel reagiert. Maier beispielsweise weist darauf hin, dass erst mit dem so genannten Drei-Phasen-Modell, das seit den 1960er Jahren den Wiedereinstieg in das Berufsleben nach einer arbeitsfreien Kindererziehungsphase gesellschaftsfähig machte, die Frauenerwerbstätigkeit einen gegenüber dem 19. Jahrhundert qualitativ deutlichen Sprung erlebte. Insgesamt strömten damit zunehmend mehr verheiratete Frauen auf den Arbeitsmarkt, was zu einer Steigerung der Erwerbsquote beitrug, die bis dahin von einer überraschenden Starrheit geprägt war (249).

Trennung von Haus- und Erwerbsarbeit

Die durch die Industrialisierung massiv geförderte Fabrikarbeit führte demnach nicht unbedingt solche Frauen zur Arbeit, die vorher nicht gearbeitet hatten. Vielmehr veränderte sie – für Frauen und Männer – die Arbeitsinhalte, und vor allem untermauerte sie die wachsende Trennung von Haus- und Erwerbsarbeit. Damit erscheint aber gerade die Fabrikarbeit und mit ihr die außerhäusliche Erwerbsarbeit insgesamt eher als eine zwiespältige Errungenschaft, denn sie stellte Frauen mit Kindern vor schwierige Probleme. Hingegen wurde die Heimarbeit, die allerdings bis weit ins 20. Jahrhundert im Textilgewerbe immer noch anzutreffen war, aus Produktivitätsgründen immer mehr verdrängt. Der Wandel der Arbeitsorte, der Arbeitsinhalte und der Arbeitsbeziehungen war für Frauen fundamental; umgekehrt stellt sich auch ihr Beitrag zur Industrialisierung spezifischer dar, als lange Zeit angenommen wurde. In einem herausragenden Artikel unter dem programmatischen Titel *Rehabilitating the Industrial Revolution* betonen Berg und Hudson für England, dass gerade der Beitrag der Frauen- und Kinderarbeit zum englischen Wirtschaftswachstum im 19. Jahrhundert entscheidend gewesen sei (5). Dabei argumentieren sie sowohl angebots- als auch nachfrageorientiert. Der Stellenwert von Frauen und Kinderarbeit habe gerade im Zeitalter vom Bevölkerungswachstum tendenziell eher zugenommen, weil der relative Anteil erwerbsfähiger Männer abgenommen habe. Der Niedergang des Heimgewerbes, der sich zugleich vollzog, habe ferner zu einer größeren Mobilisierung von Frauen geführt. Auf der Nachfrageseite betonen Berg und Hudson vor allem den wachsenden Bedarf an manueller, ungelernter Arbeitskraft. Frauen wurden, auch gerade dank der geschlechtsspezifisch diskriminierenden Löhne, in besonderer Weise als solche rekrutiert. Schließlich seien weit reichende Innovationen der Arbeitsorganisation und Gestaltung im industriellen Bereich oftmals an gewerkschaftlich wenig organisierten Frauenarbeitsplätzen ausprobiert worden. Den arbeitenden Frauen kam damit auch eine Experimentalfunktion für die industriellen Unternehmen zu (222). Diese Rolle der Frauenarbeit wird nach Berg von der etablierten Wirtschaftsgeschichte weitgehend ignoriert. Sie spricht deshalb über die Frauenarbeit als der „sing-

4. Frauen in der Industrialisierung

le most glaring ommission" der neueren Historiographie zur Industrialisierung (222, S. 23).

Berg und Hudson haben sich zwar auf die britische Industrialisierung bezogen; ihre ökonomisch vorgetragenen Argumente dürften aber auch für Deutschland einige Plausibilität aufweisen. Während der These der Kontinuität von Frauenarbeit seit der vorindustriellen Zeit grundsätzlich zuzustimmen ist, gibt es doch wenig Grund, an der Produktivitätssteigerung durch die Verschiebung von Frauenarbeit vom Verlags- zum Fabrikwesen zu zweifeln. Zwar wird der Beitrag der Kinderarbeit zur deutschen Industrialisierung spätestens seit dem Preußischen Regulativ zur Kinderarbeit von 1839 im Vergleich zu England geringer einzuschätzen sein. Gleichwohl drängt sich der Eindruck einer höchst interessanten historiographischen Situation auf: Während gegenwärtig die wirtschaftshistorische Forschung den Einfluss der Frauenarbeit im Rahmen der Industrialisierung zu entdecken scheint, betont die Frauengeschichte die Kontinuität der Frauenarbeit seit der vorindustriellen Zeit. Dies ist kein Widerspruch, sondern verdeutlicht erneut, dass unterschiedliche Perspektiven auf die Geschichte zu unterschiedlichen Beurteilungen führen, selbst wenn sich dabei das verwendete Quellenmaterial nicht erheblich unterscheidet.

Wandel der Frauenarbeit

Nicht nur die Fabrikarbeit trug maßgeblich zur Trennung von Haus und Arbeit bei. Spätestens seit der Phase der Hochindustrialisierung wurde auch der wachsende Dienstleistungs- und Verwaltungsbereich für die Integration der Frauen in den modernen Arbeitsmarkt immer wichtiger. Typischerweise handelte es sich dabei um städtische Arbeitsplätze für jüngere, oft kinderlose Frauen, die nunmehr auch im öffentlichen Raum sichtbar wurden. Die wichtigsten Kennzeichen dieser zweiten Welle der Partizipation von Frauen am Arbeitsmarkt sind recht gut bekannt. Frauen bekleideten keine verantwortlichen Positionen, sondern wurden im Zuge der technischen Rationalisierung der Büroarbeit vorwiegend für Schreib-, Telefon- und Empfangsarbeiten eingesetzt. Auch setzte sich der segmentierte Arbeitsmarkt durch (246). Darunter versteht man die Teilung des Arbeitsmarktes nach sozialem Status, ethnischer Zugehörigkeit, Alter oder Geschlecht. Darüber ist in der Diskussion über die Neuen Frauen der 1920er Jahre intensiv diskutiert worden (252; 224). Zum einen ist es unstrittig, dass Frauen in den unteren Verwaltungsberufen um die Jahrhundertwende und dann besonders in der Zwischenkriegszeit sehr rasch Zugang fanden. Zum anderen ging damit nicht automatisch ein gelegentlich postulierter umfassender kultureller Wandel einher. Überdies ist auf den mit der Industrialisierung verbundenen, nicht aber von ihr determinierten Urbanisierungsprozess zu verweisen, der dazu beitrug, dass schon während der Weimarer Republik Frauen in großem Maße in überregionale Waren-, Dienstleistungs- und Arbeitsmärkte integriert waren (226).

Integration der Frauen in den Arbeitsmarkt

Die Teilung von Wohn- und Arbeitsplatz und die damit einhergehende Trennung der Sphären ist sicherlich eine der weitreichendsten Begleiterscheinungen der Industrialisierung. Spätestens seit den normativ geprägten, sozialwissenschaftlichen Analysen der amerikanischen Kleinfamilie von Talcott Parsons ist die Trennung der Sphären auch analytisch mit der Industrialisierung und der industriellen Gesellschaft verbunden worden (256). Er stellte

Trennung der Sphären

die strikte Trennung von polaren Geschlechterrollen zwischen Männern und Frauen als funktionale Notwendigkeit für die Familie dar – verstanden als Sozialverband. Den Männern war demzufolge eine nach außen gewandte Rolle zugedacht, die sich primär auf die Erwerbsaufgabe sowie die Repräsentation des Familienverbandes nach außen konzentrierte. Für die Frauen war umgekehrt vor allem die Reproduktionsaufgabe vorgesehen; sie sollten im Heim der Familie den erschöpften Mann umsorgen und gleichzeitig die Kinder in die industrielle Welt hinein sozialisieren. Parsons' wichtigstes Interesse war die Analyse stabiler sozialer Systeme; er wollte damit gleichsam Erfolgsbedingungen für funktionierende Kleinfamilien formulieren. Diese Absicht ist aus sozialwissenschaftlicher Sicht oft kritisiert worden (232, S. 31 f.). Für die historische Analyse der Veränderungen der Familienstrukturen im 19. Jahrhundert erweist sich Parsons' Konzept jedoch als interessant, weil es die bürgerliche Familie als Sozialverband mit der „Dissoziation von Erwerbs- und Familienleben" (Hausen), also der Trennung der Sphären von Männern und Frauen verbindet.

Beginn der modernen Hausarbeit

Mit einem äußerst einflussreichen Artikel hat Hausen die Diskussion über Frauenrollen und Geschlechtscharaktere im 19. Jahrhundert im deutschen Sprachraum entscheidend vorangebracht (27). Sie beschreibt darin die allmähliche Trennung von Erwerbs- und Familienleben in der bürgerlichen Familie des 19. Jahrhunderts, die parallel zum Beginn der Industrialisierung zu einem massiven Strukturwandel der Familien- und Lebensformen führte (241). Von der im ländlichen Milieu immer noch vorherrschenden Mitarbeit der Frau wich die bürgerliche Familie seit der zweiten Hälfte des 18. Jahrhunderts zunehmend ab. Sie verdrängte (im Idealtyp) Frauen zunehmend aus der Erwerbsarbeit. Damit verbunden war eine spürbare Verkleinerung der weiblichen Lebenswelt. Gerade in Handwerkerfamilien war es bis weit ins 19. Jahrhundert nicht unüblich, die mitarbeitenden Gesellen im eigenen Haushalt unterzubringen. Die bürgerlichen Familien hingegen beherbergten zwar noch Dienstboten und Mägde, die Haushalte selbst aber waren nicht mehr Mittelpunkt des Erwerbslebens (236, S. 15–24). Hinter diesem Strukturwandel der Familien- und Haushaltsform verbirgt sich die Entstehung der modernen Hausarbeit. War der Beitrag der Frauen im vormodernen Haushalt mehr oder weniger direkt mit der Erwerbsleistung des Haushaltes verbunden, ist die moderne Hausarbeit als Residualarbeit konzipiert, die ohne Männer – seit der allgemeinen Schulpflicht auch weitgehend ohne Kinder – von Frauen allein erledigt wurde. Dabei wurde der ökonomische Bedeutungsverlust der Hausarbeit von einer Intensivierung des Weiblichkeitsdiskurses begleitet, der den Frauen die anfallende Hausarbeit als gleichsam natürliche Aufgabe schmackhaft machen sollte. Den sprichwörtlichen Rücken des viel beschäftigten Mannes „frei" zu halten, wurde neben der Kindererziehung zur bürgerlichen Bestimmung für Frauen. In diesem Sinne schuf die Industrialisierung nicht nur den industriellen Arbeitsplatz, sondern auch die unbezahlte, unterbewertete und weitgehend unsichtbare Hausarbeit (253). In der Tat wurde gerade die Unsichtbarkeit der Arbeitsleistung zu einem wichtigen Erfolgskriterium für die Frauenarbeit; alles sollte blank geputzt, toll gekocht und sauber gewaschen sein, ohne dass die Hausfrau bei der Arbeit beobachtet werden durfte. Das ist in

4. Frauen in der Industrialisierung

der Literatur treffend als Zwang zu demonstrativem Müßiggang bezeichnet worden (250).

Eine wichtige Aufgabe der Haushalte war seit Beginn der Industrialisierung der Konsum (257). Mit der Trennung von Arbeits- und Wohnort war zugleich historisch ein Prozess der Ökonomisierung verbunden. Die vormoderne Verlagsindustrie fand oft in Haushalten bäuerlicher Struktur statt; der Konsum und die Produktion von Gütern des täglichen Bedarfs waren entweder unter demselben Dach vereint oder fanden in einer lokalen Marktstruktur statt. Urbanisierung und Industrialisierung konzentrierten die Bevölkerung im 19. Jahrhundert zunehmend im städtischen Raum. Das Ende der Verlagsindustrie und die so genannte Bauernbefreiung im Rahmen der preußischen Reformen führten zu Konzentrationsprozessen im Agrarbereich, die wiederum zur Ökonomisierung der Nahrungsmittelproduktion und -verteilung beitrugen, da diese nun auf überregionalen Märkten gehandelt wurden. In dem Maße, in dem die Bedeutung der Frauen in der Produktion dieser Güter zurückging, nahm ihre Bedeutung als Konsumentin modernen Zuschnitts zu. Allerdings ist für das 19. Jahrhundert und bis weit ins 20. Jahrhundert die eindeutige Teilung der Sphären – die Männer in der Produktion und die Frauen in der Konsumption – wohl zu starr (223). Gleichwohl ist es zum Charakteristikum der industriellen Gesellschaft geworden, dass Frauen, wo sie in Haushalten überhaupt vertreten sind, in der Regel für den Konsum des täglichen Bedarfs verantwortlich zeichnen, gleichgültig ob sie auch außerhäuslich arbeiten oder nicht (239, S. 403). Einkaufen, Läden besuchen, Angebote vergleichen und ökonomisch vernünftig das Familieneinkommen verwalten und auch ausgeben wurde eine der Grundlagen der gesellschaftlichen Erwartungshaltung an Frauen. Der moderne Konsum dürfte im 20. Jahrhundert die Fähigkeit abgelöst haben, selbst produzierte Früchte des Gartens oder kleinräumig erworbene Güter über den Winter hindurch haltbar zu machen oder gar besonders sparsame und nahrhafte Gerichte zuzubereiten. Traditionales Erfahrungswissen wurde zunehmend durch modernes Marktwissen ersetzt (228).

Die Hausarbeit verbindet demnach die moderne Konsumgeschichte mit der Industrialisierung und der von ihr geprägten Güterproduktion, wie die Entwicklung im 20. Jahrhundert besonders eindrücklich zeigt. Hier lässt sich zunächst einmal das Verschwinden eines traditionellen Frauenberufes konstatieren, der Dienstmagd (227). In bürgerlichen Haushalten war bereits während des 19. Jahrhunderts lediglich eine geringe Zahl von Dienstboten im Haushalt tätig. Oft war dies eine Magd, die mit der Hausfrau zusammen die Wäsche wusch, das Essen kochte und die Kinder versorgte. Aber mit der Industrialisierung und besonders mit der Expansion der Büroberufe seit der Jahrhundertwende verlor der Beruf an Attraktivität; es wurde immer schwieriger, gutes Dienstpersonal zu finden. Gleichzeitig hatten sich gerade im Bürgertum besondere Erwartungen nach Sauberkeit, dem richtigen Mittagstisch und einer rationalen Kindererziehung weiter verbreitet als etwa in Arbeiterhaushalten, die bis in die Mitte des 20. Jahrhundert diese Tätigkeiten aufgrund materieller Zwänge auf das Notwendigste zu beschränken hatten. Vor diesem Hintergrund gewinnt die Debatte um die Rationalisierung der Hausarbeit ihren hohen Stellenwert (259; 237). Einerseits war die Privatheit des

Frauen und Konsum

Rationalisierung der Hausarbeit

Haushalts das Kernstück des bürgerlichen Familienprojekts, während andererseits eben dieser Haushalt verstärkt zum Objekt wissenschaftlicher Arbeit wurde. Die Ernährungsphysiologie begann die Definitionsmacht über die „richtige" Ernährung zu gewinnen; wissenschaftliche, das heißt vor allem bakteriologische Hygiene schrieb die Sauberkeit im Alltag vor; Kindererziehung sollte nach wissenschaftlichen Regeln erfolgen. Der nahezu jeden Bereich der Gesellschaft erfassende Rationalisierungsdiskurs gelangte vor diesem Hintergrund auch in die Haushalte und führte zur Differenzierungen der Hausarbeit, bei gleichzeitiger Erweiterung des Aufgabenkatalogs (244).

Technisierung der Hausarbeit

Seit knapp zwanzig Jahren ist die Historiographie besonders von der Technisierung der Hausarbeit fasziniert. Die Sozialgeschichte der Haustechnik entwickelte sich aus Untersuchungen zur Rationalisierung der Hausarbeit in der Zwischenkriegszeit. Es wurde vor allem rasch festgestellt, dass Staubsauger, Kochherde und Waschmaschinen technologisch bereits verfügbar, jedoch in der Bevölkerung kaum verbreitet waren. Zu den wegweisenden, relativ frühen Publikationen gehören Hausens *Große Wäsche* und Orlands *Wäsche waschen* (243; 255). Letztere zeichnet anhand der Waschtechnik die technische, soziale und auch kulturelle Entwicklung zur modernen Waschmaschine nach (255). Im neunzehnten Jahrhundert hing vieles von den verwendeten Stoffen ab, da zum Beispiel Baumwollkleider andere Waschmethoden als die traditionelleren Leinenstoffe verlangten. Aber bis ins 20. Jahrhundert blieb Waschen zumindest im Haushalt weitgehend eine Handarbeit, die im bürgerlichen Haushalt oftmals von spezialisierten Wäscherinnen entweder übernommen oder doch wenigstens koordiniert wurde (243). Dann aber begann sich langsam ein Markt für die Mechanisierung der Wäsche durchzusetzen, der besonders in der Zwischenkriegszeit zu einer intensiven, auch wissenschaftlich geführten Diskussion über Technik im Haushalt führte. So bedeutende Gremien wie das Reichskuratorium für Wirtschaftlichkeit, der Reichswirtschaftsrat oder die Reichsforschungsstelle für Wirtschaftlichkeit im Bau- und Wohnungswesen nahmen sich mit Hilfe ihrer weiblichen Mitglieder der Haushaltstechnik an (255, S. 195). Den Siegeszug trat die Waschtechnologie und mit ihr die gesamte Haushaltstechnik aber erst im Zuge des „Wirtschaftswunders" nach dem Zweiten Weltkrieg an. Ludwig Erhard sprach 1955 von der „Volkswaschmaschine" und lieferte damit das Fanal einer unglaublichen Konsum-Euphorie, die von den endlich zügig wachsenden Reallöhnen getragen wurde und zu einer raschen Verbreitung von Haushaltsgeräten auch in Arbeiterhaushalten und Haushalten niedrigerer Einkommensschichten führte (254; 220). Es muss allerdings immer wieder betont werden, dass im Rückblick mancher Diffusionsprozess gern künstlich beschleunigt wird. Entgegen weit verbreiteten Vermutungen verfügten erst 1973 mehr als 50 Prozent aller westdeutschen Haushalte über eine eigene Waschmaschine (255, S. 273).

Weiblichkeit und Technik

Es herrscht in der Literatur ein weitgehender Konsens, dass mit der technischen Erleichterung durch Haushaltsgeräte eine Erweiterung des Anforderungsprofils einherging, die dafür sorgte, dass sich zwar die Qualität der Hausarbeit geändert hat, nicht aber notwendigerweise der Zeitbedarf zu ihrer Erledigung. Sowohl die Vermarktung der Maschinen als auch der quasi-wissenschaftliche Rationalisierungsdiskurs unterstellten demgegen-

4. Frauen in der Industrialisierung

über durchweg eine wesentliche Erleichterung des Zeitaufwandes. Die Zeitersparnis sollte der nicht berufstätigen, jedoch von Hausarbeit chronisch überlasteten Frau die Gelegenheit geben, besser für Mann und Kinder zu sorgen und damit der viel beschworenen „Krise der Familie" zu begegnen (259, S. 56). Wie die Zeitersparnis verwendet werden sollte, deutet sicherlich auf die Bewertung der Hausarbeit und auf Rollenstereotype hin, aber für die implizite Annahme der Zeitersparnis selbst fehlt weitgehend die Evidenz. Einzelne Hinweise deuten an, dass seit den 1960er Jahren die Zeit, die Frauen mit Hausarbeit verbracht haben, weniger wurde. Aber gleichzeitig stieg der Zeitbedarf für Fernsehen, das gewissermaßen Hausarbeit substituierte und zur Zeitökonomie im Haushalt beitrug (225). Ob das für den Wäschebereich im Speziellen galt, ist allerdings mehr als fraglich, nahmen doch die Anzahl der Wäschestücke durch häufigeren Wäschewechsel sowie die Pflegeanforderungen für moderne Textilstoffe seit den 1950er Jahren deutlich zu. Die technische Wascherleichterung wurde deshalb durch die größere Nachfrage nach gewaschener Wäsche ausgeglichen (243). Dies gilt für die allermeisten Bereiche der Haushaltstechnik, vielleicht sogar für Technik insgesamt, wie ein Blick auf Straßenbau und Verkehr oder Kraftwerkbau und Stromverbrauch nahe legt (261). Im Fall der Waschtechnik muss allerdings hervorgehoben werden, dass die schwere körperliche Arbeit und auch die Notwendigkeit zusammenhängender Waschzeiten durch die moderne Waschmaschine ersetzt wurden. Aber die Waschmaschine führte nicht etwa dazu, dass in den Familien die Wascharbeit gleichmäßiger verteilt wurde; sie etablierte sich im Gegensatz zum TV-Gerät und zur Stereoanlage als spezifisch weibliche Technologie. Orland zitiert eine sich erinnernde Frau: „Ich hab ihn einmal waschen lassen. Nie wieder! Der ist nämlich farbenblind, und da hat er alles, was er so dachte, das kann zusammen, rin in die Waschmaschine, Klappe zu und angestellt, hach, war das alles schön gelb. (…) Also das mach ich schon lieber alleine" (255, S. 276). Die Waschmaschine und mit ihr die Haushaltstechnik insgesamt dürfte also eher eine verändernde Wirkung auf den Lebensstil gehabt haben. Von einer Rationalisierung im ursprünglichen Sinne, die den Frauen die Rettung der Familie durch mehr Familienzeit hätte möglich machen sollen, ist wenig geblieben (262).

Waschen und Sauberkeit

Während der Industrialisierung veränderten sich nicht nur die Arbeitsverhältnisse in fundamentaler Weise; der Staat begann mit Hilfe der Sozialpolitik auch eine Verantwortung für soziale Missstände wahrzunehmen. Arbeiterselbsthilfe in ihren verschiedenen Formen, staatliche Sozialpolitik mit der wichtigen Säule der Sozialversicherungen und kommunale Sozialpolitik sind alles Elemente der modernen Sozialpolitik, deren Entstehung in direktem Zusammenhang zur Industrialisierung zu sehen ist. Die Sozialversicherungspolitik ist in einem anderen Kapitel bereits behandelt worden. Hier soll deshalb der Frage nachgegangen werden, inwiefern sich durch die Frauengeschichte eine Korrektur des etablierten Geschichtsbildes der Sozialpolitik ergeben hat. Dabei geht es insbesondere um die zugegebenermaßen etwas rhetorische Frage, ob die Sozialpolitik geschlechtsneutral oder vielmehr geschlechterblind ist. Man würde meinen, die Antwort sei nahe liegend, immerhin stellen die Frauen ungefähr 50 Prozent der Bevölkerung, und auch die weibliche Erwerbstätigkeit war seit jeher bedeutend genug, um ein so-

Frauen und Sozialpolitik

zialpolitisches Interesse erwarten zu lassen. Aber was in der Sache richtig und angezeigt erscheint, wurde doch in den „mainstream" der Forschung nur sehr zurückhaltend aufgenommen. Auch hier bestätigt sich, dass die Innovationen der Frauen- und Geschlechtergeschichte zwar zu einem eigenständigen Korpus an Forschungsleistungen geführt haben, aber gleichwohl wenig am etablierten Bild der Geschichte haben ändern können. Selbst im einschlägigen, ansonsten so hilfreichen *Handbuch der Geschichte der Sozialpolitik* finden sich nur verstreute Hinweise auf die spezielle Lage der Frauen (24).

Sozialversicherungen und Arbeiterelite

Das vielleicht wichtigste, durch Frauen- und Geschlechtergeschichte zu korrigierende Beispiel betrifft die Bewertung der staatlichen Sozialversicherungen. Nachdem zunächst eine stark heroisierende Geschichtsschreibung dominierte, die in Bismarcks Sozialpolitik vor allem die Überwindung des so genannten Manchester-Kapitalismus erkannte, nahm sich die Sozialgeschichte seit den 1970er Jahren in kritischer Weise der Sozialpolitik und ihrer gesellschaftsprägenden Funktion an (211). Dabei wurde die Zielgruppe der staatlichen Sozialpolitik in der Arbeiterelite erkannt, die Bedeutung der Kranken- und Unfallversicherung für die medizinische Versorgung der Arbeiterschaft diskutiert und die Sozialpolitik auch als Teil der Entwicklung zum Normalarbeitstag gesehen. Aber gerade dieser Normalarbeitstag war gar nicht so normal, denn Frauen arbeiteten oftmals in Teilzeittätigkeit, die sie im sozialen Härtefall viel schneller zur Klientel der Armenfürsorge werden ließen. Das eigentliche sozialpolitische Ziel, das Abrutschen in Armut durch Krankheit, Unfall, Alter oder Invalidität zu verhindern, galt deshalb prinzipiell vor allem für Männer; Frauen wurden vorzugsweise über die so genannten freiwilligen Leistungen der Versicherungsträger in den Schutz mit einbezogen. Die Sozialpolitik war immer auch Geschlechterpolitik, wie das Beispiel des ersten Weltkriegs und der Nachkriegsgeschichte zeigt. Während der kriegerischen Auseinandersetzungen waren Frauen in beiden Weltkriegen massiv in industrielle Arbeitsplätze vorgerückt, wo sie zur Front gerufene Männer ersetzten (233). Sozialpolitische Maßnahmen wurden zu einem einflussreichen Instrument, das Frauen in der Regel deutlich schlechter stellte als ihre männlichen Berufskollegen. So gelang es, zahlreiche Frauen nach dem Ersten Weltkrieg trotz Gleichheitsversprechungen in der Weimarer Verfassung wieder aus den industriellen Berufen zu verdrängen. Besonders Schutzbestimmungen dienten oft als Vorwand dafür, Frauen aus dem Arbeitsleben zu vertreiben und den Männern die frei werdenden Stellen zu überlassen (258).

Sozialfürsorge als Karrierechance

Aber Sozialpolitik ist in geschlechtergeschichtlicher Perspektive nicht nur ein Ort der strukturbildenden Regulierung von Arbeit und Familie. Sie ist auch ein Ort, wo sich Frauen trafen, wo verschiedene Weiblichkeitsentwürfe gegeneinander antraten, wo sich auch die Schichten begegneten. Das ist besonders deutlich an der Fürsorge zu erkennen, die seit den Reformen des Freizügigkeitsrechts (zuerst in Preußen 1842, in Bayern jedoch erst seit 1870 zögerlich übernommen) vor allem als offene, zunehmend professionell betriebene Armenfürsorge organisiert wurde (260). Dank der Neuordnung der Sozialfürsorge und ihren verschiedenen Weiterentwicklungen gelang es vor allem Frauen des Bürgertums, sich in der kommunalen Sozialpolitik zu engagieren. Dabei bot die Bürokratisierung der Fürsorge auf lokaler Ebene bereits Erwerbschancen für Frauen, während die Fürsorgetätigkeit selbst noch

4. Frauen in der Industrialisierung

weitgehend ehrenamtlich geregelt war. Insgesamt hat sich im internationalen Vergleich generell gezeigt, dass die im 19. Jahrhundert einsetzende staatliche und kommunale Sozialpolitik den bürgerlichen Frauen Prestige- und Berufschancen eröffnete, die auch lokalpolitische Partizipation beinhalten konnte (247). Hinzu kam die Differenzierung der verschiedenen Fürsorgebereiche, die der bürgerlichen Vereinstätigkeit als auch der praktischen Ausführung fürsorgerischer Tätigkeiten von Frauen eine neue Dimension gab. Für die berufliche Tätigkeit im sozialfürsorgerischen Bereich sprach die Ausrichtung der bürgerlichen Frauenbewegung, die traditionell eine Feminisierung der Gesellschaft forderte und eine Politisierung der Mütterlichkeit zur Humanisierung der Gesellschaft zu ihrem erklärten Ziel machte (236, S. 126). Gerade die Bewertung der bürgerlichen Frauenbewegung zwischen Anpassung und Emanzipation, ihre Rolle in der Gesellschaft vom Kaiserreich bis zur frühen Bundesrepublik, ist durch die Frauengeschichte erstmals sichtbar gemacht worden (251).

Umgekehrt trafen diese bürgerlichen Frauen vor allem Frauen in den von ihnen besuchten Haushalten an; sie überprüften die Angemessenheit von Stillprämien, gaben Ratschläge zur Krankheitsvorsorge oder Hinweise zur ökonomischen Zubereitung von nahrhaften Speisen. Tatsächlich gelang es gerade der Frauengeschichte die Ambivalenz der Fürsorge zwischen sozialer Kontrolle, Disziplinierung und tatsächlichem Hilfsangebot besonders deutlich herauszuarbeiten. Dabei kam es oftmals auch zu einer Überladung des Fürsorgeangebots, das, voll von Lebensstilempfehlungen, jedoch recht arm an praktisch nutzbarer Unterstützung, den Arbeiterinnen sehr viel weniger brachte, als sich das die bürgerliche Mittelschicht vorstellte (234). Im Fürsorgebereich wurden Frauen auch in dem Maße immer mehr zum Objekt, als die weibliche Natur und der weibliche Geschlechtscharakter zunehmend wissenschaftlich definiert wurden. Das hat zunächst zu einer frauengeschichtlichen Fundamentalkritik an staatlicher Sozialpolitik geführt, die als Fortsetzung der Männerherrschaft mit anderen Mitteln aufgefasst wurde (245). Aber gerade die historische Analyse der Sozialpolitik zeigt immer wieder die Begrenztheit dieser Perspektive auf, da Frauen diese Sozialpolitik immer schon auch aktiv mitgetragen haben. Trotzdem ist an der fundamentalen Beziehung von Geschlechterpolitik und Sozialpolitik nicht zu zweifeln. Das ist insbesondere an der *Spaltung des Sozialstaates* in Arbeiter- und Armenpolitik gezeigt worden (201). Die Versicherungssysteme als Instrument der Arbeiterpolitik haben den Frauen sehr viel weniger offen gestanden als die Fürsorge- und die Armenpolitik, wo Frauen zur primären Zielgruppe wurden (242).

> Sozialpolitik als Geschlechterpolitik

5. Lebensstandard und Industrialisierung

Standard-of-Living-Debatte

Die Industrialisierung war mit einem weitgehenden wirtschaftlichen und gesellschaftlichen Strukturwandel verbunden. Damit hing auch der Übergang einer primär auf Subsistenz ausgerichteten traditionalen Wirtschaftsform zu einer durch abhängige Lohnarbeit gekennzeichneten Überflussgesellschaft modernen Zuschnitts zusammen. Dass es den Bewohnern der industrialisierten, westlichen Welt heute *materiell* besser geht als vor zweihundert Jahren wird niemand bestreiten wollen. Aber das ist eine rückblickende Perspektive, die für das 19. und frühe 20. Jahrhundert als historische Analyse wenig überzeugend wirkt, denn die genaue Bewertung des Wandels ist schwierig. Deshalb muss gefragt werden, welchen Einfluss die Industrialisierung auf den Lebensstandard der Bevölkerung ausübte? Diese Kernfrage beschäftigte bereits die Zeitgenossen des 19. Jahrhunderts und wird seit den 1960er Jahren besonders von der angelsächsischen Forschung als Debatte über das „Standard of Living" intensiv diskutiert. Eine abschließende Antwort erscheint allerdings schwierig (11). Dass die Wirtschaft seit 1800 nahezu kontinuierlich gewachsen ist, steht außer Frage. Das hängt auch mit der für eine dauerhafte Industrialisierung notwendigen hohen Investitionsquote zusammen, welche die ersten großen Wachstumsschübe antrieb. Ob diese ökonomische Expansion aber für alles reichte – für eine hohe Investitionsquote, Unternehmergewinne und für einen starken Anstieg des Lebensstandards –, ist nicht klar. Somit bezieht sich die alte Frage, wem die Industrialisierung nützt, auch auf ein Verteilungsproblem, denn bekanntlich haben nicht alle sozialen Gruppen und Schichten immer gleichmäßig am Wirtschaftswachstum teil. Auf die Entwicklung des Lebensstandards bezogen, fragt es sich deshalb, ob in Phasen des signifikanten Anstiegs des Lebensstandards alle Bevölkerungsgruppen (oder wenigstens auch die industriellen Arbeiter) von dieser Zunahme profitieren konnten.

Wohlstand oder Massenverarmung

Das Problem ist nicht neu, sondern beschäftigt Beobachter und Zeitgenossen schon seit den Anfängen der Industrialisierung. *Klassiker* wie Adam Smith oder Friedrich Engels haben dazu äußerst gegensätzliche Antworten formuliert, die sich im Grunde so auch heute noch finden lassen. Sieht Smith in der Ökonomisierung der Welt den (einzigen) Weg zu mehr Wohlstand, beschreibt Engels in einer Momentaufnahme die Lage der Arbeiter als katastrophale, durch die Industrialisierung hervorgerufene Massenverarmung (63; 271). Die kontrovers geführte und nach wie vor offene Debatte lässt sich etwas vereinfachend auf die zwei grundlegenden Positionen optimistischer und pessimistischer Interpretationen reduzieren (282).

Positive Beurteilung der Industrialisierung

Zunächst soll hier die positive Sicht näher charakterisiert werden. Beschäftigungseffekte des Wachstums lassen den relativen Anteil der in industriellen Betrieben beschäftigten Arbeitskräfte ansteigen (31, II, S. 299). Die Verdienstmöglichkeiten in der Industrie sind aus dieser Sicht zwar zunächst begrenzt, aber keinesfalls geringer als in der maroden Verlagsindustrie, die alle die der Industriearbeit zugeschriebenen negativen Eigenschaften auch schon aufwies, aber als dezentrale Arbeitsform weniger von der modernen Kritik

5. Lebensstandard und Industrialisierung

getroffen wurde. Die im Laufe der Zeit erzielten Produktivitätssteigerungen regten zunächst die Investitionstätigkeit an, aber schon bald kam es zu einem bisher nicht gekannten Anstieg der Löhne, der die Überwindung der alten Subsistenzwirtschaft und damit der „malthusianischen Falle" nach sich zog (238). Der Begriff der malthusianischen Falle geht auf den englischen Pfarrer Thomas R. Malthus zurück, der damit das periodisch wiederkehrende Missverhältnis von ungehemmtem Bevölkerungswachstum und stagnierendem Nahrungsmittelspielraum meinte. Letztlich verdankt auch die moderne Sozialpolitik dieser Phase raschen Wachstums ihre Entstehung, denn erst dank der industriellen Löhne werden umfassende Regelungen zur Kranken-, Unfall- und Altersversicherung finanzierbar.

Die kritische Perspektive betont dagegen die Nachteile der Industrialisierung für die Unterschichten, wobei die langfristig wohl unbestreitbare Steigerung des materiellen Lebensstandards mit einer kurzfristigen Verelendung teuer erkauft worden sei (277). Die Krise der Verlagsindustrie wurde durch die ersten zentral organisierten Fabriken weiter verschärft und das ländliche Gleichgewicht aus Landwirtschaft und gewerblicher Zusatzverdienst dadurch gestört. Damit war die ländliche Bevölkerung gezwungen, mit allen Altersgruppen an der Produktion teilzunehmen. Zwar hat bereits die Verlagsindustrie zu einem Bedeutungsverlust der landwirtschaftlichen Arbeit beigetragen, aber erst durch die Industrialisierung gerieten die sozialen Unterschichten in ein schwerwiegendes Abhängigkeitsverhältnis zu den Unternehmern. Dabei lässt sich der Verlust des eigenen Handlungsspielraums als eine entscheidende Veränderung betonen. Die Verelendung der Industriearbeiterschaft und ihrer Familien ist aus dieser Sicht eine direkte Folge des wirtschaftlichen Strukturwandels, der sich in katastrophalen Wohn-, Ernährungs- und Arbeitsverhältnissen äußerte. Es gelang lediglich einer kleinen Gruppe von Facharbeitern, ihre Lage relativ rasch zu verbessern. Das wurde aber überwiegend auf Kosten vieler anderer Beschäftigungsgruppen erreicht, die durch die Industrialisierung eine Dequalifizierung und damit einhergehende Verarmung erlitten. Schon Engels hatte in seiner Kampfschrift über die Lage der Arbeiter den qualitativen Unterschied der Armut vor und während der industriellen Revolution betont (271). Es handelt sich demnach um die seit der industriellen Revolution heftig geführte Diskussion, ob die Industrialisierung selber zur Verelendung und damit zur Massenarmut geführt hat oder ob sich nicht erst mit der industriellen Revolution die drohende Massenverarmung habe aufhalten und schließlich mit Hilfe eines kontinuierlich steigenden Lebensstandards gänzlich habe bewältigen lassen (93).

Aber was genau heißt eigentlich Lebensstandard und wie lässt er sich historisch untersuchen? Der Begriff des Lebensstandards zielt schon in der alltagssprachlichen Bedeutung auf eine objektive und subjektive Komponente. Er bezeichnet die Art und Menge der Konsumgüter, die einem Individuum, einer Gruppe oder gar Nation zur Verfügung stehen. Die Messbarkeit des Lebensstandards basiert auf relativen Unterschieden, bezogen auf die Zeitdauer (zum Beispiel der Entwicklung zwischen 1850 und 1875) oder Zeitpunkte (zum Beispiel der Differenzen zwischen Individuen, Gruppen oder Nationen). Aber die subjektive Bewertung moderner Konsumgüter nimmt in der Bewertung des Lebensstandards einen zentralen Stellenwert ein (308).

Negative Beurteilung der Industrialisierung

Begriff Lebensstandard

Forschungsprobleme

Die Frage nach den wünschbaren Konsumgütern führt zur subjektiven Definition des Lebensstandards, die nach der Bewertung und der Befindlichkeit, letztlich sogar nach Lebenszufriedenheit fragt – und damit aus geschichtswissenschaftlicher Sicht erhebliche Quellenprobleme mit sich bringt. Für die historische Analyse erscheint es dennoch angebracht, diese Mehrdeutigkeit des Begriffs immer mit zu bedenken, gerade auch dann, wenn die relative Beurteilung des Lebensstandards unterschiedlicher sozialer Gruppen oder gar Nationen ins Visier genommen wird.

Probleme der historischen Analyse

Die historische Beurteilung des Lebensstandards kann deshalb nie eine reine Messaufgabe materieller Güter sein. Gleichwohl bietet die quantitative Analyse ein erstaunlich breites Spektrum von Aufschlüssen zur Komplexität des Begriffs und vermag auch, wichtige Informationen über die großen Trends der historischen Entwicklung des Lebensstandards zu vermitteln. Allerdings erfordert die „Operationalisierung" den Einsatz von Indikatoren, da der Lebensstandard nicht direkt gemessen werden kann. Operationalisierung bezeichnet die Überführung eines theoriegeleiteten in einen empirisch fassbaren Begriff. Dabei sind Indikatoren notwendig, die zum Ausgangsbegriff in einer theoretischen Beziehung stehen. Darüber hinaus sollen sie typischerweise sowohl zu wiederholbaren Messergebnissen führen (Reliabilität), als auch nachweislich eine Messung des ursprünglichen Konzepts ermöglichen (Validität). Während die Reliabilität in der quantitativen Geschichtswissenschaft relativ selten zu Diskussionen führt, stellt die Validität eines Indikators oft ein erhebliches methodisches Problem dar, denn aufgrund der zwangsläufig unvollständigen historischen Datenlage lässt sich zumeist um die Qualität eines Indikators streiten.

Materieller Lebensstandard

Es stellt eine bedeutende Vorentscheidung dar, sich zunächst dem materiellen Lebensstandard zuzuwenden. Wichtige Studien zum vorindustriellen Gewerbe haben gerade nicht-materielle Aspekte hervorgehoben, etwa die freie Zeiteinteilung, die von den Arbeitern als maßgeblicher Anteil des Lebensstandards angesehen wurde. Dass erst die Industrialisierung dem ungebremsten Materialismus zum Durchbruch verholfen habe, ist sicher nicht ganz von der Hand zu weisen. Den materiellen Lebensstandard untersuchen zu wollen, bedeutet demnach genau jenes Kriterium zu studieren, das am ehesten den Erfolg der Industrialisierung unterstreichen dürfte. Aus konzeptioneller Sicht bietet sich der Lohn (einschließlich Gehalt oder Einkommen) als Indikator an, weil das zu einem bestimmten Zeitpunkt verfügbare Einkommen in einem systematischen Zusammenhang zur erreichbaren materiellen Ausstattung steht (55). Wer mehr verdient, kann sich auch mehr leisten, wobei zu beachten bleibt, dass Löhne lediglich potentiellen, nicht aber realisierten Lebensstandard darstellen, denn wie das Einkommen verwendet wird bleibt noch festzustellen. Historisch bemerkenswert bleibt allerdings, dass sich Lohn- und Erwerbsarbeit erst mit der Industrialisierung zu einem allgemeinen Prinzip durchsetzten. Wurde anfänglich sogar noch das Truck-System bevorzugt, also Entlohnung durch Naturalien, setzte sich mit zunehmender Industrialisierung die Lohn- und Gehaltszahlung immer mehr durch.

Lohnentwicklung

Die Nominal- und Reallohnentwicklung zwischen 1810 und 1910 macht unmittelbar klar, dass die Löhne seit den ersten Anfängen der Industrialisierung bis kurz vor dem Ersten Weltkrieg auf dem Gebiet des Deutschen Reichs

5. Lebensstandard und Industrialisierung

deutlich stiegen. An der grundsätzlichen Verbesserung der Einkommenssituation kann deshalb nicht gezweifelt werden (309, S. 155–157). Diese an sich elementare Feststellung lässt sich aber präzisieren, wenn kürzere Perioden untersucht werden. Harnisch vertritt die Meinung, dass die Produktivitätssteigerungen in der Landwirtschaft in Folge der zahlreichen Reformen des Agrarbereichs seit dem Beginn des Jahrhunderts auf Kosten der Verarmung breiter Kreise der Landbevölkerung erzielt wurden (278). In der Phase des Pauperismus waren die Löhne auf dem Land tendenziell rückläufig, während die industriellen Arbeitsplätze noch nicht in genügend großer Zahl vorhanden waren, um den Überschuss an Arbeitskräften aufzufangen. Nach Henning war das größte Problem die Agrarpreiskrise der 1820er Jahre, die viele Bauern zum Verkauf ihrer Höfe zwang und in abhängige Beschäftigung trieb (30, S. 57). Wehler gibt als Grundproblem vor allem die fehlenden Kreditmöglichkeiten für Kleinbauern an, die ohne die Möglichkeit der Zwischenfinanzierung von den kurzfristigen Preisschwankungen abhängig waren (75, II, S. 40). Seit etwa 1820 verharrten die Realeinkommen der gewerblichen Produzenten auf einem im Vergleich zum 18. Jahrhundert relativ hohen Niveau; sie hingen aber im Prinzip immer noch von den Schwankungen der Nahrungsmittelpreise ab (275). Die Anfänge der Industrialisierung mit ihren landwirtschaftlichen und dann industriellen Wachstumsraten sowie die deutlichen Verbesserungen in der Produktivität führten also nicht unmittelbar zu einer Einkommenserhöhung. Eine deutliche Erhöhung der realen, das heißt preisbereinigten Löhne fand seit Mitte der 1880er Jahre statt (30, S. 268f.). Die zweite Hälfte der Großen Depression wirkte sich demnach für diejenigen, die Arbeit hatten, positiv auf die Löhne aus, weil sich die gewerblichen und landwirtschaftlichen Produkte im Zuge der Deflation überwiegend verbilligten. Die Schätzungen über das Ausmaß dieser Reallohnsteigerungen unterscheiden sich zwar signifikant; am grundsätzlichen Verlauf der Kurven ändert sich jedoch wenig (275;283). Die Einkommensentwicklung der Arbeiter der Maschinenfabrik Esslingen zwischen 1848 und 1913 verdeutlicht diese Aussagen. Als bedeutende Maschinenfabrik zeigt sie einen Betrieb, der von der industriellen Revolution begünstigt wurde. Bereits im „Take-Off" der deutschen Wirtschaft stiegen hier die Löhne rasch an und erreichten 1875 ein Spitzenniveau. Allerdings rutschten die Einkommen in Folge der Großen Depression auf den Stand von 1848 ab und stiegen erst um die Jahrhundertwende wieder auf das Spitzenniveau an. Das bedeutet in der Tendenz jedoch, dass die industriellen Betriebe früher einen Anstieg der Reallöhne verzeichnen konnten, als dies für die Beschäftigten anderer Branchen beziehungsweise Sektoren der Fall war (309, S. 149f.).

Zudem wird anhand der Krisen nach 1873 und 1929 auch die neuartige Konjunkturabhängigkeit der Erwerbschancen deutlich. Während damit in der Vor- und Frühindustrialisierung die Einbrüche in der Reallohnentwicklung primär in Verbindung mit der Erntelage und den davon abhängigen Preisen für Grundnahrungsmittel gesehen wurden, erhält die konjunkturelle Lage seit Mitte des 19. Jahrhunderts eine zunehmend wichtige Funktion in der Lohnentwicklung. Die Phase der Industrialisierung des 19. Jahrhunderts ist damit gekennzeichnet von verzögerten Reallohnzuwächsen, die bei Konjunkturkrisen durchaus wieder relativiert wurden. Von einem kontinuier-

Konjunktur und Erwerbschancen

lichen Anstieg der Löhne im Zuge der Industrialisierung kann man demnach nicht sprechen (310, S. 98). Erst seit dem Zweiten Weltkrieg kam es zu dauerhaften und erheblichen Reallohngewinnen (319; 320). Diese lassen die gesamten Zuwächse der Reallöhne vorher als nahezu bedeutungslos erscheinen. In materieller Hinsicht ging es den Arbeitern um 1926 zwar besser als ihren Vorgängern von 1856, aber es herrschten immer noch grundsätzlich ähnliche Verhältnisse.

Wohnverhältnisse

Einkommen und materielle Ausstattung sind zwar sinnvolle Indikatoren des Lebensstandards, aber sie sind nicht sehr anschaulich. Deshalb wird gern auf die Wohnverhältnisse als besonders einsichtigen Indikator für den realisierten Lebensstandard zurückgegriffen, zumal bereits die Zeitgenossen des späten 19. Jahrhunderts ihre zentrale Bedeutung für die Lage der Arbeiter erkannten (321). An den Wohnverhältnissen lässt sich sehr konkret die Frage behandeln, ob die Arbeiter von der Industrialisierung bereits profitierten, bevor eine explizite Intervention seitens kommunaler Sozialpolitik oder staatlicher Regulierung wirksam wurde (301). Dabei drückt diese Größe ganz im Sinne der konzeptionellen Problematik des Lebensstandards sowohl die materiell erreichbaren als auch die kulturell wünschbaren Wohnverhältnisse aus. Eine wichtige Einschränkung der Verwendung von Wohnverhältnissen als Indikator des Lebensstandards ist allerdings die Tatsache, dass die Grundeinheit Zimmer oder Wohnung historisch nicht über jeden Zweifel erhaben ist, denn es ist nicht einfach, das im 19. und frühen 20. Jahrhundert weit verbreitete Schlafgängerwesen in seinen Auswirkungen vollständig zu erfassen. Gelegentlich ist deshalb bei sehr genauen Untersuchungen auch auf den Bett- beziehungsweise Schlafplatz ausgewichen worden (276). Umgekehrt entschärfen die Wohnverhältnisse das Problem der Lohn- und Gehaltsfrage, denn sie ersetzen die empirisch praktisch nicht durchführbare Berechnung kumulierter Familienlöhne. Als schwieriger erweist es sich, einen historisch-dynamischen Überblick zu geben, weil Daten zu den Wohnverhältnissen in der Regel über zeitpunktbezogene Stichproben und nicht als lange Reihen erhoben wurden. So ist die Wohnsituation um die Jahrhundertwende relativ gut erforscht worden. Insgesamt zeichnet sich der Eindruck ab, dass sich im Rahmen der Industrialisierung vor allem mit dem Erreichen der Hochindustrialisierungsphase die Wohnverhältnisse tendenziell verbesserten (301, S. 99). Aber der relative Anteil der Miete an den Gesamtausgaben von deutschen Arbeiterhaushalten scheint im 19. Jahrhundert im Trend zugenommen zu haben, so dass die Arbeiter für die Verbesserung der Wohnverhältnisse offenbar auch bezahlt haben. Vor allem günstiger Wohnraum verteuerte sich; so stiegen die Mietpreise für die günstigsten Wohnungen in Halle an der Saale zwischen 1851 und 1860 sowie 1881 und 1885 um 119 Prozent (311, S. 124). Eine Fallstudie zur Wohnsituation in Dresden im Jahre 1907 errechnet, dass Arbeiterhaushalte im Durchschnitt rund ein Fünftel ihres Budgets für Mietkosten aufwandten (276, S. 450).

Subjektive Bewertung des Lebensstandards

Wohnen ist nicht nur eine sozialstrukturelle Information, sondern spielt in der Erfahrung der betroffenen Menschen eine zentrale Rolle. Ein wichtiges Anliegen der Alltagsgeschichte war und ist es, diesen Zusammenhang zwischen struktureller Lage und subjektiver Bewertung sichtbar zu machen. Niethammer spricht in Zusammenhang mit den Wohnverhältnissen von der ex-

5. Lebensstandard und Industrialisierung

trem hohen Mobilität, die das zentrale Kennzeichen der Wohnerfahrung im späten Kaiserreich dargestellt hatte. In knapp der Hälfte aller Mietwohnungen fand mindestens einmal im Jahr ein Mieterwechsel statt, und auch die Daten zur Arbeitskräftemobilität in der Industrie belegen eine extrem hohe Mobilität der sozialen Unterschichten, die sich auch in der Erfahrung der Menschen entsprechend niederschlug (301, S. 84f. u. 110f.). All dies kann jedoch nicht verdecken, dass die breite Masse der Bevölkerung Deutschlands bis nach dem Zweiten Weltkrieg ein Leben in materieller Knappheit führen musste. Selbst wenn die objektive Struktur eine allmähliche Besserung zeigt, war doch die kulturelle Bewältigung der materiellen Lage in aller Regel auf Knappheit und Verzicht ausgerichtet (301, S. 22–44). In diesem Zusammenhang sind die neueren Forschungen zur Geschichte des Konsums zu nennen, die inhaltlich und auch konzeptionell eine Versöhnung zwischen Wirtschaftsgeschichte und der historischen Rekonstruktion des Lebensstandards durchaus nahe legen (314). Dabei wird der Übergang von Mangel- zu Überflusswirtschaft genauso untersucht wie die allgemeine Vermehrung der Güterproduktion und die verschiedenen Mechanismen der Nachfrage (294; 62).

Eine in Studien des Lebensstandards immer wieder behandelte Frage ist jedoch, ob es zwischen der materiellen Ausstattung und der tatsächlichen Lebensqualität einen nachweisbaren Zusammenhang gab (3). Dazu ist erneut eine indirekte Messung notwendig. Der amerikanische Wirtschaftshistoriker und Nobelpreisträger für Wirtschaftswissenschaften Fogel hat seit Ende der 1970er Jahre die Untersuchung des biologischen Lebensstandards mit Hilfe der Messung von durchschnittlichen Körpergrößen vorgeschlagen (273; 274). Die von ihm betonte Begründung bezieht die Entwicklung der durchschnittlichen Körpergrößen auf die Entwicklung der Ernährung im 19. Jahrhundert und damit auf die McKeown-Debatte zur Erklärung des Sterblichkeitsrückgangs, die ausführlich in Kapitel 7 behandelt wird. Mit Malthus und der von ihm beschriebenen „malthusianischen Falle" ist ein Zusammenhang von Sterblichkeitskrisen und Ernährung gesehen worden. Seit allerdings zahlreiche internationale Studien den Beitrag von akuten Sterblichkeitskrisen an der gesamten Mortalität relativ gering eingeschätzt haben, hat sich die Aufmerksamkeit der Forschung auf chronische Mangel- und Unterernährung verschoben (272). Was im aktuellen zeitgenössischen Kontext relativ leicht messbar wäre, stellt für den Historiker ein unlösbares Problem dar: Die tatsächliche Nahrungsmittelaufnahme lässt sich schon für einen gewissen Zeitpunkt kaum feststellen, da die herangezogenen Konsumstatistiken in der Regel die ökonomische Transaktion eines Haushalts, nicht aber die tatsächlich erfolgte Nahrungsaufnahme eines Individuums dokumentieren. Hier setzen Fogel und die anthropometrische Geschichtsschreibung an, indem sie nicht mehr den Verkauf von Nahrungsmitteln oder gar deren tatsächlichen Konsum, sondern das daraus resultierende Größenwachstum messen. Damit soll es möglich werden, nicht nur zu Schätzungen des biologischen Lebensstandards über größere Zeiträume zu gelangen, sondern auch für einen bestimmten Zeitpunkt zwischen Gruppen zu unterscheiden, um damit die Messung sozialer Ungleichheit über einen einzelnen Indikator erreichen zu können.

Das Interesse an Körpergrößen ist nicht neu und sogar der Zusammenhang von Körpergröße und sozialer Lage ist bereits im 19. Jahrhundert beobachtet

Ernährung

Körpergröße und soziale Lage

worden. So schrieb der französische Arzt Louis René Villermé 1829: „Die Körperlänge sowie das durchschnittliche Körperwachstum nehmen, vorausgesetzt andere Dinge bleiben gleich, proportional zum Reichtum eines Landes zu. Diese Zunahme korreliert positiv mit besseren Häusern, besseren Kleidern und besserer Ernährung, wird allerdings negativ von Arbeit, Übermüdung und allgemeinem Mangel in Kindheit und Jugend beeinflusst. Mit anderen Worten, die Armut begleitenden Umstände verzögern das Wachstum und führen zu geringerer Körpergröße der Erwachsenen" (316). Villermé blieb nicht der einzige Beobachter im 19. Jahrhundert, der – allerdings ohne den Einsatz von moderner Statistik – eine kausale Verknüpfung von Körpergröße und sozialer Lage postulierte. Selbst Edwin Chadwick und Karl Marx werden als Vertreter einer frühen anthropometrischen Sozialstrukturanalyse genannt, auch wenn der Unterschied zwischen Statur und Größe bei ihnen wohl unbeachtet bleibt (21, S. 2 f.). Der bayrische Arzt Joseph Wolfsteiner schrieb laut Baten 1860: „In Bezug auf den Menschen ist es nachgewiesen, dass sein Körpermaß sich verkleinert, wenn allgemeine Bedingungen sein Gedeihen beeinträchtigen, diese mögen nun in physischen oder sozialen Verhältnissen ihren Grund haben" (268, S. 15). Damit wird eine Kulturgeschichte der Körpergröße anvisiert; die meisten Autoren haben aber die Bedeutung der zugrunde liegenden Kategorie der Größe und des Körperwachstums nicht detailliert untersucht.

Biologischer Lebensstandard

Das Projekt einer anthropometrischen Geschichtsschreibung begann in den 1970er Jahren, in denen unter Führung Fogels eine Erklärung für den Sterblichkeitsrückgang in den USA gesucht wurde (312). Mit modernster quantitativer Methodologie sollte diese kausale Interpretation nicht nur für ein Land, sondern für die westliche Welt insgesamt gelten. Gleichzeitig führte die Diskussion um McKeown und seine Analyse des Sterblichkeitsrückgangs auch zu der Einsicht, dass eine neuartige Erklärung nur mit disaggregierten Daten zu erreichen waren. Ferner setzte sich die Meinung durch, dass der Todesfall nur der letzte Ausdruck eines kumulierten Lebensprozesses darstellt, der mit der Todesursachen-Statistik nicht zu fassen war. Die Körpergröße beziehungsweise das Größenwachstum als Indikatoren eines „nutritional status" zu verstehen, löst deshalb mehrere Probleme auf eine elegante Weise. Zunächst handelt es sich um eine zeitpunktbezogene Größe, die in der zeitgenössischen Forschung als bedeutsam angesehen wird. Ein klarer, überprüfbarer theoretischer Bezug wird damit hergestellt, was lange Zeit ein Kriterium herausragender geschichtswissenschaftlicher Forschung darstellte. Der Ernährungsstatus ist aber auch eine kumulierte Größe, die im Einzelfall Ausdruck des bereits verbrachten Vorlebens darstellt. Schließlich sind Angaben über Körpergrößen empirisch relativ leicht verfügbar, da sie routinemäßig in den militärischen Aushebungsdaten erfasst wurden, deren Auswertung – wie Fogel immer wieder betont – mit der Ausbreitung moderner EDV erheblich erleichtert wurde.

Anthropometrische Geschichte

Bei der anthropometrischen Geschichtsschreibung handelt es sich um ein sehr quellennahes Projekt. Erforderlich ist eine ungeheure Datenmenge, deren Erfassung recht aufwändig ist. Sind die Daten allerdings erst einmal aufgenommen, kann ein reger Austausch zwischen den Forschern beginnen, die dann die Angaben zu einzelnen Territorien und Staaten miteinander verglei-

5. Lebensstandard und Industrialisierung

chen. So hat Komlos Aufsätze über Deutschland, Frankreich, Großbritannien, Nordamerika veröffentlicht, während sich seine primären Forschungsarbeiten mit Habsburg-Österreich befasst haben (293; 292). Die Resultate der Studien über den biologischen Lebensstandard für England – gemessen als durchschnittliche Körpergrößen – sind von der Forschung ausgiebig diskutiert worden. Besonders betonen Floud, Wachter und Gregory eine Krise des biologischen Lebensstandards nach 1820 (21, S. 291). Diese Ergebnisse stehen in direktem Gegensatz zu den Schätzungen des Reallohns, nach denen seit 1820 eine regelmäßige Steigerung nachweisbar sei (298). Auch für Deutschland liegen mittlerweile einschlägige Studien zur Ernährungslage vor (268), die auf jeweils eine Ernährungskrise vor und in der industriellen Revolution verweisen (268, S. 165). Die Krise vor dem eigentlichen Start der Industrialisierung lässt sich als Ausdruck der „malthusianischen Falle" interpretieren, deren Ende durch den verstärkten Anbau von Kartoffeln herbeigeführt wurde. Dagegen erweist sich, dass die Stagnation und Krise zwischen 1820 und 1860 mit der industriellen Revolution zusammenhängen. Ohne nachhaltiges Wachstum des Reallohns und unter Berücksichtigung der Krise des biologischen Lebensstandards wird damit der Beginn der industriellen Revolution kritisch zu bewerten sein.

Die Industrialisierung veränderte die Grundlagen der menschlichen Arbeitstätigkeit fundamental. Auf ganz unterschiedliche Weise haben die *Klassiker* der Industrialisierungsgeschichte gerade diesem strukturellen Wandel ihre Aufmerksamkeit geschenkt. Zu nennen wären hier etwa Brauns bekannte Studie über den sozialen und kulturellen Wandel in einem ländlichen Industriegebiet (269; 270) oder Thompsons Arbeiten zur Entstehung der englischen Arbeiterklasse (315). Aber wovon ist auszugehen, welche Arbeitsform wurde durch die Industrialisierung ersetzt? Braun hat mit seinen Studien zum Zürcher Oberland das Forschungsfeld in den deutschen Sprachraum gebracht. Seine noch in Bezug zur älteren Diskussion über die Bedeutung der Heimindustrie stehenden Studien bestachen vor allem durch die volkskundliche Perspektive, mit der er – seiner Zeit weit voraus – die Geschichte der Industrialisierung „von unten" in der Sprache derjenigen darstellte, die sie erlebten (288, S. 7f.). Das Konzept der Protoindustrialisierung wurde kurze Zeit später von Mendel in die Diskussion eingebracht (300). Damit war die Lage in konzeptioneller Hinsicht klar: Die „Industrialisierung vor der Industrialisierung" – oder auch „Protoindustrie" genannt – hatte längst den Arbeitsprozess zu verändern begonnen (295). Im ländlichen Raum hatte der Strukturwandel auf dem Weg zur Industrialisierung begonnen, und immer weitere Gütergruppen wurden in direkter Konkurrenz zum ehemals dominanten städtischen Gewerbe in der Verlagsindustrie auf dem Land hergestellt. Kriedte, Medick und Schlumbohm haben den konzeptionellen Aspekt der Protoindustrie betont. Sie verstanden darunter die Herausbildung ländlicher Regionen, in denen die für überregional und bisweilen international Märkte arbeitende Heimindustrie zum vorherrschenden Wirtschaftszweig wurde. Diese Regionen waren deshalb die ersten, in denen die Auflösung der feudalen Gesellschaft erkannt werden konnten. Sie waren damit und durch die Kapitalbildung der hausindustriellen Unternehmer maßgeblich am Beginn der Industrialisierung beteiligt (295, S. 26). In einer sehr viel neueren

Veränderung der Arbeitswelt

Protoindustrialisierung

Forschungsprobleme

Arbeit wurde diese Vorstellung präzisiert. Pfister hat die Protoindustrie von der eigentlichen Industrialisierung dadurch abgegrenzt, dass die Protoindustrialisierung keine technischen Innovationen zur Produktivitätssteigerung kannte (303, S. 22f.).

Sektoraler Wandel der Beschäftigung

Ein weiteres Grundelement, das die Veränderungen in der Arbeitswelt beschreibt, ist der sektorale Wandel der Beschäftigung. Dabei werden die Sektoren Landwirtschaft, Forstwirtschaft und Fischerei (Primärer Sektor), Industrie und Handwerk (Sekundärer Sektor) sowie Dienstleistungen (Tertiärer Sektor) unterschieden, um ein Bild der Beschäftigungsstruktur einer Volkswirtschaft nachzeichnen und vermitteln zu können (266). Die Zahlen widerspiegeln den Strukturwandel der deutschen Wirtschaft: Seit Beginn des 19. Jahrhunderts verlor die Landwirtschaft relativ an Gewicht, blieb jedoch bis zur Gründung des deutschen Reiches 1871 der größte Sektor mit mehr als 50 Prozent der Beschäftigten. Ihr Anteil sank allerdings mehr oder weniger kontinuierlich auf 30,5 Prozente 1925 und 25,9 Prozent 1939. In absoluten Zahlen wuchs die Beschäftigung in der Landwirtschaft um weniger als 0,5 Prozent pro Jahr. Demgegenüber nahm zunächst die Industrie relativ an Bedeutung zu. Von 21,3 Prozent im Jahre 1800 wuchs der Anteil von Industriearbeitsplätzen auf 29 Prozent 1871, um bis 1925 schließlich auf 42 Prozent hochzuschnellen. Dank eines massiven absoluten Arbeitskräftezuwachses von 2,2 Millionen auf 5 Millionen Industriearbeiter verzeichnete der sekundäre Sektor damit jährliche Wachstumsraten von beachtlichen 1,2 bis 1,7 Prozent (1800–1871 beziehungsweise 1849–1871). Mit dem Beginn der Industrialisierung setzte aber auch unmittelbar das relative Wachstum des Dienstleistungssektors ein, der 1800 bei 17 Prozent, 1871 schon bei 21,8 Prozent, 1925 bei 27,4 Prozent und 1939 bei 32 Prozent liegt. Auch hier führte die Zunahme der Beschäftigtenzahlen von 1,8 Millionen auf 3,8 Millionen zu jährlichen Wachstumsraten von über einem Prozent (309, S. 52; 311, S. 56). Auf der Grundlage dieser Zahlen lassen sich einige Schlussfolgerungen ziehen: Erstens blieb die Landwirtschaft während des gesamten 19. Jahrhunderts ein für die Beschäftigung entscheidender Sektor. Dies ist mit der schon von Kuznets betonten Beobachtung vereinbar, dass die Überschüsse aus der Landwirtschaft die Kapitalbasis für die Industrialisierung bildeten (296). Zweitens ist das Wachstum der Beschäftigung in den industriellen Betrieben insgesamt gut nachgewiesen; allerdings beschleunigte sich dieses Wachstum nach 1850 noch einmal merklich. Damit war der industrielle Arbeitsmarkt erst nach diesem Zeitpunkt strukturell aufnahmefähig für breitere Schichten von Arbeitern. Schließlich lässt sich drittens feststellen, dass Industrialisierung immer schon Tertialisierung bedeutete. Der Dienstleistungssektor erreichte dauerhaft hohe Wachstumsraten und wuchs auch nach der Phase der Hochindustrialisierung weiter.

Arbeitsdauer

Die Beurteilung der Arbeitsverhältnisse fällt aufgrund unvollkommener Datenlage und komplexer Interpretation nicht leicht. Ein immer wieder auftauchendes Problem betrifft den Vergleich mit der Lage vor der industriellen Revolution. Aber ein kurzer Blick auf die Entwicklung der Arbeitszeit eignet sich für einen raschen Überblick (18, S. 126–168). Nach Kocka geht die Schätzung, wonach im vorindustriellen agrarischen Deutschland das Arbeitsjahr in der Regel nur aus 180 Tagen bestanden habe, auf Werner Som-

5. Lebensstandard und Industrialisierung

bart zurück (287, S. 481). Dabei regelten die meisten Zunftordnungen die Arbeitszeit strikt im Sinne des Tageslichts, nicht zuletzt zur Begrenzung des Konkurrenzkampfes, während im Verlagswesen keinerlei anerkannte Regeln galten, so dass eine Schätzung der Arbeitszeiten sehr schwer fallen dürfte. Im Gegenteil: Braun hat betont, wie notwendig die selbst bestimmte Zeiteinteilung der Familie für die Integration auch der Kinder in den Herstellungsprozess war. Der Indikator Arbeitszeit ist jedoch ein ideales Kriterium zur Beurteilung der allgemeinen Arbeitsverhältnisse seit dem Beginn der Industrialisierung (313; 287, S. 481–486). Mit der Auflösung der traditionalen Ordnung und dem Ende des Zunftwesens nahm das Arbeitskräfteangebot bekanntlich rapide zu. Ohne Regulierung bedeutete das zunächst Lohnsenkungen im Verlagswesen und in ersten Industriebetrieben, die anschließend die betroffenen Arbeiter beziehungsweise die Arbeiterfamilien zur Ausdehnung der täglichen Arbeitszeit zwangen (269, S. 194). Kinderarbeit war zwar in der vorindustriellen Zeit bekannt, vor allem in der Haus- und Verlagsindustrie. Als abhängiges Arbeitsverhältnis großen Stils nahm sie jedoch im frühen Fabrikwesen vor allem in der Textilindustrie in einem erstaunlichen Maße zu, so dass das preußische Regulativ von 1839 sowohl als Anfangspunkt der sozialpolitischen Regulierung als auch als Indikator für das Ausmaß des Problems zu verstehen ist (24, S. 42–47). Allerdings weisen neuere Studien etwa von Kastner darauf hin, dass die Überprüfung und Durchsetzung des Regulativs in den einzelnen Fabriken schwierig war (286, S. 235).

Während Erwachsene um 1800 zwischen 10 und 12 Stunden täglich arbeiteten, stieg die Arbeitszeit zwischen 1830 und 1860 auf 14 bis 16 Stunden täglich an (31, II, S. 285). Bis zum Ersten Weltkrieg reduzierte sich dieser Spitzenwert wieder auf etwa 10 Stunden (313, S. 45). Zwar gab es bereits vor 1914 erste Bestrebungen zur Regulierung, jedoch wurde erst 1918 der Normalarbeitstag für Männer gesetzlich geregelt. Das 19. Jahrhundert kannte allerdings seit 1839 wachsende Arbeitsschutzbestimmungen zunächst für Kinder, später dann auch für Frauen, die auch im Kontext der Frauen- und Geschlechtergeschichte als herausragendes Beispiel für den Zusammenhang von Sozialpolitik und Geschlechterpolitik anzusehen sind (24; 211). Erstaunlicherweise setzte sich gerade der Arbeitsschutz nur langsam durch. Eigentlich als eine logische Fortsetzung der Strategie Bismarcks, mit Hilfe der Sozialpolitik berechtigte Arbeiterinteressen staatlich abzusichern, um damit das revolutionäre Potential der Arbeiterschaft zu entkräften, weitete sich nach 1890 die gesetzliche Regulierung allmählich aus (267). In der Weimarer Republik wurde jedenfalls der Achtstundentag zunächst auf tarifrechtlicher, später dann auch auf gesetzlicher Ebene geregelt, wenn es auch in späteren Jahren immer wieder zu Diskussionen über die Aufweichung dieser Regulierung kam. Während im Kaiserreich die Reduktion der Arbeitszeit primär als Teil des Arbeitsschutzes verstanden wurde, kam in der zweiten Hälfte der 1920er Jahre vor allem aus gewerkschaftlicher Sicht die Arbeitslosigkeit als Motiv der Begrenzung der Arbeitszeit hinzu. 1930 forderten die Gewerkschaften erstmals den Übergang zur 40-Stundenwoche, die in der Bundesrepublik 1960 zum ersten Mal in einem Tarifvertrag reglementiert wurde (313, S. 34). Die Industrialisierung führte demnach zunächst zu einem Anstieg der Wochenarbeitszeit auf etwa 80 Stunden, bevor ein kontinuierlicher Rück-

Arbeitstag und Normalarbeitstag

gang der Arbeitszeit einsetzte. Auch im Wiederaufbau nach dem Zweiten Weltkrieg waren zunächst noch Wochenarbeitszeiten von rund 48 Stunden die Regel, bevor sich seit den 1960er Jahren die 40 Stunden als wöchentliche Arbeitszeit durchzusetzen begannen (313, S. 45 u. 51 f.).

Zeitmessung und Disziplinierung

Dabei ist die Bedeutung der Arbeitszeit nicht allein quantitativ zu sehen, vielmehr drückt sie eine fundamentale Änderung der Arbeitskultur seit Beginn der Industrialisierung aus (270, S. 186). Denn mit geregelten Arbeitszeiten wurden Fabrikuhren eingeführt, und mit ihnen die Kontrolle über die tatsächlich erbrachten Arbeitsleistungen in Zeiteinheiten. Zu dieser mit Hilfe von Fabrikordnungen und anderen Maßnahmen erzwungenen Disziplinierung der Zeiteinhaltung kam eine Intensivierung der Arbeitsleistung, weshalb Arbeitszeitreduktionen die Produktivitätssteigerung kaum behinderten (287, S. 486). Parallel zur Regulierung der Arbeitszeit im Betrieb veränderten sich auch die Wohn- und Lebensformen, die sich der Stechuhr des Industriebetriebs zunehmend zu unterwerfen hatten.

Soziale Ungleichheit

Die Industrialisierung als Prozess des raschen sozialen Wandels hat auch die Beziehungen verschiedener sozialer Gruppen zueinander durcheinander gewirbelt. Die Sozialgeschichte – verstanden als Sektorgeschichte – hat sich bekanntlich zum Ziel gesetzt, Gruppen, Klassen und Schichten in ihren wechselseitigen Verhältnissen im sozialen Wandel zu analysieren (39). Dieser Absicht liegt die Erkenntnis zugrunde, dass in allen organisierten Gesellschaften Statuspositionen im weitesten Sinne hierarchisch besetzt sind (317, S. 9). Damit steht nicht die soziale Ungleichheit als solche im Zentrum des Interesses, sondern ihre konkrete historische Ausprägung, das heißt die Merkmale, wie soziale Ungleichheit organisiert wird, und ihr Ausmaß bestimmen das wissenschaftliche Interesse. Dabei bevorzugt dieser analytische Ansatz einen Zugang über Gruppen statt Individuen, denn aus der Annahme der sozialen Ungleichheit als anthropologischer Grundkonstante (Wehler) folgt letztlich, dass sich mehr oder weniger große Gruppen diese Statuspositionen teilen (285). Zur Grundlage wurden in Deutschland besonders die Arbeiten von Kocka, dem schon als Student eine wichtige Arbeit zu den Klassenbegriffen bei Max Weber und Karl Marx gelang (289). In innovativen Studien zu den Angestellten bei Siemens oder zur *Klassengesellschaft im Krieg* wandte er diese für die deutsche Geschichtswissenschaft neuen Begriffe in der Forschungspraxis an (198). Dabei favorisierte Kocka und mit ihm die wichtigsten Vertreter der neuen Sozialgeschichte einen Klassenbegriff nach Max Weber. Einen bipolaren Klassenbegriff in Anlehnung an Karl Marx lehnten sie ab, weil der Besitz oder Nichtbesitz von Produktionsmitteln einerseits lediglich eine Spezialform ökonomisch definierter Klassen ist – deshalb das Interesse Kockas an den Angestellten – und weil ihrer Ansicht nach der Marx'sche Begriff auf institutionalisierter Herrschaft und damit gerade nicht auf rein ökonomischer Grundlage formuliert worden war (317, S. 12).

Klassen und Schichten

Webers Definition der Klassenlage ist richtungweisend geworden: „Klassenlage soll die typische Chance 1. der Güterversorgung, 2. der äußeren Lebensstellung, 3. des inneren Lebensschicksals heißen, welche aus Maß und Art der Verfügungsgewalt (oder des Fehlens solcher) über Güter oder Leistungsqualifikationen und aus der gegebenen Art ihrer Verwertbarkeit für die Erziehung von Einkommen oder Einkünften innerhalb einer gegebenen Wirt-

5. Lebensstandard und Industrialisierung

schaftsordnung folgt." Klassenlage soll nach Weber also im Wesentlichen Marktlage sein (73, S. 177 u. 532). Mit diesen Grundüberlegungen wurde dann eine reiche und differenzierte historische Erforschung der Strukturen der sozialen Ungleichheit und der Entstehung der modernen Klassengesellschaft eingeleitet. Dabei lautete die Kernthese, dass sich Deutschland von einer Gesellschaft, in der die ständische Lage – wiederum nach Weber – die Struktur der sozialen Ungleichheit definierte, zu einer Klassengesellschaft in zeitlicher Kongruenz zur einsetzenden und fortschreitenden Industrialisierung wandelte (291). Lediglich erwähnt werden soll hier die von Anfang an bestehende Diskrepanz zwischen englischer und deutscher Sozialgeschichte, da englische Historiker um Thompson und Hobsbawm wesentlich stärker an der gemeinsamen Erfahrung der Arbeiter interessiert waren. Damit entwickelten sie ein Interesse an den alltäglichen Lebensweisen der Arbeiter, während sich die deutsche Sozialgeschichte zunächst stärker für die Organisationen der Arbeiterschaft interessierte (280; 315).

Allerdings ist der weiträumige Einsatz des Klassenbegriffs schon frühzeitig auf Widerspruch gestoßen. Hobsbawm hatte in einem bekannten Diktum auf die Ubiquität des Klassenbegriffes hingewiesen: „Where, in all this world of cramped, enduring, stoic and undemanding men and women, do we find class consciousness? Everywhere" (281, S. 190). Dagegen antwortete Joyce mit dem Argument, dass die volkstümlichen Vorstellungen von *Joe Normal* wesentlich breiter geteilt wurden als der letztlich abstrakte Klassenbegriff (284). Dieser Widerspruch zwischen analytischem Begriff, politischer Sprache des Untersuchungszeitraums sowie historischer Erfahrung tritt in den Diskussionen zwischen den Vertretern der Alltagsgeschichte und der Sozialgeschichte immer wieder hervor. Wehler bezeichnete die Vertreter der Alltagsgeschichte zunächst noch als theoriefeindliche „Barfußhistoriker". Aber schon bald zeigte es sich, dass die Strukturgeschichte der Schichten und Klassen gelegentlich realitätsferne Einteilungen vornahm, die zu Gruppen zusammenführten, die sich nicht notwendigerweise als Gruppen verstanden. Die auf Marx zurückgehende Differenzierung von „Klasse an sich" und „Klasse für sich" konnte weder die Alltags- noch die Frauen- und Geschlechtergeschichte in ihrer Kritik nachhaltig besänftigen (297).

Grenzen der Strukturgeschichte

Die Alltagsgeschichte um Niethammer und Lüdtke trug in Deutschland entscheidend dazu bei, dass das Individuum in der Geschichte wieder erkennbar wurde. Sie strebte damit zunächst eine mikrohistorische Fundierung der großen Strukturgeschichte an, wandte sich dann aber zunehmend von dem Projekt der Gesellschaftsgeschichte nach Bielefelder Art ab (307; 299). Gegen die Konzeptualisierung des sozialen Wandels und der Klassenstrukturen der Industriegesellschaft sind immer wieder Einwände vorgebracht worden. So ist kritisiert worden, dass die Bedeutung der Arbeitserfahrung für die Klassenbildung unterschätzt worden sei. Für die Industrie liegen mittlerweile zahlreiche Studien vor, welche die Gruppenbildung am Arbeitsplatz hervorheben, bei der es sich nicht notwendigerweise auch um Klassenbildung im weiteren Sinne handelte (318). Die gleiche Arbeitserfahrung wurde damit zur Grundlage sozialer Gruppenbildung im kleinen Raum. So hielt sich etwa bei Bergarbeitern die Kleingruppe als Teil der Arbeiterselbstorganisation, das so genannte „Kameradschaftsgedinge", bis nach dem Zweiten Weltkrieg

Alltag und Erfahrung

(302). Ähnlich verhielt es sich mit industriellen Arbeitern, deren Gruppenbildung innerhalb des Betriebes oftmals mehr mit der Arbeitserfahrung als mit der immer wieder beschworenen betrieblichen Sozialpolitik zusammenhing (304). Gelegentlich ist auch die Möglichkeit der Gruppenbildungen als Reaktion auf Krisensituationen diskutiert worden, etwa im Fall der Massenarbeitslosigkeit der Weltwirtschaftskrise. Warum gerade diese Ausprägung relativ selten historisch wirksam wurde, ist nicht klar. Der Begriff der Klassenlage müsste eigentlich eine Gruppenbildung plausibel erscheinen lassen; dies ist aber weitgehend unterblieben. Eine moderne Geschichte der Arbeitslosigkeit und der Arbeitslosenunterstützung steht leider immer noch weitestgehend aus, auch wenn an den Fundamentaldaten wahrlich kein Mangel herrscht. Alle diese Einwände haben das Projekt der modernen Sozialgeschichte allerdings nicht scheitern lassen. Die monumentale, von Ritter herausgegebene Reihe *Geschichte der Arbeiter und der Arbeiterbewegung in Deutschland* verbindet die politische Arbeitergeschichte mit einer differenzierten Analyse der sozialen Situation und stellt damit eine Weiterentwicklung, nicht etwa eine Widerlegung der ursprünglichen sozialhistorischen Konzeption dar (291; 287; 305).

6. Technik und technischer Wandel

Technik als Handlungsträger

Technik gilt nicht zufällig als eine der wichtigsten Triebkräfte der Geschichte. In den westlichen Gesellschaften sind technische Artefakte in einer Vielzahl von Narrativen zu Handlungsträgern geworden. So ist der Kompass zum Auslöser des Europäischen Kolonialismus geworden, denn nur dank ihm ist es Kolumbus und seinen Nachfolgern möglich geworden, den Atlantik zu überqueren. Auch die Druckpresse ist ein Beispiel einer solchen unausweichlichen Vorbedingung. Bevor sie erfunden wurde, besaßen – von der Geistlichkeit abgesehen – nur ganz wenige Menschen eine Bibel. Gutenbergs Erfindung erleichterte dagegen den persönlichen Zugang zum Wort Gottes, auf welchem die Reformation aufbaute (361, S. X). Im Sinne dieser volkstümlichen Geschichten gilt die Wirksamkeit der Technik in der Geschichte als unumstritten. Eine Erfindung scheint plötzlich aufzutreten und das Ruder der Entwicklung in eine andere Richtung zu stellen. Technik erscheint als unabhängige Kraft, die den Verlauf der Geschichte von sich aus beeinflussen kann. Einmal erfunden und in die Gesellschaft integriert, entfaltet die Technik eine Eigendynamik, die nicht zu steuern ist. So habe die Eisenbahn die Städte des 19. Jahrhunderts nachhaltig verändert, das Automobil die Suburbanisierung herbeigeführt. Auch Computer, Kühlschränke und Flugzeuge haben offenbar die Welt gestaltet. Technik ist damit zum Akteur in der Geschichte geworden. Diese deterministische Sicht ist lange nicht nur von Technikmuseen in zahllosen Ausstellungen über große Männer und ihre Erfindungen vertreten worden, sondern sie wird bis heute auch in den Medien und in der Politik verbreitet.

Soziale Konstruktion der Technik

Die Beispiele zeigen, dass Technik und technischer Wandel in der abendländischen Geschichte einen kaum zu überschätzenden Stellenwert einge-

6. Technik und technischer Wandel

nommen haben. Nicht umsonst hoben Klassiker wie Karl Marx, aber auch Historiker wie David Landes oder Alfred Chandler die Entwicklung der Technik in ihren Forschungen besonders hervor (43; 333). Die Frage aber, ob Technik die Geschichte vorantreibt oder ob vielmehr soziale Bedingungen für die Entwicklung der Technik ausschlaggebend sind, war und ist ein zentraler Punkt in der Beurteilung des Stellenwerts der Technik in der Geschichte. Eine Richtung der Technikgeschichte vertritt die Interpretation, dass die Technik selbst über Handlungspotential verfüge. Damit besitze die Technik, nicht die Menschen, die sie einsetzen, die Macht, gesellschaftlichen Wandel zu erzeugen. Sobald sich eine neue Technik durchsetzt, führe dies zu einer Konstellation, aus der es kein Ausbrechen mehr gebe.

Ein viel zitiertes Beispiel für die Einflussnahme von Technik auf gesellschaftliche Strukturen sind die von Robert Moses gebauten Brücken über die Parkways nach Long Island (New York). Der Erste, der diese Bauten in der Debatte um die Wirkung der Technik erwähnte, war Winner mit seiner Frage „Do Artifacts Have Politics" (367)? Parkways sind autobahnähnliche, schnelle Straßen für Fuhrwerke, später Automobile, in schöner Umgebung. Moses, New Yorker Stadt- und Verkehrsplaner, soll, als er Mitte der 1920er Jahre den Parkway nach Long Island errichtete, die Brücken dort absichtlich so tief angelegt haben, dass keine Busse durchfahren konnten. Dadurch sollte der öffentliche Nahverkehr, besonders Busse, die vorwiegend Unterschichten und vor allem Schwarze zu den Stränden brachten, an der Durchfahrt gehindert werden. Winner verallgemeinert das Beispiel dann zu der These, man könne durch den Einbau sozialer Ungleichheiten in materiell-technische Artefakte gesellschaftliche Verhältnisse ohne Beteiligung ihrer Designer auf Dauer beeinflussen und festigen. Dieses Beispiel wurde zum Schlager in der Frage des technischen Determinismus und damit „zum festen Bestandteil der technik- und stadtsoziologischen Folklore" (343).

Technik und soziale Strukturen

Ein anderes Beispiel einer Debatte um die Wirkung von Technik in der Gesellschaft ist die Geschichte der Schreibmaschinentastatur mit der QWERTY-Buchstabenbelegung (beziehungsweise im Deutschen QWERTZ). Das entscheidende Patent, so die deterministische Sichtweise, erwarb der Amerikaner Christopher Latham Sholes im Jahre 1868. Die von ihm zwischen 1867 und 1872 entworfenen Schreibmaschinenmodelle entsprachen weitgehend den heute immer noch gebräuchlichen Formen. Nachdem das Team um Sholes verschiedene Buchstabenkombinationen und Tastaturen ausprobiert hatte, fiel seine Wahl auf die QWERTY-Kombination, um die Verhakung der Typen zu verringern. Im Gegensatz zu der bis dahin bevorzugten alphabetischen Anordnung, trennte QWERTY die häufig nacheinander gebrauchten Buchstaben räumlich. Oft wird auch argumentiert, dass die Abfolge von Buchstaben absichtlich so gewählt wurde, um die Schreibgeschwindigkeit zu reduzieren und damit mechanische Probleme mit den Typen zu verhindern. Sholes verkaufte sein Patentrecht 1873 an E. Remington & Sons. Nach der Beendigung des Bürgerkrieges sah sich diese Waffenfirma gezwungen nach anderen Produkten zu suchen, um ihre Produktionskapazitäten auslasten zu können. So begann sie noch im gleichen Jahr mit der Produktion von Schreibmaschinen. In der Nähmaschinenabteilung ließen die verantwortlichen Direktoren Sholes' Maschine verbessern und so umbauen, dass sie in

QWERTY-Debatte

Forschungsprobleme

Serie gefertigt werden konnte. Die Absatzzahlen waren für die 1870er Jahre mit einigen Hundert pro Jahr zunächst nicht sehr viel versprechend. Eine Schreibmaschinen-Meisterschaft in Cincinnati im Juli 1888 verhalf der QWERTY-Schreibmaschine zum Durchbruch. Frank McGurrin, angeblich der einzige ‚Blindtipper' (Zehnfingersystem) seiner Zeit, besiegte seinen Konkurrenten klar, der mit lediglich vier Fingern („hunt-and-peck-system": Adler-Such-System) schrieb (351).

Pfadabhängigkeit der Technik

An diesem Erfolg änderten auch zahlreiche amerikanische, deutsche und englische Nachfolge-Patente für neue verbesserte Tastaturen nichts. Eine der wichtigsten war diejenige von August Dvorak, die er Ende 1930 mit der Begründung entwickelte, sie erlaube viel schnelleres Tippen, ermüde weniger und sei leichter zu lernen. Der noch immer gültige Weltrekord für Schnelltippen ist auf einer Dvorak-Maschine erreicht worden (336). Studien der amerikanischen Marine im Zweiten Weltkrieg zeigten, dass sich die Kosten für ein Umlernen der Stenotypistinnen innerhalb von zehn Tagen nach der Umschulung durch schnelleres Tippen amortisiert hätten. Ungeachtet dieser evidenten Vorteile hat sich die Dvorak-Tastatur aber nie durchsetzen können. Eine mögliche Erklärung hierfür liegt in der Pfadabhängigkeit von Technik: Ist die erste Technik auf dem Markt einmal in Gebrauch, wird sie zum technischen Standard (der so genannte „Lock-in"-Mechanismus) und blockiert mögliche bessere Techniken.

Technischer Determinismus oder soziale Konstruktion

Den Gegenpol zum technischen Determinismus bildet der Sozialkonstruktivismus. Dieser Ansatz geht davon aus, dass Technik selbst keine Handlungskraft besitzt. Ihre Wirkung kann sich nach diesem Untersuchungsansatz nur aufgrund sozialer Faktoren und menschlichen Handels entfalten. Da bis jetzt noch keine Technik von sich aus *gehandelt* hat, ist Technik ein Produkt menschlichen Schaffens. Menschen bleiben damit die treibenden und alles bestimmenden Kräfte der (Technik-)Geschichte. Zu lange habe die Geschichtswissenschaft die Technik als unbeeinflussbare Triebkraft angesehen und damit eine Sichtweise zementiert, welche die Technikentwicklung nie als historisch gewachsen hinterfragt habe (338).

Im Fall der Parkways weist Joerges nach, dass die Moses-Geschichte nur vorgibt, auf historischer Evidenz zu beruhen. Er belegt, dass Parkways zu den „scenic roads" gehörten, von denen Lastwagen, Busse und andere kommerzielle Fahrzeuge ohnehin gesetzlich verbannt waren. Zudem war der Parkway nicht die einzige Straße, die zu den Stränden führte. Ein dichtes Straßennetz ermöglichte alternative Zugänge; schließlich gab es auch noch die Eisenbahn zwischen Manhattan und Long Island, die zum Meer führte. Joerges kommt zum Schluss, dass die Geschichte Winners deshalb so erfolgreich ist, „weil sie in sich selber ein besonders wohl konstruiertes Artefakt ist, fähig einer großen Zahl rhetorischer Zwecke zu dienen. (…) und sie bietet im Kern eine sehr weit reichende kausal formulierte Techniktheorie an, die in guter Übereinstimmung mit dem gesunden Volksempfinden steht" (343).

Technik und sozialwissenschaftliche Theorien

Auf die Frage, wie man „gebaute" Natur als kausal erklärbar konzipierte physische Gegebenheiten in sozialwissenschaftliche Theorien einbauen kann, ist noch keine abschließende Antwort gefunden worden. Latour rückt die Dinge sogar ins Reich des Rätselhaften: „Wie Menschen und Dinge miteinander verstrickt sind, ist nach wie vor ein absolutes Mysterium, das die politische Ökonomie nicht einmal ansatzweise ausloten kann" (350, S. 178). Aber der historischen Technikforschung bleibt nichts anderes übrig, als Autos, Busse, Brücken und andere technische Artefakte immer im unübersichtlichen sozialen, wirtschaftlichen, kulturellen und politischen Kontext zu analysieren (343, S. 215). Das bewährt sich auch im Fall der Schreibmaschine. Liebowitz und Margolis weisen nach, dass die Argumente für die Überlegenheit der Dvorak-Tastatur auf dünner Basis stehen. In der entscheidenden Studie der amerikanischen Marine von 1944 schnitt die Dvorak-Tastatur zwar besser ab, aber es bestanden eine Reihe von Ungereimtheiten. So war der Leiter des Experiments kein anderer als Lieutenant-Commander August Dvorak, Leiter der arbeitswissenschaftlichen Abteilung der Marine und Besitzer des Dvorak-Patents. Eine 1956 durchgeführte Studie ergab, dass mit QWERTY mindestens so schnell geschrieben werden kann wie mit Dvorak. Seither haben Studien und Gegenstudien ergeben, dass keine der beiden Techniken wirklich überlegen zu sein scheint.

Schreibmaschinen und Tastaturen sind seit der Hochindustrialisierung zum Teil des Alltags geworden. Die Ende des 19. Jahrhunderts einsetzende Bürokratisierung von Unternehmen schuf neue, meist urbane Arbeitsplätze, vor allem auch für Frauen. Gleichzeitig eröffnete sie einen Markt für arbeitssparende Büromaschinen, wobei die Konstruktionselemente der Schreibmaschine bereits vor den 1870er Jahren bekannt waren (346, S. 480f.). Die Voraussetzungen für eine Verbreitung von Schreibmaschinen waren aber erst in den 1880er Jahren gegeben, als die Massenfertigung austauschbarer Teile die Geräte billiger werden ließ. Die Konzentration industrieller Betriebe erlaubte immer mehr Unternehmen, Schreibmaschinen einzusetzen, selbst wenn mit diesen Geräten kaum schneller geschrieben werden konnte als von Hand. Anfänglich verwechselte man maschinengeschriebene Briefe mit gedruckten Texten und hielt sie selbst im geschäftlichen Umgang für zu unpersönlich (346, S. 482). In den 1880er Jahren wuchs aber die Bereitschaft der Käufer, Schreibmaschinen einzusetzen; Remington unternahm auch aktive Schritte zur Gestaltung eines technikfreundlicheren Umfelds. 1882 richtete sich die Firma mit Werbung erstmals direkt an Geschäftsleute, während gleichzeitig der Aufbau einer eigenen Verkaufsorganisation begann. Die Absatzzahlen von Remington-Schreibmaschinen stiegen von 700 im Jahre 1880 auf 65000 Stück 1890. Um die Jahrhundertwende konnte man sich in den USA größere Unternehmen ohne Schreibmaschinen kaum mehr vorstellen. In Deutschland dagegen begann man erst mit der Nutzung solcher Maschinen, da die Schreibarbeiten in den Kontoren der großen Handelshäuser und Unternehmen immer noch von jungen Handelsgehilfen von Hand ausgeführt wurden. 1903 begannen in Deutschland die AEG-Olympia-Büromaschinenwerke mechanische Kleinschreibmaschinen und neun Jahre später auch Standardschreibmaschinen zu produzieren. Die Kleinschreibmaschine wich vom etablierten Standard ab, weil sie für eine kleingewerbliche Nutzung ausgelegt war und nicht die QWERTY-Anordnung der Tasten übernahm. Alle Buchstaben waren auf einem einzigen Typenträger angeordnet; die Tastatur wurde durch einen Zeiger und ein Buchstabenfeld ersetzt und die Buchstabenanordnung folgte der Häufigkeit des Gebrauchs. Immerhin konnte die Firma die Tagesproduktion von 1908 bis 1926 von dreißig auf 200 Stück

Schreibmaschinen und Verwaltungsarbeit

steigern. Bis Mitte der 1930er Jahre schafften die deutschen Unternehmen und Verwaltungen für ihre Schreibarbeiten Maschinen an, was sich in den steigenden Absatzzahlen von Schreibmaschinen widerspiegelt. Dann aber mussten die deutschen Hersteller erstmals stagnierende Verkäufe zur Kenntnis nehmen und wandten sich dem privaten Bereich zu (331, S. 52).

Technik und Geschlecht

Die Geschichte der Schreibmaschine ist ebenfalls eng verknüpft mit der Frage nach dem Zusammenhang zwischen der Technik und dem Geschlechterverhältnis, das erst seit den 1990er Jahren intensiv erforscht worden ist. In den USA waren 1880 rund 40 Prozent aller Büroangestellten weiblich, 1910 schon fast 80 Prozent. Allerdings wurde der männliche Schreiber nicht einfach von der weiblichen Stenotypistin verdrängt. Wettbewerbe und Meisterschaften in Schreibmaschinenschreiben belegen, dass Männer und Frauen gegeneinander angetreten sind (346, S. 484). Boten in den 1880er Jahren noch die Hersteller selbst Kurse im Schreibmaschinenschreiben an, war das neue Fach seit den 1890er Jahren bereits in den Handelsschulen vertreten. Da die Lehrgänge mit dem Erlernen von Stenographieren verbunden waren, belegten immer mehr Frauen die Kurse, um ihre Qualifikationen zu verbessern. Auf diese Weise verdrängten sie die männlichen Kräfte aus den Schreibpositionen; Schreibmaschinenschreiben galt seit den 1920er Jahren als reiner Frauenberuf (362). In der Fachpresse und unter den Vorgesetzten setzte sich in dieser Zeit auch die Ansicht durch, dass Frauen in der Position eines Sekretärs viel zufriedener seien, fröhlicher, weniger unruhig, zuverlässiger und flexibler als junge Männer (362, S. 95). Technik und Geschlecht gingen also eine enge Verbindung ein.

Industrialisierung als technische Revolution

Eine weitere Debatte hat sich auf die Rolle der Technik im Industrialisierungsprozess konzentriert (332). Die technisch-deterministische Sichtweise prägte die Geschichtsschreibung für drei Jahrzehnte nach dem Zweiten Weltkrieg. Für die führenden Historiker der Industriellen Revolution war der technische Wandel das entscheidende Kriterium. Nach Landes war die industrielle Revolution in England der bedeutendste historische Bruch seit der Erfindung des Rades. Dank des anhaltenden technischen Fortschrittes wurde menschliche Arbeit durch Maschinen ersetzt und die Dampfkraft entwickelt. Zudem wurde vermehrt Stahl hergestellt und durch das Fabriksystem kam es zur Massenproduktion. Das wirtschaftliche Wachstum, das die industrielle Revolution auszeichnete, war für Landes nur auf der Grundlage angewandter neuer Techniken möglich (43, S. 41 f.; 95, S. 118–133). Dieser Ansatz interpretiert die industrielle Revolution als positive Entwicklung, welche die Gesellschaft nachhaltig modernisierte und veränderte. Die Kritik an Landes bezog sich zunächst auf seine Bewertung der industriellen Revolution vor allem von Seiten der marxistisch orientierten Historiker wie Hobsbawm und Thompson (341, S. 64–125; 315, S. 314–349).

Langsame Einführung neuer Technologien

Weitergehende Forschungen haben allerdings belegt, dass sich weite Teile Großbritanniens bis 1850 kaum verändert hatten, viele Industrien keine technischen Revolutionen erlebten, Fabrikproduktion eher die Ausnahme blieb und Wasser sowie tierischer Antrieb weiterhin wichtig waren, Dampfkraft nur langsam eingeführt wurde und sogar die Eisenbahn nicht allzu viel zum wirtschaftlichen Wachstum beigetragen hatte. Die vormals heroisch interpretierte Geschichte der Technik während der Industrialisierung erscheint nun

6. Technik und technischer Wandel

auf einmal kleinräumig und vergleichsweise einfach verlaufen zu sein, und die Verbindung von Technik und wirtschaftlichem Wachstum ist nicht mehr so eindeutig (339, S. 196 u. 405; 344, S. 19 u. 54). Seit den 1980er Jahren stehen sich die unterschiedlichen Positionen gegenüber. Auf der einen Seite haben Landes und andere die herausragende Rolle der Technik von neuem betont (349, S. 45–59 u. 186–189; 116). Dagegen unterscheiden andere Geschichtswissenschaftler wie Mokyr zwischen den großen Durchbrüchen der „macro-inventions" und den kleinen technischen Erfindungen der „micro-inventions" (352, S. 41–43). Dem steht eine Deutung gegenüber, die ein völliges Umdenken des Zusammenhangs von Technik und technischem Fortschritt vorschlägt. Das Argument besteht darin, dass es keinen direkten Zusammenhang zwischen technischen Innovationen und der Entstehung des Fabriksystems gibt, und wenn ein solcher auszumachen ist, dann eher in umgekehrter Richtung, so dass die Herausbildung der Fabriken technischen Wandel begünstigte (364). Es wird bezweifelt, dass die Erfindung von dampfbetriebenen Maschinen in Fabriken zur Modernisierung der Welt beigetragen hätte; vielmehr gelte es zu differenzieren und die vielen Verbesserungen in Kleinwerkstätten und Handwerk genauer zu verstehen (358, S. 141). Es wird deutlich, dass es *die* Technik schlechthin nicht gibt, dass vielmehr viele verschiedene Techniken zugleich wirken. Darüber hinaus hat die Forschung erkennen müssen, dass die industrielle Revolution das Resultat unterschiedlicher Faktoren ist und nicht monokausal auf technologische Innovationen zurückgeführt werden kann.

Auf die Frage nach der Geschichtsmächtigkeit der Maschinen liegen unterschiedliche positive Antworten vor, so dass von einem „harten" und „weichen" Determinismus gesprochen werden kann. Am „harten" Rand des Spektrums stehen die Beschreibungen autonom „handelnder" Technik. Die bessere, fortschrittliche Technik siegt nach dieser Interpretation über veraltete Geräte, Apparaturen und Vorgehensweisen. Einmal installiert, folgt die Technik nach innerer Logik einem Pfad, der kaum zu beeinflussen ist und keine Handlungsspielräume lässt. Verfechter des weichen Determinismus betonen, dass die Geschichte der Technik stets mit menschlichen Aktionen verbunden ist. Um die Ursprünge einer spezifischen Technik zu verstehen, gelte es, nach den Menschen zu fragen, die sie betreiben. Gleichwohl gehen auch diese Ansätze von einer in der Technik selbst liegenden Entwicklungskraft aus. Technik, einmal angeschoben, entwickelt sich in einer Bahn („trajectory"), die den technischen Wandel steuert. Den Gegenpol zu diesen Ansätzen bilden die Verfechter einer Kontextualisierung. Sie verlangen, technische Inhalte in ihren gesellschaftlichen und kulturellen Rahmen zu stellen (361, S. XII).

Harter und weicher Determinismus

In diesem Zusammenhang wurde Mitte der 1980er Jahre die „Social Construction of Technology" (SCOT) als radikaler neuer Ansatz zu Analyse der Geschichte der Technik entwickelt, der noch heute polarisiert (355, S. 14). 2002 fand in *Technology & Culture* unter dem Titel *SCOT: Does it Answer?* eine ausführliche Auseinandersetzung um die Validität des Ansatzes statt (335; 323; 337). Der Sozialkonstruktivismus analysiert technische Artefakte im gesellschaftlichen Kontext. Dieser theoretische Rahmen soll erklären, warum ganz bestimmte Konfigurationen von sozialen und technischen Elemen-

SCOT-Debatte

ten ein „sozio-technisches System" bilden. Damit ist die Grundannahme verbunden, dass Technik nicht einfach passiert, sondern konstruiert ist. ‚Konstrukteure' sind aber nicht nur Ingenieure, die ihr spezielles technisches Wissen anwenden. Auch andere wichtige Gruppen aus den Bereichen Politik, Handel und Konsum, Werbung oder Unternehmen werden zu aktiven Gestaltern von Technik. Unternehmen stehen nicht mehr unabhängig da, sondern werden zum sozio-technischen System. In einem klassischen Artikel haben Pinch und Bijker am Beispiel des Fahrrades ihre Theorie erklärt (324). Ihr liegen vier Konzepte zu Grunde: „relevant social groups", „interpretative flexibility", „closure" und „stabilization". Diese Konzepte bilden das theoretische Gerüst, das Bijker als technischen Rahmen bezeichnet, in dem die Akteure stärker oder schwächer eingebunden werden (355, S. 16).

Soziale Gruppen und Technik

Die identifizierbaren sozialen Gruppen zeichnen sich durch Konsensbildung über die gesellschaftliche Bedeutung einer speziellen Technik aus. Sie schreiben technischen Artefakten bestimmte Probleme zu, schlagen Lösungswege vor und haben großen Einfluss auf die Ausgestaltung der Technik. Im Fall der Entwicklung des Fahrrads konzentrierten sich Pinch und Bijker auf junge Männer mit Geld und Nerven sowie Frauen und ältere Männer. Die erste Gruppe zeichnet sich dadurch aus, dass sich ihre Mitglieder einig darüber waren, dass das Hochrad ein Gefährt für schnelles Fahren sei, ein Liebhabergegenstand, um aufzutrumpfen, seinen Mut und seine Männlichkeit unter Beweis zu stellen und sich im sportlichen Wettkampf zu messen. Die zweite Gruppe sah im Fahrrad ein Transportmittel und hielt das Hochrad für eine gefährliche Maschine. Entwickeln unterschiedliche Gruppen verschiedene Vorstellungen über die Zwecke eines technischen Artefaktes oder über die Qualität der Technik, nennen die Sozialkonstruktivisten diese konkurrierenden Vorstellungen über eine Technik „interpretative flexibility". Im Falle des Fahrrads standen nicht nur verschiedene Vorstellungen von ‚Fahrrad' nebeneinander, diese sind auch bei bestimmten Weiterentwicklungen zu beobachten. Als der Luftreifen auf dem Markt erschien, wurde er für die Mutigen zum Objekt des Spottes: Er galt als unansehnlich und eine Quelle unendlicher Mühsal, weil er Löcher bekommen konnte. Auf der anderen Seite sahen die Entwickler (Dunlop) in ihm das ideale Mittel um das Problem der Vibration auf dem Fahrrad zu lösen.

Technik schließt Alternativen aus

Daraus folgt, dass nach diesem Ansatz keine abschließende Aussage über den Erfolg oder Misserfolg einer Technik getroffen werden kann. Bijker hat überdies wiederholt betont, dass es nicht sinnvoll sei, aus retrospektiver Sicht heraus eine Erfolgsgeschichte der Technik zu schreiben. Eine solche Vorgehensweise würde behaupten, dass zum Beispiel unsere Autos, Waschmaschinen und Atomkraftwerke gleichsam eine natürliche Abfolge von immer besserer Technik sind, eine Sichtweise, die allerdings von Nicht-Konstruktivisten oft vertreten wird. SCOT zeigt aber, dass dies nur selten der Fall ist, und erklärt die Auflösung der „interpretative flexibility" mit „closure" (Schließung) und „stabilization" (Stabilisierung). „Schließung" bezeichnet den Konsens unter den relevanten Gruppen über die Bedeutung des technischen Artefakts. Alternative Bedeutungsangebote scheiden zunehmend aus, nicht weil sie schlechter wären, sondern weil bereits Übereinstimmung über die bevorzugte Technik erzielt worden ist (325, S. 86). Als der Luftreifen erstmals

6. Technik und technischer Wandel

bei einem Rennen eingesetzt wurde, kam es zu schallendem Gelächter von der Zuschauertribüne, das aber nicht lange zu hören war, denn der Reifen – so stellte sich heraus – ermöglichte höhere Geschwindigkeiten und stach alle Gegner aus. Für den Schließungsvorgang sind die Sportfahrradfahrer und ihr Publikum verantwortlich. Sie akzeptierten den Gebrauch des Luftreifens, allerdings nicht wegen der vom Entwickler bezweckten Vibrationsdämmung, sondern weil er höhere Geschwindigkeit ermöglichte (325, S. 271). Nun setzt die Phase der Stabilisierung ein, in der die technischen Charakteristika eines Artefakts als Standard akzeptiert und für selbstverständlich angesehen werden. Die Schließung erfolgt damit sowohl auf materieller als auch interpretativer Ebene. Dieses auf der Interaktion verschiedener Gruppen beruhende theoretische Konzept erlaubt es, vom Mythos des genialen Einzelerfinders in der Werkstatt oder im Laboratorium Abstand zu nehmen und den Vorgang der Erfindung in sein gesellschaftliches Umfeld zu stellen, das für sozio-technischen Wandel und Kontinuität von Technik verantwortlich ist (355, S. 16).

Russell begann 1986 den Ansatz zu kritisieren, indem er die Bedeutung von politischen Strukturen für die technische Entwicklungen hervorhob (357, S. 335f.). Buchanan merkte den angeblich unverständlichen soziologischen Jargon an (330). Auch in der deutschen Technikgeschichte sind die sozialwissenschaftlichen Konzepte zur Technikgenese Anfang der 1990er Jahre aufgegriffen worden. Knie und Hård untersuchten 1993 die Schließungsmechanismen beim Automobil sowie die Durchsetzung des Verbrennungsmotors (345). Sie argumentierten, dass die technische Konfiguration sowie ein Nutzungsprofil mit dem Begriff „Automobil" bereits Anfang des Jahrhunderts von den Vertretern der Automobilindustrie fixiert wurde. Eine scharfe Kritik an diesem Ansatz folgte unmittelbar von König, der betonte, dass Technik und Markt als Erklärung schlicht ignoriert werden (347). Einmal mehr sind hier also technischer Determinismus und Sozialkonstruktivismus zusammengestoßen.

> Fehlende Politik bei SCOT

Clayton, ein Vertreter der Fahrradgeschichte, stellt SCOT ebenfalls in Frage (335). Ebenso wie viele andere Alltagstechniken ist die Geschichte des Fahrrads erst in den 1990er Jahren entdeckt worden (328; 356). Die Forschung ist sich darin einig, dass mit dem Tretkurbelfahrrad eine neue Phase in der Geschichte des Fahrrads einsetzte. Wer allerdings als Erster auf die Idee kam, eine solche Kurbel am Rad anzubringen, ist nicht geklärt. Fest steht lediglich, dass ab den 1860er Jahren solche Räder auftauchten und gebraucht wurden. Zudem ist unbestritten, dass die Fahrzeugmacher um Ernest Michaux auf der Höhe ihrer Popularität standen, als sie 1867 auf der Pariser Weltausstellung ein solches Rad vorstellten (329, S. 101; 348, S. 94). Michaux erzielte mit seinem Fahrrad geschäftlich und in der Öffentlichkeit triumphale Erfolge. Er war aber nicht der einzige Hersteller, der neue Absatzmöglichkeiten für Fahrräder suchte. Dominierten die Franzosen mit ihrer Fahrradproduktion bis 1870 den Markt, ging diese Führung anschließend an die Engländer über. Durch die starke Vergrößerung des Vorderrades brachte James Starley in Coventry 1870 das erste Hochrad („the ordinary [penny-farthing] bicycle") heraus, eine Konstruktion, die während der 1870er und 1880er Jahre dominierte. Aber Hochräder waren keine einfachen Fahrzeuge, denn sie erforderten viel Geschick beim Auf- und Absteigen sowie beim Fahren (329, S. 122;

> Fahrrad als technische Entwicklung

354, S. 12). Schließlich konnte sich aber nach Bijker das Niederrad deshalb durchsetzen, weil es mit Lufttreifen nicht nur mehr Fahrkomfort und Sicherheit (für Frauen), sondern auch Geschwindigkeit und Risiko mit sich brachte und damit verschiedene Gruppen gleichzeitig zufrieden stellte (325). Clayton zeigte jedoch, dass das Hochrad schon vor der Patentierung des Lufttreifens von 1888 seine ursprüngliche Popularität eingebüßt hatte. Er wendet sich damit gegen die Gruppenlogik und verweist darauf, dass der Lufttreifen lediglich das ohnehin technisch überlegene Niederrad weiter verbessert habe (335, S. 356–359). Die unterschiedliche Annäherung an Technik wird hier deutlich: Während die Technik für eine Gruppe von Historikern im Mittelpunkt der Betrachtung steht, stellen die anderen die sozialen Gruppen ins Zentrum.

Wichtige und unwichtige Technik

Das Fahrrad verdeutlicht aber nicht nur eine der wichtigsten Debatten in der Technikgeschichte, sondern steht exemplarisch dafür, was Technik ist. Aber wenn ein Kapitel über Technik geschrieben wird, soll darin doch bestimmt nicht von Schreibmaschinen und Fahrrädern die Rede sein. So hat Williams auf die allgemeine Annahme hingewiesen, dass bestimmte Techniken *wichtiger* seien als andere (366, S. 219). Aber auch diese Überlegung führt die Argumentation direkt ins Spannungsfeld zwischen technischem Determinismus und sozialer Konstruktion. Im 18. Jahrhundert vertraten die Aufklärer eine ganz neue Auffassung von Technik und begründeten damit den technischen Determinismus. In ihren Schriften wird der Glaube an die Technik und Wissenschaft als die treibende Kraft der Gesellschaft erstmals deutlich. Dabei bildete sich von Beginn an eine technikenthusiastische und eine technikkritische Einstellung heraus. Die erstere – und schließlich einflussreichere Gruppe von Denkern wie Voltaire, Denis Diderot und James Watt – befürwortete technischen Fortschritt als eine stetige Quelle der Verbesserung der Lebensverhältnisse (361, S. 2f.). Wie Smith verdeutlicht, entstand der Glaube an die technische Gestaltungskraft zwar im Europa der Aufklärung; breit durchsetzen ließ er sich aber zuerst in den neu gegründeten Vereinigten Staaten, wo Fortschritt hoch angesehen war. Benjamin Franklin und Thomas Jefferson waren zwei der einflussreichsten Vertreter der Idee, dass Technik nicht nur materiellen, sondern auch moralischen Fortschritt für das Individuum und die ganze Gesellschaft bringe (361, S. 3). Bald wurden das Wohl und die Unabhängigkeit Amerikas abhängig von seiner erstarkenden Wirtschaft, die wiederum nur mit technischem Fortschritt in der führenden Position zu halten sei. Smith zeigt eindrücklich, dass zwar negative Auswirkungen bereits frühzeitig deutlich wurden, in der öffentlichen Diskussion aber keine Bedeutung gewannen. Große Zeitungen, öffentliche Redner und Politiker huldigten dem Fortschritt der Zeit und priesen technische Erfindungen als Heil bringend. Belege für ihre Position schienen zur Genüge vorhanden, und der Fortschritt war vermeintlich unaufhaltbar. Eisenbahnen, Dampfschiffe, Werkzeugmaschinen, Telegraphie, Eisen- und Stahlkonstruktionen sowie Elektrizität erschienen auf der Bildfläche und die öffentliche Anteilnahme an ihren Erfindern, den „großen Männern der Technik", wuchs. Ideen zum technischen Fortschritt prägten auch die europäische Gesellschaft, wenn auch nicht ganz so ungebrochen wie in den Vereinigten Staaten. In Deutschland nahmen diese im Hinblick auf die Industrialisierung einen wichtigen Stellen-

Große Männer der Technik

6. Technik und technischer Wandel

wert ein, denn sie setzten sich bereits vor dem Beginn der industriellen Revolution noch in einem relativ rückständigen Deutschland durch. Magazine für das gebildete Publikum wie *Der Neue Teutsche Merkur*, *Neues Hannoversches Magazin* und *Miszellen für die Neueste Weltkunde* reflektieren am Ende des 18. Jahrhunderts und zu Beginn des 19. Jahrhunderts die Faszination für die bereits weit vorangeschrittene breite Anwendung nicht nur von großen Dampfmaschinen, sondern von allen Arten von Maschinen in den Vereinigten Staaten. Technik war aber nicht nur eine Kraft, welche zu wirtschaftlichem Wohlstand führte, sondern sie konnte offenbar auch sozialen Wandel herbeiführen, wie Amerika es vorgemacht hatte (365).

In der zweiten Hälfte des 19. Jahrhunderts setzte sich die allgemeine Faszination für Technik als treibende Kraft der Gesellschaft auf breiter Ebene durch. Smith weist eindrücklich nach, wie die Zelebrierung neuer Techniken durch Kunst, Bücher, Zeitschriften, Lithographien, populärwissenschaftlichen Vorträgen und Wandgemälden in eine breite Öffentlichkeit getragen wurden. Der Glaube, dass die technische Entwicklung grundlegend die Geschicke der Menschheit bestimmt, war Ende des 19. Jahrhunderts zum Dogma geworden. In Deutschland setzte sich in dieser Zeit das Paradigma durch, dass der Großmaschinenbau die Krönung der deutschen Technik und der Weg zum schnellen wirtschaftlichen Wachstum sei (206, S. 135). Diese Sicht hing mit dem Bau der Eisenbahn zusammen, die zum Symbol der modernen Technik stilisiert wurde. Hatten die wenigsten Menschen bisher mit Technik direkt zu tun, war die Eisenbahn die erste für alle sicht- und erlebbare Maschine, die eine deutliche Zäsur in der Wahrnehmungswelt der Zeit machte. Ein Blick auf die Technikvisionen zeigt, dass sie technischen Fortschritt dort identifizierten, wo es um die Steigerung der Kraft und Geschwindigkeit ging, die etwa durch Lokomotiven, Dampfschiffe, Telegrafen und Elektrizität erreicht werden konnte: „Mit den technischen Fortschrittsvisionen verbanden sich um die Jahrhundertwende Kraftgefühl, Temporausch und Unendlichkeitsstreben. (…) Solange die Lokomotive das Paradigma moderner Technik schlechthin war, konnte man das Fahrrad als moderne technische Innovation nicht ernst nehmen" (354, S. 12f.).

Nicht nur die Populärliteratur, sondern auch die technische Fachliteratur nahm deshalb das Fahrrad bis zum Anfang des 20. Jahrhunderts nicht wahr. Dabei waren die Preise für Fahrräder seit dem Beginn der Massenproduktion so deutlich im Preis gefallen, dass sie auch für die Arbeiterschaft erschwinglich wurden. Aber auch die Sozialisten verstanden technischen Fortschritt nur in ‚großen' Techniken wie „Telegraphen, Telephonwesen, Eisenbahnen, Fluss- und Seeschiffe, Straßenbahnen, Last- und Personenautomobile, Luftschiffe und Flugapparate (…)" (322, S. 371). Technischer Determinismus und Sozialkonstruktivismus kommen sich hier ganz nah. Solange die relevanten sozialen Gruppen in der zweiten Hälfte des 19. Jahrhunderts ihren Einfluss geltend machten und bestimmten, was als wichtige Technik zu gelten hatte, war dem Fahrrad im Kreise der Technikvisionen kein Platz bestimmt. Das zeigt auch die Geschichte, die so oft als Ablauf von ‚wichtigen' Ereignissen und wirtschaftlicher Entwicklung konzipiert wird.

Die bisher erläuterten Beispiele zeigen, dass in den 1870er Jahren ein grundlegender Wandel im Verhältnis zwischen Technik und Gesellschaft

Faszination der Technik

Große Technik und Fortschritt

Technik und Gesellschaft

Forschungsprobleme

eintrat. Weite Teile der Bevölkerung begannen Technik ganz anders zu benutzen, als sie das vorher getan hatten. Nach dem dramatischen wirtschaftlichen Wachstum und enormen Investitionen in Kohle, Eisen und Stahl verlangsamte sich diese Entwicklung in der zweiten Hälfte des 19. Jahrhunderts. Aber eben während dieser Jahrzehnte begannen die Menschen in Europa eine neue Konfiguration von technischen, ökonomischen und politischen Kräften zu erfahren. Private und öffentliche Anwender fingen an, sich neue Technologien zu Eigen zu machen und sie durch andere, effizientere Organisationsformen in die Gesellschaft zu integrieren. Die Chemieindustrie begann mit der Produktion neuartiger Erzeugnisse, die von der Jahrhundertwende an nicht nur von Produzenten wie Landwirten (künstlicher Dünger) und Armeeführung (Sprengstoffe und Giftgase) breit nachgefragt wurden. Auch verlangten zunehmend mehr Menschen nach den leuchtenden Farben, welche die deutschen Chemiker aus dem Steinkohlenteer, dem vormals „lästigen Abfallprodukt", gewannen (206, S. 121). Deutschland wurde zu einem der führenden Länder auf dem Gebiet der Farbchemie. Neue Baumaterialien wie Stahl und Stahlbeton ermöglichten höhere und weiter ausladende Bauten und neue Gebäudeformen wie Hochhäuser (334).

Industrialisierung und Elektrizität

Besonders deutlich aber werden die neuen Bedingungen bei der Schlüsseltechnik der „zweiten industriellen Revolution", der Elektrizität. Zunächst basierte ihre Verbreitung auf einem neuartigen städtischen Kontext, der die Rahmenbedingungen für die Installation von netzwerkartigen Infrastrukturen bildete. Elektrisches Licht ließ die Großstädte in neuem Glanze erstrahlen. Elektrizität ermöglichte neue Formen des öffentlichen Verkehrs (Straßenbahn und U-Bahn), neue Antriebsarten in Fabriken, und neue Kommunikationsformen mit dem Telefon (334). Allerdings waren die Elektrizitätsnetzwerke nicht die ersten Großprojekte ihrer Art, sondern die Gasversorgungsnetzwerke. Um 1880 besaßen in Deutschland wie in anderen Industriestaaten auch alle größeren und auch viele der kleineren Städte ein Gasversorgungsnetz. In Deutschland war etwa die Hälfte der Gasanstalten in den Händen der Kommunen (346, S. 325). Im Hinblick auf das Ende des 19. Jahrhunderts stellt sich die Frage, ob die Einführung von Elektrizitätsnetzwerken das Ergebnis des gewonnenen Konkurrenzkampfes gegen einen unterlegenen, technisch minderwertigen Gegner war oder aber ob nicht vielmehr von lang anhaltender Vereinbarkeit beider Technologien gesprochen werden muss. Obwohl die städtische Öffentlichkeit in den 1870er und 1880er Jahren große Bewunderung für die neuen elektrischen Bogenlampen zeigte, setzten die städtischen Verwaltungen weiterhin auf die billigere Gasbeleuchtung (326, S. 69).

Konkurrenz von Gas und Strom

Aber Gas wurde nicht einfach von der neuen ‚überlegenen Technik' verdrängt. Der Gasindustrie gelang es in den 1890er Jahren, mit Verbesserungen wie dem Gasglühlicht (Auerlampe) den angeblichen Vorzügen der Elektrizität Alternativen entgegenzusetzen. Die Auerlampe war sparsamer, verbrauchte viel weniger Sauerstoff und hatte keine offene Flamme mehr, was die Hitzeentwicklung eindämmte (327). Zusätzlich änderten die Gaswerke ihre Tarifstruktur, um die durch die Auerlampe und durch zunehmende Konkurrenz erlittenen Verluste auszugleichen. Sie verlangten unterschiedliche Raten für Licht und Koch-, Heizungs-, und Antriebsgas. Zur Jahrhundertwende begann in manchen deutschen Städten der Verbrauch von Gas für Hei-

6. Technik und technischer Wandel

zung und Motorenantrieb denjenigen von elektrischem Licht zu übersteigen. Gas zeigte keinerlei Anzeichen, eine unterlegene Technik zu sein. Gaswerke begannen für den Absatz von Gas zum Kochen und für Warmwasser zu werben, lenkten in öffentlichen Veranstaltungen die Aufmerksamkeit auf die Vorteile dieses Energieträgers und vermieteten Geräte (363). Erste Versuche für Gasherde als Alternative zu Holzherden wurden seit 1802 durchführt, aber erst mit den Vorführküchen in den 1880er Jahren nahmen Angst und Vorurteile in der Bevölkerung langsam ab. Die Basistechnologie der in den 1930er Jahren entwickelten Herde war auch Ende des 20. Jahrhunderts noch in Gebrauch.

1883 konnte das Publikum auf der elektrotechnischen Ausstellung in Wien die erste elektrisch gekochte Mahlzeit bewundern. Teuteberg hat deshalb einen linearen Entwicklungspfad von Holz-, über Gas- zum Elektroherd aufgezeigt, ohne zwingende Vorteile des Elektroherds gegenüber Gas zu nennen (363, S. 468). Trotz der ständig betonten, angeblich evidenten Vorteile kann von einer „Rationalisierung der Küche" mit dem Elektroherd nur in den Werbeschriften der Elektroindustrie gesprochen werden. Die Strompreise waren im späten 19. Jahrhundert noch sehr hoch und die Herde kaum erschwinglich. Die Verwendung von weißem Email für die Frontpartien und Lehrküchen unterstützte das Werbeimage der modernen Küche, das schließlich um 1920 Strom – auch wegen der Werbung zu seinen Gunsten – zur echten Konkurrenz von Gas werden ließ (363, S. 467–470). In den 1890er Jahren sorgten Münzautomaten für Gaslicht, und Gasbadeöfen erleichterten den Anschluss auch von Arbeiterhaushalten ans Gasnetz. Überdies trugen sie dazu bei, dass sich das Netz vergrößerte. Gleichzeitig verstärkte auch die Hygienebewegung diese Entwicklung. Gesundheitsreformer brandmarkten die noch weit verbreiten Kohleöfen als Hauptursache von Atemwegserkrankungen wie Tuberkulose. Die Gasöfen boten dazu die gesunde Alternative. Die Anzahl privater Gasanschlüsse in Deutschland stieg von 4,1 Millionen 1890 auf 8,5 Millionen 1900; gleichzeitig vergrößerte sich der private Verbrauch von 405 Millionen Kubikmeter 1890 auf 721 Millionen Kubikmeter 1900. Nach 1900 bauten viele Städte ihre Gasnetze mit neuen Gaswerken weiter aus, um dem gewachsenen Bedarf gerecht zu werden. Dennoch benutzten aber nur etwa 50 Prozent aller Haushalte vor dem Ersten Weltkrieg Gas und lediglich 10 Prozent setzten Elektrizität ein. In den 1870er Jahren etablierten sich die neuen Techniken aber so weit, dass mit ihrer Verfügbarkeit auch die Wahrnehmungswelten der meisten Menschen gewaltig verändert wurden (360). Beide Techniken standen durchaus gleichwertig nebeneinander und ihre Betreiber verstärkten gerade wegen dieser Wettbewerbssituation ihre Bemühungen um Verbesserungen ihres jeweiligen Produkts.

Ausbau der Infrastruktur

Die meisten Bereiche, in denen seit den 1870er Jahren von Technisierung gesprochen wurde, begannen diese mit Beginn des 20. Jahrhunderts in großem Stil auch zu verwenden: außer Bergbau, Bauwesen, Landwirtschaft, Nahrungsmittelproduktion auch Haushalt und Büro. Die Elektrizitätswerke verstärkten seit den späten 1890er Jahren ihre Werbung und griffen zu tarifpolitischen Maßnahmen, um Abnehmer zu gewinnen und den Stromabsatz zu fördern. So tauschten sie etwa Kunden kostenlos ausgebrannte Glühlam-

Ausbau der Stromnachfrage

pen aus. Die 1912 eingeführte pauschale Regelung der Treppenhausbeleuchtung erwies sich als besonderer Glücksfall für die Elektrizitätswerke. Sie boten den Hauseigentümern kostenfreie Hausanschlüsse für Treppenhausbeleuchtung an, wenn diese die Kosten der Innenbeleuchtung übernahmen. Auf diese Weise gewöhnten sich immer mehr Menschen an elektrisch beleuchtete Räume. Zudem versuchten die Elektrizitätswerke seit 1912 mit Sondertarifen – gegen Zahlung eines Lichtzuschlags konnte die Elektrizität auch zu Kraftzwecken genutzt werden – die Abnehmer zur Nutzung von elektrischen Haushaltsgeräten zu gewinnen (326, S. 76f.). Die Elektrizitätswerbung erzielte in der Öffentlichkeit eine nachhaltige Wirkung. Seit den frühen 1880er Jahren zeigen die vielfach verwendeten Weiblichkeitsallegorien im Zusammenhang mit Elektrizität die universelle Bedeutung der Elektrizität (353). Die Elektroindustrie bewarb auch Regierungen und Kommunen. Vor allem der Elektromotor wurde als der Retter der Kleinbetriebe angepriesen, deren Inhaber sich Dampfmaschinen nicht leisten konnten. In der Zeit bis zum Ersten Weltkrieg waren die öffentlichen Kraftwerke noch weitgehend auf Kleinbetriebe als Stromabnehmer angewiesen, die sich jedoch erst langsam der neuen Energieform zuwandten (206, S. 258).

Straßenbahnen brauchen Tagesstrom

Die Elektroindustrie suchte nach neuen Tagesstromabnehmern zur Auslastung der Kapazitäten, die nachts bereitgestellt wurden, und sie fanden die Straßenbahnunternehmen. 1881 hatte Siemens in Lichterfelde (Berlin) die erste elektrische Straßenbahn in Betrieb genommen. Aber erst von den 1890er Jahren an bis zum Ersten Weltkrieg wurden in Deutschland praktisch alle Straßenbahnunternehmen elektrifiziert. Vielfach halfen die Stromproduzenten bei den Entscheidungen über die Technik, welche die Pferdebahnen ersetzen sollte, tatkräftig mit. Ihre Tochtergesellschaften kauften Straßenbahnbetriebe auf, um sie anschließend zu elektrifizieren und den Absatzmarkt zu erweitern. Mit dem Aufstieg der Elektroindustrie galt Berlin in den Augen der Zeitgenossen im ersten Jahrzehnt des 20. Jahrhunderts als „Elektropolis", als elektrisch bedeutendste Stadt Europas. Zwei der größten elektrotechnischen Unternehmen, Siemens & Halske und AEG, hatten seit 1890 ihre Hauptsitze dort und ließen bedeutende Architekten ihre Fabriken und Verwaltungsgebäude entwerfen (342, S. 218). Die Elektroindustrie hatte in den neunziger Jahren die bis dahin führende Maschinenindustrie überholt.

Flächendeckende Elektrifizierung

Zur flächendeckenden Elektrifizierung der Haushalte kam es in Berlin und anderen Städten aber erst in den 1920er Jahren nach der unterirdischen Verlegung der Leitungen. Allerdings wurde Elektrizität nur für Licht eingesetzt. Zu dieser Zeit stieg auch der Gebrauch von Gas zum Kochen und Heizen von Warmwasser rapide an. Der Erfolg der Elektrizitätswirtschaft lag in einer engen Kooperation von Staat und Industrie, die in Deutschland besonders wirksam wurde, denn – wie Rathenau noch 1907 formulierte – die Elektrizität musste dem Konsumenten gewissermaßen aufgedrängt werden (206, S. 259). Waren in den 1880er und 1890er Jahren noch die lokalen Elektrizitätswerke, Gaswerke und Stadtverwaltungen die Hauptakteure auf der Bühne der neuen Energienetzwerke, erschienen noch vor dem Ersten Weltkrieg größerer Unternehmen, welche die Stromversorgung mit viel umfangreicheren und effizienteren Werken in der Nähe der Energiequellen wie Wasser oder Braunkohle übernahmen (360). Auf diese Weise weiteten sich die

Stromnetze langsam auf kleinere Städte und ländliche Regionen aus. Dieser Prozess hielt bis weit in die 1930er Jahre an. Die Städte verloren deshalb ihre Vorreiterrolle bei der Ausdehnung der Energienetze an gemischtwirtschaftliche Großkonzerne wie Bayern-Werk, Preußen-Werk oder RWE.

In der Zwischenkriegszeit führte die Elektrowirtschaft regelrechte Werbefeldzüge zugunsten der Elektrifizierung: „Wenn Sie sich etwas Neues für die Küche anschaffen, dann seien Sie sich im Klaren darüber, dass der Elektrizität die Zukunft gehört." Solche und ähnliche Hinweise las man allenthalben auf Flugblättern und in Zeitungsinseraten (340, S. 212). Die Elektrifizierung der Haushalte war in den 1920er und 1930er Jahren bereits in aller Munde. Zahlreiche Texte und Werbeschriften in Frauenzeitungen, Familienzeitschriften, in der Fachpresse und bürgerliche Frauenverbände priesen in der Zwischenkriegszeit die Elektrifizierung als einzigen Weg zum modernen, hygienischen und rationellen Haushalt. Sie versuchten die Technisierung des Haushaltes zu popularisieren und zeugen von einer zunehmenden Faszination für die Elektrifizierung der privaten Sphäre, wo sich das Bügeleisen durchzusetzen begann (340, S. 208). Gas war jedoch in der Zwischenkriegszeit immer noch die meistgenutzte Energie in privaten Haushalten (359, S. 22). Trotz Ideen wie der Frankfurter Küche und der Taylorisierung der Hausarbeit blieb das Haus eine „Maschine", die von Kohle, Gas und *Frauen* angetrieben wurde. Die wenigsten Menschen besaßen und benutzten Haushaltsgeräte wie Elektroherde, Waschmaschinen, Mixer, Wasserkocher, Kühlschränke und Spülmaschinen. Dies änderte sich erst in den 1950er Jahren.

Werbung für Strom und Technik

7. Bevölkerung und Gesundheit

Die Bevölkerungsentwicklung gehört seit jeher zu den Grundfragen der Sozial- und Wirtschaftsgeschichte, weil das Arbeitskräfteangebot oder die Konsumnachfrage wichtige Determinanten der wirtschaftlichen Entwicklung darstellen. Allerdings hatte die Bevölkerungsgeschichte in Deutschland nach 1945 einen schweren Stand. Zu sehr sah sie sich als Folge der nationalsozialistischen Ideologie an den Rand gedrängt (388, S. 9–17). Dies war keineswegs völlig unbegründet, wie die Kontroverse um führende deutsche Sozialhistoriker und ihre Vergangenheit im Nationalsozialismus gezeigt hat (60). Erst im Rahmen der historischen Demographie, die seit den 1970er Jahren als Teil der modernen Sozialgeschichte erneut an Bedeutung gewann, sind viele wichtige Faktoren der Bevölkerungsentwicklung Deutschlands wieder in den Blickpunkt des Interesses gerückt (407). Besonders bedeutsam sind dabei die Arbeiten von Arthur E. Imhof (34; 384; 385), Reinhard Spree (408; 67) und Peter Marschalk (396). Allerdings ist die quantitative Ausarbeitung im Vergleich beispielsweise zu England weniger ausführlich vorgenommen worden. Dies ist einerseits in den Vorteilen eines zentralisierten Landes mit hervorragendem statistischen Büro begründet, aber auch in der relativ kurzen Zeitspanne, in der historische Epidemiologie und Demographie in der deutschen Geschichte überhaupt für wichtig gehalten wurden. Mit der kulturalis-

Bevölkerung und Arbeitskräfteangebot

Forschungsprobleme

tischen Wende in der Geschichtswissenschaft sind diese Ansätze aber wieder etwas in Vergessenheit geraten.

Industrialisierung und Bevölkerungswachstum

Die vielleicht wichtigste Information zur demographischen Entwicklung im 19. und frühen 20. Jahrhundert ist das allgemeine Bevölkerungswachstum. Zwischen 1820 und 1900 verdoppelte sich die deutsche Bevölkerung, trotz beachtlicher Migrationsverluste in der Überseewanderung. So lebten um 1900 bereits 56 Millionen Menschen in Deutschland, eine Zahl die bis 1990 auf knapp 80 Millionen anwuchs (380). Seit dem Ende des 18. Jahrhunderts schwand nach Meinung der meisten Autoren die Bedeutung der „malthusianischen Falle". Im Prinzip ist es dabei irrelevant, ob die überhöhte Bevölkerungszahl durch Katastrophen im Sinne von Kriegen, Hungersnöten und Epidemien oder aber durch bewusste Geburtenkontrolle wieder ins Gleichgewicht mit dem Nahrungsmittelspielraum gebracht wurde. Nur glaubte der Moraltheologe Malthus nicht an die Fähigkeit der Menschen, ihre Fortpflanzung rational zu steuern. Dem steht allerdings die mittlerweile gut bekannte Tatsache entgegen, dass bestimmte Formen der Geburtenkontrolle lange vor dem 20. Jahrhundert bekannt waren (414).

Überwindung der malthusianischen Falle

Die Überwindung der „malthusianischen Falle" als demographisches Grundkonzept ersten Ranges bestätigt gleichwohl eine immer wieder genannte Vorbedingung der Industrialisierung. Denn erst durch die auch in Deutschland schon im 18. Jahrhundert einsetzende Produktivitätssteigerung in der Landwirtschaft wurde nicht nur das Kapital für industrielle Investitionen bereitgestellt, sondern auch der Übergang zu andauerndem Bevölkerungswachstum durch eine – in der Diktion Malthus' – Erweiterung des Nahrungsmittelspielraums überhaupt erst ermöglicht (296).

Sterblichkeit und Bevölkerungswachstum

Es ist alles in allem durchaus nahe liegend, zuerst den Beitrag der Sterblichkeit zum Bevölkerungswachstum zu untersuchen. McKeown, ein bedeutender englischer Sozialmediziner, hat in zahlreichen Veröffentlichungen seit den 1950er Jahren die Deutung vertreten, dass primär der Rückgang der Sterblichkeit für das Wachstum der Bevölkerung im 19. Jahrhundert verantwortlich gewesen sei (44). Dabei basieren seine Überlegungen vor allem auf dem Konzept des „demographischen Übergangs", das den säkularen Wandel einer vormodernen zu einer modernen Bevölkerungsstruktur anhand der beiden Variablen Geburten- und Sterbeziffer modelliert (371). Inhaltlich stellt das Konzept wenig mehr als einen Idealtyp der natürlichen Bevölkerungsentwicklung dar, der den Übergang von hohen Geburten- und Sterblichkeitsziffern zu niedrigen Werten in mehreren Phasen darstellt, wobei *zuerst* die Sterblichkeitsziffer zu sinken beginnt und damit das Bevölkerungswachstum anschiebt (406, S. 273–302).

Demographischer Übergang

Diese relativ statische Analyse gewinnt ihre analytischen Vorzüge vor allem durch den Ländervergleich; nicht ohne Grund untersucht McKeown in seinem Artikel England/Wales, Schweden, Frankreich und Österreich-Ungarn, um allgemeine Trends und relative Abweichungen zu diskutieren. Der heuristische Wert des Konzepts des demographischen Übergangs bleibt jedoch im Prinzip auf chronologische Aussagen beschränkt, die aber nach wie vor umstritten bleiben wie die Datierung des Sterblichkeitsrückgangs in Deutschland belegt, der von der Forschung unterschiedlich fixiert worden ist. Dabei resultieren die Unterschiede in der Datierung aus unterschied-

7. Bevölkerung und Gesundheit

lichen Bewertungen einzelner Sterblichkeitsspitzen um die Mitte des 19. Jahrhunderts, die man entweder als Abweichung vom Trend des bereits einsetzenden Rückgangs oder aber als Ausdruck eines Sterblichkeitsbergs in der frühen Industrialisierung bezeichnen kann (409). Der oft geäußerte Einwand gegenüber der „Weichheit" quantitativer Daten gilt im Fall der allgemeinen Sterblichkeit weniger, denn beim Tod handelt es sich um einen unschwer zu beobachtenden Sachverhalt. Selbst die ebenfalls notwendigen Bevölkerungszahlen dürften zumindest als Schätzwerte ihre Gültigkeit haben. Die preußische und bayrische Sterblichkeitsstatistik gehen auf die Gründungen der jeweiligen statistischen Ämter im Jahr 1805 beziehungsweise 1833 zurück und gelten, zumindest im Hinblick auf die Angaben zur Sterblichkeit, als zuverlässig (408, S. 27f.).

Sieht man von solchen Detailproblemen ab, war die Zunahme der Lebenserwartung seit dem Einsetzen des Sterblichkeitsrückgangs beachtlich. Bei der Geburt stand die Lebenserwartung in Preußen bis 1860 im Durchschnitt noch unter 30 Lebensjahren. Zu Beginn des Kaiserreichs lag sie bereits bei knapp 40 Jahren, stieg bis 1910 auf knapp 50 und schließlich zu Beginn der 1930er Jahre auf rund 60 Lebensjahre an. Werte für Deutschland erreichen mittlerweile für Frauen bereits knapp 80 Jahre (380, S. 43). Den bedeutendsten Beitrag zu diesem Sterblichkeitsrückgang lieferte sicherlich die abnehmende Säuglingssterblichkeit, definiert als die Sterblichkeit lebend geborener Säuglinge während des ersten Lebensjahres (386). Sie reduzierte sich von den frühesten Angaben, die bei rund 30 Prozent lagen, auf unter 0,5 Prozent in den späten 1990er Jahren. Werte aus der englischen Todesursachenstatistik erlauben die weitere Differenzierung des Sterblichkeitsrückgangs. Bezogen auf das Basisjahr 1841, gewannen Frauen bei Geburt bis 1901 sechs zusätzliche Lebensjahre, bis 1951 waren es bereits 25 „gewonnene Jahre" (Imhof), die bis 1991 auf 32 Jahre anstiegen. Für Frauen, die bereits das 35. Lebensjahr erreicht hatten, nahm die verbleibende Lebenszeit gegenüber 1841 bis 1901 gar nicht zu; bis 1951 kamen acht Lebensjahre hinzu, während es 1991 dreizehn zusätzliche Lebensjahre waren (411). Diese Angaben verdeutlichen die relativ geringe Zunahme der Lebenserwartung in den oberen Altersgruppen und zeigen eindrücklich, dass die Reduktion der Säuglings- und Kindersterblichkeit *der* zentrale Antriebsmotor des Sterblichkeitsrückgangs insgesamt war.

Zunahme der Lebenserwartung

Bereits Gerhard Mackenroth wies durch sein Konzept der „Bevölkerungsweise" auf den engen Zusammenhang zwischen Bevölkerungszahl, Sozialstruktur und Verhaltensnormen hin, indem er die Bedeutung des „Prinzips der Stelle" für die Bevölkerungsstruktur hervorhob (395, S. 408–413). Das Prinzip der Stelle steht stellvertretend für die Kontrolle der Heiratsfähigkeit durch die Grundherren. Es wurde erst durch die preußischen Reformen des frühen 19. Jahrhunderts vollständig abgelöst. Eine Zustimmung zur Heirat war zuvor in der Regel erst möglich, wenn eine zum Auskommen ausreichende Stelle nachgewiesen werden konnte. Mit Mackenroth lässt sich demzufolge argumentieren, dass mit dem Wechsel von einer vorindustriellen zu einer industriellen Lebensweise der Verlust traditionaler Herrschaftselemente verbunden war. Nachdem die Voraussetzung für eine Heirat, eine gute Stelle zu haben, weggefallen war und das Heiratsalter tendenziell sank, kam

Konzept der Bevölkerungsweise

es auch zu einer Steigerung der Geburtenziffer, die zum Bevölkerungswachstum beitrug. Wrigley und Schofield haben sich in ihrer bahnbrechenden Studie zur Bevölkerungsgeschichte Englands mit McKeowns These der Bedeutung des Sterblichkeitsrückgangs für das Bevölkerungswachstum auseinander gesetzt. Sie sind mit Hilfe umfassender Rekonstruktionsberechnungen zu der Schlussfolgerung gelangt, dass beide Komponenten zwar zum Bevölkerungswachstum beitrugen, jedoch die Zunahme der Geburtenziffer das Wachstum zu etwa zwei Dritteln zu erklären vermag. Damit komme der Sterblichkeit eine geringere Bedeutung zu, als McKeown angenommen hatte (80).

Erklärung des Sterblichkeitsrückgangs

Während die Datierung und das genaue, nach Alter und Geschlecht differenzierte Ausmaß des Sterblichkeitsrückgangs zwar im Einzelnen weiterhin unklar bleibt, ist die fundamentale Zunahme der (bezogen auf die Mitte des 19. Jahrhunderts mehr als verdoppelten) Lebenserwartung seit dem Beginn des 19. Jahrhunderts nicht umstritten. Sehr viel weniger klar ist die Erklärung dieses säkularen Rückgangs der Sterblichkeit. Seit den 1950er Jahren wird dieses Problem in der internationalen Forschung kontrovers diskutiert; wobei die grundsätzlichen Annahmen und die ideellen Bezugspunkte zwischen den einzelnen Diskutanten nicht immer kongruent sind (390). Erstaunlicherweise ist die Diskussion aber auf die Kreise spezialisierter Forscher begrenzt geblieben. In die allgemeine Geschichte oder sogar ins öffentliche Bewusstsein hat die Debatte bisher keinen Eingang gefunden. Aber die Erklärung einer der wichtigsten Veränderungen des täglichen Lebens und der wirtschaftlichen und politischen Rahmenbedingungen – und dies war der Rückgang der Sterblichkeit – ist unabdingbar. Bereits den Zeitgenossen, den frühen Exponenten der Sozialwissenschaften, den Vertretern der statistischen Landesämtern und der sozialen Hygiene fiel wiederholt der dramatische Rückgang der allgemeinen Sterblichkeit seit Mitte des 19. Jahrhunderts auf. Zu deutlich war das Wachstum der Lebenserwartung bereits im neunzehnten Jahrhundert. Aber sie argumentierten primär deskriptiv, *dass* die Mortalität rückläufig war; sie waren nicht unbedingt daran interessiert, zu wissen, *weshalb* sie trendmäßig zurückging.

Umstrittene Rolle der Medizin

Eine verbreitete Erklärung des Rückgangs geht davon aus, dass aufgrund medizinischen Fortschritts sowie der sich verbessernden Krankenhauspflege die Behandlungschancen für die wichtigsten Krankheiten gestiegen seien und damit mithin die Sterblichkeit sehr günstig beeinflusst worden sei. Newsholme, ein einflussreicher englischer Medizinstatistiker, hat für England die Bedeutung der Arbeitshäuser betont, da diese viele Fälle ansteckender Krankheiten isoliert hätten (402). Aber weder die Erklärung der zunehmenden Isolation ansteckender Krankheiten, die nur auf England überhaupt zuträfe, noch die Ausführungen zum medizinischen Fortschritt in Zusammenhang mit dem Sterblichkeitsrückgang sind empirisch überprüft worden. Vielmehr wurde aus der negativen Korrelation zwischen der Anzahl der Krankenhausbetten und der Sterblichkeitsziffer geschlossen, dass wohl das Wachstum der Ersteren für den Rückgang der Letzteren verantwortlich sein müsste. Man kann sich heute nur darüber wundern, dass sich einzelne Verfasser nach dem Zweiten Weltkrieg trotz selbst vorgenommener umfassender Datenanalysen zur Sterblichkeitsentwicklung sowie dem wechselnden Stel-

7. Bevölkerung und Gesundheit

lenwert unterschiedlicher Todesursachen mit nicht überprüften Erklärungen zur Bedeutung der modernen Medizin zufrieden gaben (393). Auch die tatsächlichen Leistungen des Krankenhauses im 19. Jahrhundert wurden nicht zur Erklärung des Sterblichkeitsrückgangs herangezogen. Hier hat erst die jüngste Forschung zu einiger Klärung beigetragen, indem sie als Hauptfunktion des *modernen* Krankenhauses die Behandlung der heilbaren Krankheiten identifizierte. Darunter sind hauptsächlich Bagatellkrankheiten wie beispielsweise die Krätze zu verstehen (209). Ferner wurden Heilungsquoten des 19. Jahrhunderts überschätzt, wenn einfach aus erfolgten Entlassungen aus dem Krankenhaus auf die offensichtliche Heilung verwiesen wurde. Hier ist auf das Problem der historischen Diagnosen zu verweisen, die zu Fehlschlüssen verleiten und letztlich nur wenig zur Erklärung des Krankheitenpanoramas beitragen (370). Zu erklären ist dies sicherlich mit dem zeitgenössischen Kontext, denn spätestens seit dem Ersten Weltkrieg erfreute sich die moderne wissenschaftliche Medizin zunehmenden Prestiges, und es schien nicht mehr gerechtfertigt, an ihrer Bedeutung zu zweifeln. Gerade angesichts der immer rascher erfolgenden medizinischen Innovationen seit dem Zweiten Weltkrieg meinte man den Nutzen der Medizin in der Vergangenheit mit dem in der Gegenwart gleichsetzen zu können. Die Medizingeschichte beginnt erst den Zweiten Weltkrieg und vor allem die Jahre danach als Forschungsgebiet zu erfassen, wobei insbesondere auf die von Süß vorgelegte hervorragende Studie hinzuweisen ist (410). Man darf auf weiterführende Beiträge zur Geschichte des Durchbruchs der therapeutischen Medizin in den 1950er Jahre hoffen; erste Veröffentlichungen dazu liegen vor (374).

Die Grundlagen einer verhalten geführten Diskussion veränderten sich mit zahlreichen Publikationen McKeowns, der seit 1955 zunächst in Aufsätzen in der angesehenen Fachzeitschrift *Population Studies* und später auch in mehreren Monographien und Bänden eine innovative Analyse des Sterblichkeitsrückgangs publizierte (397; 398; 399; 44). McKeown verfolgte zwei grundsätzlich unterschiedliche Ziele. Erstens erklärte er – wie hier bereits gezeigt – das moderne Bevölkerungswachstum primär durch einen Rückgang der Sterblichkeit. Dabei dürfte er generell den Stellenwert der Sterblichkeit für das Bevölkerungswachstum etwas überschätzt haben. So kommen Wrigley und Schofield in ihrer Bevölkerungsgeschichte Englands zu dem Schluss, dass die Geburtenziffer doch für zwei Drittel des Wachstums der Bevölkerung verantwortlich und damit deutlich wichtiger als die Sterbeziffer gewesen sei (80). Es handelt sich dabei nicht um eine Detailfrage. Vielmehr ist eine zutreffende Erklärung nicht unerheblich, da das Bevölkerungswachstum selbst als eine wichtige strukturelle Begleiterscheinung, manchmal auch eher als Vorbedingung für die Industrialisierung gilt.

Das zweite Ziel McKeowns bestand jedoch darin, mit historischen Argumenten eine Kritik der modernen Medizin zu formulieren. Er war Zeitgenosse des weitgehenden Abschieds vom öffentlichen Gesundheitswesen in Form von „Public Health" und des Beginns der individualistischen, therapeutischen Medizin für die breite Bevölkerungsmehrheit durch die Gründung des „National Health Service" 1948 (368). In der Tat hielt er eine Geschichte der Medizin nur für legitim, wenn es ihr gelang, historische Erkenntnisse auf gegenwärtige Probleme anzuwenden (400). Die so genannte McKeown-Hypo-

> McKeown – Debatte zum Sterblichkeitsrückgang

> Wirkungslosigkeit der Medizin

III. Forschungsprobleme

these hat seit den 1950er Jahren zu einer andauernden Kontroverse über die Ursachen des modernen Sterblichkeitsrückgangs geführt, die ganz im Sinne McKeowns immer auch eine Diskussion um den Stellenwert der Medizin in Vergangenheit und Gegenwart gewesen ist. McKeowns Position weist zwei Argumentationsniveaus auf: Auf einem allgemeinen Niveau beschreibt er den Nutzen medizinischer Behandlung in Bezug auf die wichtigsten Todesursachen und kann für die Epoche bis zum Zweiten Weltkrieg feststellen, dass die Medizin im Wesentlichen keinen Einfluss auf den Rückgang der Sterblichkeit hatte. Auf einem speziellen Niveau untersucht er die einzelnen in Frage kommenden Todesursachen und gewichtet deren Bedeutung im Spektrum der unterschiedlichen Todesursachen. Ein zentrales Element ist dabei die Bewertung verschiedener Infektionskrankheiten, die er nach dem Übertragungsweg in „waterborne" und „airborne diseases" kategorisiert.

Sanierung der hygienischen Infrastruktur

Zu den Infekten, die im Wesentlichen durch kontaminiertes Trinkwasser übertragen werden, gehören Krankheiten wie Cholera und Typhus, deren Rückgang im 19. Jahrhundert – unter anderem bedingt durch die Verbreitung des öffentlichen Gesundheitswesens in Form von städtischen Brauch- und Trinkwassersanierungen – gut erforscht ist (392; 412). McKeown vertritt allerdings die Meinung, dass diese Krankheiten für die Gesamtsterblichkeit des 19. Jahrhunderts wenig bedeutend waren. Dies dürfte besonders für die epidemisch auftretende Cholera der Fall gewesen sein. Pelling hat schon 1978 erkannt, dass die Cholera zwar in den Epidemiejahren zu den wichtigeren Todesursachen zählte, aber nicht häufig genug auftrat, um die Sterblichkeitsentwicklung im 19. Jahrhundert nachhaltig beeinflussen zu können (404). Ausführliche historische Arbeiten zur Geschichte der Cholera haben diesen Eindruck nicht zu trüben vermocht (376).

Unmöglichkeit der Therapie

Anders liegt der Fall bei den über die Atemluft übertragenen Krankheiten wie der Tuberkulose. Zur Geschichte der Tuberkulose liegen mittlerweile eine Reihe von Einzeluntersuchungen vor, die sich mit der historischen Epidemiologie der Krankheit befassen (375). Unbestritten ist, dass es sich um eine sehr weit verbreitete, chronisch verlaufende Infektionskrankheit handelt, die im 19. Jahrhundert die wichtigste Todesursache des Erwachsenenalters darstellte, jedoch an Bedeutung bis zu den Jahren nach dem Zweiten Weltkrieg nur geringfügig verlor. Faszinierend aus historischer Sicht ist die Tuberkulose, weil bis nach dem Zweiten Weltkrieg keine Therapie existierte (373). Ob das im Einzelfall immer hieß, dass die vorher angebotenen Therapien bei allen Patienten versagten, ist damit allerdings nicht unbedingt erwiesen, zeigt doch gerade die Behandlungsgeschichte der Tuberkulose, wie sehr der Begriff des medizinischen beziehungsweise therapeutischen Erfolgs sozial und nicht nur medizinisch konstruiert wurde (372). Aber in groben Zügen wird man der Skepsis McKeowns folgen können und der Tuberkulose eine Schlüsselrolle in der Diskussion zu den Gründen des Sterblichkeitsrückgangs zuweisen, denn die therapeutische Medizin kann bei über 90 Prozent des Rückgangs – gemessen am Höchststand zu Beginn der statistischen Erfassung – nur eine marginale Rolle gespielt haben.

Tuberkulose als industrielle Krankheit

Anhand der Tuberkulose lässt sich die typische Argumentationsweise McKeowns exemplifizieren. Zunächst diskutiert er eine Veränderung der Virulenz des Krankheitserregers, findet aber im Falle der Tuberkulose keinen vernünftigen Hinweis darauf, dass die Krankheit im 20. Jahrhundert von einem schwächeren Erreger hervorgerufen worden sei als noch in der Mitte des 19. Jahrhunderts. Seine zweite Argumentationskette konzentriert sich auf die vergeblichen Therapieversuche, die von Lungensanatorien über Tuberkulin bis hin zur Lungenchirurgie reichten. Hier wird deutlich, dass McKeown einen sehr zeitgenössischen Heilbegriff verwendet, mithin also nicht an der Historisierung von Therapie und Krankheit, sondern an der Ex-post-Betrachtung der Vergangenheit interessiert ist (405). In einem dritten Schritt betrachtet McKeown dann Umweltfaktoren, die den Rückgang der Tuberkulose verursacht haben könnten. Dabei erkennt er in dem sich etablierenden öffentlichen Gesundheitswesen der zweiten Hälfte des 19. Jahrhunderts einen geringen, nahezu vernachlässigbaren Faktor, weil erstens die Tuberkulose als „airborne disease" kaum durch Trink- und Brauchwassersanierungen kontrollierbar war und zweitens der Rückgang der Tuberkulose seiner Meinung nach deutlich vor den ersten Anstrengungen der Stadtsanierung bereits eingesetzt habe. In der Tat vertritt er die Auffassung, dass der Höhepunkt der modernen Tuberkuloseepidemie im 18. und nicht im 19. Jahrhundert gelegen habe. So bleibt nach ihm als einzige Erklärung nur der besser werdende Lebensstandard übrig. Nicht etwa als Teil einer historischen Argumentation zur Veränderung der Ernährungsgewohnheiten, sondern mit Hilfe der aktuellen Epidemiologie seiner Zeit hat McKeown den Stellenwert der Ernährung hervorgehoben. Seine Position lässt sich demnach folgendermaßen zusammenfassen: Die moderne Medizin lieferte keinen wichtigen Beitrag zum modernen Sterblichkeitsrückgang. Da die medizinisch informierten Erklärungen des Sterblichkeitsrückgangs klar versagen, bleibt nur der wachsende allgemeine Lebensstandard und insbesondere die bessere Ernährung breiter Volksschichten als Faktor übrig, zumal ihr Einfluss auf die über die Atemwege übertragenen Infektionskrankheiten auch epidemiologisch abgesichert ist.

Lebensstandard und Ernährung als Erklärung

Eine kritische Rezeptionsgeschichte dieser McKeown-Hypothese ist bis heute nicht vorgelegt worden. Sogar Weiterentwicklungen der Argumentation enthalten nur bruchstückhafte Aussagen über den Kontext und die Folgen von McKeowns Forschungen (42). Die Publikationen wurden innerhalb der Medizin durchaus positiv aufgenommen, da sie eine moderne Begründung der sozialen Medizin (in kritischer Abgrenzung zur sozialen Hygiene der Zwischenkriegszeit) boten. Auch die klinische Medizin sah sich wenig gefährdet, weil in den 1950er Jahren ihre gesellschaftliche Stellung immer klarer festgelegt wurde und sich Innovationsleistungen durchsetzten, die eine breite Rezeption McKeowns mehr oder weniger unmöglich machten. Bedeutsam war ferner, dass seine Publikationen in zwei unterschiedlichen Phasen entstanden. Die Aufsätze in *Population Studies* stellten seit 1955 innovative Forschungsleistungen dar, während die Buchpublikationen der 1970er Jahre vorrangig auf die breitere Leserschaft zielten. Erst die letzteren Veröffentlichungen wurden von der Geschichtswissenschaft zur Kenntnis genommen, weil sich mittlerweile auch andere Autoren kritisch mit dem Einfluss der modernen Medizin zu befassen begannen (383). Nach Jahrzehnten des harmlosen Positivismus und der Hagiographie begannen verschiedene Teilrichtungen der Geschichte an einer Historisierung der Medizin zu arbeiten. Besonders für die Sozialgeschichte der Medizin wirkte McKeown befrei-

Sozialgeschichte der Medizin

end, denn seine Untersuchungsansätze und Interpretationen erlaubten, Gesundheit und Krankheit als Kernbegriffe der modernen Gesellschaft zu diskutieren (405; 391).

Scharfe Kritik an McKeown

McKeown provozierte mit seinen radikalen Aussagen aber auch heftigen Widerspruch unter der Ärzteschaft, die oftmals auf die Leistungen der modernen Medizin pochten, ohne sich auf eine historisch-statistische Argumentation einzulassen. Von Historikern war wenig Kritisches zu hören; selbst Versuche zur Differenzierung und Erweiterung McKeowns wirken aus der Rückschau wenig erhellend (413). Seit Luckins 1980 veröffentlichtem Beitrag ist aber deutlich geworden, dass McKeowns Arbeiten sowohl konzeptionelle Schwierigkeiten als auch Quellenprobleme – besonders in der Form der statistischen Bearbeitung – aufweisen (394). Szreter schrieb schließlich 1988 den programmatischen Aufsatz zur Rolle der Medizin im Sterblichkeitsrückgang. Er formulierte in polemischer, aber sehr wirkungsvoller Weise eine Reihe von Problemen, die sich dank neuerer Forschungen zum Sterblichkeitsrückgang ergeben hatten (68).

Qualität der statistischen Daten

Ein Kernargument konzentriert sich auf methodische Probleme. Dabei treten die Datenqualität und das hohe Aggregationsniveau der Daten McKeowns in den Vordergrund. McKeown bezog sich in wesentlichen Teilen auf die Mitteilungen des *General Registrar's Office*, das seit 1838 regelmäßig über Todesursachen in England und Wales berichtet, zumeist in Form von Zehnjahresüberblicken, den *Decennial Supplements*. Auch wenn ihn einige Zweifel über die Zuverlässigkeit des Materials beschlichen, nahm McKeown diese Angaben zur Grundlage seiner Analysen zur Datierung des Sterblichkeitsrückgangs. Zahlreiche Studien haben jedoch seither erhebliche Zweifel an der Datenqualität bis mindestens zu den 1860er Jahren, gelegentlich sogar bis 1900 erhoben (381). Dabei konzentriert sich die Kritik auf der Klassifikation der verschiedenen Formen der Tuberkulose, wobei insbesondere Lungentuberkulose (pulmonary tuberculosis) und Lungenentzündung (bronchitis) historisch offenbar überlappende Kategorien darstellen. Grundsätzlicher haben einige Historiker der modernen Statistik darauf hingewiesen, dass nicht nur herkömmliche Quellen, sondern auch quantitatives Material in einem spezifischen historischen Kontext gesammelt und publiziert wurden, so dass seine Verwertung als objektive Größe fragwürdig sei.

Aggregationsprobleme der Sterblichkeitsanalyse

Die Kritik am Aggregationsniveau der Analyse McKeowns hingegen bezieht sich auf die Tatsache, dass er sich auf den allgemeinen Sterblichkeitsrückgang konzentrierte. Dabei wurden die für das 19. Jahrhundert so wichtigen Stadt-Land-Unterschiede nivelliert, aber auch Differenzen zwischen Berufsgruppen, sozialen Schichten und Geschlechtern. McKeowns Datengrundlage wurde zunehmend als historisch zu erklärendes Problem gesehen, denn in den 1950er und frühen 60er Jahren war die Argumentation mit nationalen Daten noch generell akzeptiert. Dies änderte sich mit den Studien von Wrigley und Schofield und anderen regional differenzierenden Arbeiten, die auf die Rekonstitution von Familien statt auf nationale Statistiken abhoben. Zu erwähnen sind in diesem Zusammenhang vor allem die bekannten Forschungen zur historischen Demographie in bayrischen Gemeinden, die in den 1970er Jahren bereits von Knodel unternommen worden waren (387).

7. Bevölkerung und Gesundheit

Für die quantitativ argumentierende Geschichtsschreibung ist das *Aggregationsproblem* nicht grundsätzlich neu, denn leider liegen historische Daten sehr oft nur in aggregierter Form vor, das heißt, sie sind bereits zu Gruppen zusammengefasst. Der einzelne Fall (etwa der einzelne Sterbefall oder ein einzelner Krankenhauspatient) taucht deshalb in der Regel in historisch-statistischen Dokumenten nicht auf. Mit steigendem Aggregationsniveau (vom Einzelfall zur Gruppe bis hin zu nationalen Daten) verschwinden immer mehr Unterschiede in den Angaben; die verbliebenen Werte suggerieren eine Art Idealtyp (das heißt, es scheint, als ob der Durchschnittswert irgendwie typisch sei), obgleich er statistisch lediglich das arithmetische Mittel beliebig unterschiedlicher Einzelwerte darstellt. Szreter wirft deshalb McKeown nicht nur vor, mit Hilfe stark aggregierter Zahlen eine relativ spezifische Argumentation zu führen, sondern diese auch mit problematischen Daten zu untermauern.

Der Tuberkulose kommt in der Debatte eine Sonderrolle zu, denn sie wird nicht nur als wichtigste Todesursache ihrer Zeit behandelt, sondern auch als hervorragendes Beispiel der *Unmöglichkeit der Therapie* wie der Titel einer deutschen Veröffentlichung zur Geschichte der Tuberkulose lautet (378). Die Datenkritik richtet sich demnach auf die frühen Zahlen zur fallspezifischen Sterblichkeit von Tuberkulose und dabei besonders auf den Rückgang der Tuberkulosesterblichkeit. Vor Beginn der offiziellen Statistik wirkt McKeowns Position damit spekulativ, und auch für die Zeit nach 1838 hält Szreter die angebotene Analyse für fragwürdig. Die Verwendung der älteren Statistiken wie etwa der „London Bills of Mortality" werden allgemein aufgrund gravierender methodischer Probleme abgelehnt (383). Die von McKeown hervorgehobene Lungentuberkulose habe vermutlich nicht die Rolle gespielt, die ihr von McKeown zugewiesen werde, und ihr Rückgang habe mit aller Wahrscheinlichkeit deutlich später eingesetzt, als McKeown angenommen hatte. Die Verschiebung des Beginns des Rückgangs der Tuberkulose ist eine entscheidende Erkenntnis, in der auch Szreter selbst nicht unwidersprochen geblieben ist (379). Aber er verschiebt den Beginn des Rückgangs der Tuberkulose in die 1860er Jahre und kann einen Zusammenhang mit den im Gefolge der Choleraepidemien durchgeführten Stadtassanierungen zur Verbesserung der städtischen Infrastruktur und besonders den in Großbritannien wichtigen „housing reforms" herstellen, die in vielen Städten zu einer wesentlichen Verbesserung der Wohnverhältnisse der Arbeiterschichten beitrugen.

Auch wenn man die Wohnverhältnisse für eine primär dem Lebensstandard zuzuordnende Dimension hält, wird das Argument McKeowns an zwei Stellen erheblich modifiziert: Erstens ist sein Verständnis des Rückgangs der Tuberkulose (und vermutlich der Sterblichkeit insgesamt) in England als langer, im 18. Jahrhundert einsetzender Trend empirisch praktisch nicht begründbar. Szreter zeigt mit Hilfe einer detaillierten Analyse der englischen Todesursachenstatistik, dass bis 1860 kaum von einem allgemeinen, gesicherten Rückgang der Tuberkulosesterblichkeit ausgegangen werden kann (68, S. 15). McKeown selber hatte noch 1962 von zwiespältigen Informationen gesprochen. Es dürfte jedoch insgesamt konzeptionell schwierig sein, die Sterblichkeitsentwicklung des 17. und 18. Jahrhunderts mit derjenigen des 19. Jahrhunderts zu vergleichen, zumal ein Anstieg der Sterblichkeit bis

> Beginn des Rückgangs der Tuberkulose bleibt umstritten

Forschungsprobleme

zur Mitte des 18. Jahrhunderts dem daraufhin einsetzenden Rückgang vorausging. In Anlehnung an die „Population History of England" kann damit ein leichter Rückgang der Sterblichkeit seit der Mitte des 18. Jahrhunderts als direkte Reaktion auf die vorausgegangene Zunahme, nicht jedoch als Zeichen eines einsetzenden fundamentalen Rückgangs interpretiert werden.

Körpergrößen und Sterblichkeitsrückgang

Zur Verteidigung der McKeown-Hypothese führte Spree die Ergebnisse der „Anthropometric History" an, da eine Zunahme des „biologischen Lebensstandards" – gemessen als durchschnittliche Körpergrößen – seit der Mitte des 18. Jahrhunderts nachgewiesen werden konnte (67, S. 48). Dieser Ansatz wurde im Kapitel zum Lebensstandard dargestellt; hier muss der Hinweis Flouds genügen, wonach mit Hilfe der Körpergrößen zwar ein Ernährungsstatus gemessen werde, darin aber neben der Ernährung auch Maßnahmen des öffentlichen Gesundheitswesens oder sogar direkte Therapieerfolge enthalten seien. Damit sei der Sterblichkeitsrückgang durch die Zunahme der Körpergrößen nicht direkt zu erklären (377, S. 155).

Sterblichkeitsrückgang als Folge der Industrialisierung

Der säkulare Sterblichkeitsrückgang des 19. Jahrhunderts setzte damit weniger als Voraussetzung oder Begleiterscheinung der Industrialisierung in England ein, sondern als ihre Folge. Die Stadtassanierung, also die Sanierung von Trink- und Brauchwasser sowie der städtischen Infrastruktur als Teil einer umfassenden Verbesserung der Wohnverhältnisse, erlaubt eine präzise epidemiologische und soziale Begründung des Sterblichkeitsrückgangs, da gerade im Fall der Tuberkulose das Ansteckungs- und Erkrankungsrisiko durch beengte und hygienisch problematische Wohnverhältnisse eindeutig nachgewiesen ist. Szreter spricht in diesem Zusammenhang von einem klar rekonstruierbaren Einfluss des öffentlichen Gesundheitswesens auf den Sterblichkeitsrückgang, der auch zu einer Problematisierung der Kategorie „Medizin" bei McKeown führt. Hier ist überdies auf die für Deutschland sehr differenziert geführte Debatte zu verweisen, die den Zusammenhang von Medizin, öffentlichem Gesundheitswesen und Sterblichkeit auf hohem Niveau diskutiert hat (401). Die Konstellation ist in Deutschland etwas klarer, da hier der Sterblichkeitsrückgang später einsetzte als in England; gerade für Anhänger McKeowns ist dies nicht überraschend angesichts der verzögerten Industrialisierung Deutschlands. Bereits die soziale Hygiene der 1920er Jahre hatte eben diesen Zusammenhang stets hervorgehoben. Der Hinweis auf die spezifische Chronologie des Sterblichkeitsrückgangs in Deutschland lässt aber auch die Rolle der Medizin in neuem Licht erscheinen. Dies spricht nicht notwendigerweise für den Nutzen der therapeutischen Medizin, auch wenn es Hinweise darauf zu geben scheint, dass die Überlebenschancen bei ansteckenden Krankheiten von der Dichte und Qualität der Pflege beeinflusst wurden (42).

Euphorie für das öffentliche Gesundheitswesen

Allerdings war die zweite Hälfte des 19. Jahrhunderts von einer neuartigen Euphorie für das öffentliche Gesundheitswesen geprägt, das während der zweiten Hälfte des 19. Jahrhunderts umfassende Sanierungs- und Hygienisierungsmaßnahmen wissenschaftlich begleitete. McKeown hat die Rolle des öffentlichen Gesundheitswesens eindeutig unterschätzt; jedoch haben auch moderne Arbeiten trotz einigem methodischen Aufwand noch keine schlüssige Antwort auf die Frage nach dem Einfluss des Gesundheitswesens auf den Rückgang der akuten Infektionskrankheiten geliefert (412). Die Frage, ob die

7. Bevölkerung und Gesundheit

städtische Infrastruktur ohne Max von Pettenkofer oder John Snow tatsächlich so umfassend saniert worden wäre, ist kontrafaktisch leicht zu stellen, mit Hilfe der historischen Evidenz jedoch kaum zu beantworten. Unstrittig ist lediglich, dass die akademische Medizin die zentrale Begründung und wissenschaftliche Begleitung dieser Maßnahmen darstellte (401). Die Medizin war nicht nur mit langen Diskussionen über die Ätiologie der verschiedenen Krankheiten befasst; vielmehr entwarf sie auch Strategien, um diese zu bekämpfen. Diese gingen erheblich weiter als die tatsächlichen therapeutischen Ratschläge, gegen Cholera am besten Kamillentee zu trinken. Dennoch erfüllt das öffentliche Gesundheitswesen als historische Teilerklärung für den Sterblichkeitsrückgang einige wichtige historiographische Bedingungen: Erstens kann sie theoretisch begründet werden (etwa mit der Reduktion des Ansteckungsrisikos durch Tuberkulose als Folge der Verbesserung der Wohnverhältnisse), zweitens ist sie chronologisch angelegt (mit dem später als von McKeown vermuteten Beginn des Sterblichkeitsrückgangs), und sie nimmt drittens zeitgenössische Wahrnehmungen auf, die das Ende der akuten Infektionskrankheiten sowie den Beginn des Sterblichkeitsrückgangs der Tuberkulose mit präventiv-medizinischem Denken in Verbindung bringen.

So gesehen, ist der Einfluss der *präventiven* Medizin auf den Sterblichkeitsrückgang nicht mehr strittig, er ist allerdings schwer zu messen. Jörg Vögele etwa bewertet den Anteil der Magen-Darm-Krankheiten am Sterblichkeitsrückgang auf ca. 13,23 Prozent, was eine zurückhaltende Schätzung des Beitrags der Stadtassanierung darstellen dürfte (412). Ob es sinnvoll ist, überhaupt so genaue Zahlen zu berechnen, ist allerdings umstritten. Im Interesse einer (selbst-)kritisch arbeitenden quantitativen Geschichtsschreibung gilt es, das Fehlerpotential des Datenmaterials aufgrund der schwierigen, vorbakteriologischen Diagnostik und der teilweise problematischen Kategorisierung von Todesursachen nicht durch übermäßige rechnerische Genauigkeit zu verbergen. Szreters weiterführendem Argument, dass sinkende Fallzahlen von Krankheiten der Verdauungsorgane sich auch positiv auf die Resistenz gegen Tuberkulose ausgewirkt haben dürften, ist mit solchen Angaben allerdings nicht zu begegnen. Das Hauptproblem bei diesen Fragen liegt wieder im relativ hohen Aggregationsniveau, das Sterblichkeitszahlen in der Regel aufweisen und zumeist genaue, mehrdimensionale Kausalitätsberechnungen ausschließt. Allerdings ist Szreters Hypothese durchaus plausibel; die aktuelle Diskussion hat inzwischen gezeigt, wie unterschiedliche Krankheitsprozesse einander wechselseitig verstärken können. Für Deutschland ist deshalb von einem deutlichen, wenigstens teilweise auch messbaren Einfluss der Stadtassanierung auf den Sterblichkeitsrückgang auszugehen. Daran ändert auch die von Brown gewonnene Erkenntnis nichts, dass an der Sanierung der städtischen Infrastruktur sehr gut verdient worden ist; ihr kommt damit ebenfalls eine ökonomische Bedeutung zu (369).

Einfluss der präventiven Medizin

Die ursprüngliche Hypothese McKeowns, dass vor allem der steigende Lebensstandard für den Sterblichkeitsrückgang an Tuberkulose verantwortlich sei, wird damit nicht von vornherein falsch. Aber sie ist gerade auch in der von McKeown angestrebten polemischen Deutlichkeit und ihrer quantitativen Bedeutung einzuschränken. Ganz im Sinne Szreters wären weitere empirische Studien über den tatsächlichen Zusammenhang von Ernährungslage

Entzauberung der klinischen Medizin

Forschungsprobleme

und Sterblichkeit besonders der sozialen Unterschichten in der zweiten Hälfte des 19. Jahrhunderts wünschenswert, um die McKeown-Hypothese methodisch anspruchsvoll zu untermauern, denn der Einfluss des Lebensstandards bleibt immer noch über weite Strecken eine Residualkategorie. Um das zu ändern, wäre eine breite Fundierung der Ernährungsgeschichte auf Basis disaggregierter Daten notwendig. Das alles kann jedoch nicht darüber hinwegtäuschen, dass die Hauptstoßrichtung McKeowns, die kritische Entzauberung der klinischen Medizin mit historischen Argumenten, nichts an Aktualität verloren hat. Im Grunde hat sich in den Jahren der kritischen Diskussion um McKeown kein ernst zu nehmender Historiker gefunden, der der *klinischen* Medizin eine größere Bedeutung für den Sterblichkeitsrückgang zuweisen wollte.

Wandel der wichtigsten Todesursachen

Die Diskussion über die Gründe des Rückgangs der allgemeinen Sterblichkeit kommt ohne eine differenzierte Analyse der einzelnen Todesursachen nicht weiter, wie nach Szreters Kritik an McKeown klar ist. Jede seriöse Konzeptualisierung von Gesundheit und Krankheit muss deshalb nicht nur einen klaren, methodisch begründbaren Zusammenhang zur Diskussion der allgemeinen Sterblichkeit aufweisen, sondern auch einen analytischen Rahmen schaffen, mit dem die einzelnen Krankheiten historisiert und sinnvoll voneinander unterschieden werden können. Diesem Anspruch wird das Konzept

Epidemiologischer Übergang

des „epidemiologischen Übergangs" gerecht (403). Als Pendant zum Paradigma des „demographischen Übergangs" gliedert der Begründer dieses Ansatzes, Abdel Omran, die moderne Bevölkerungsgeschichte in drei unterscheidbaren Phasen. *Phase 1* ist die vormoderne Epoche der Seuchen und Hungersnöte. Ihr ist eine hohe und stark fluktuierende Sterblichkeit zu Eigen, die zu einer Lebenserwartung von rund 30 Lebensjahren führte. Die Lebenserwartung errechnet sich mit Hilfe der Sterbetafeln, die für jedes Alter ein aktuelles Sterberisiko angeben. Die Lebenserwartung bei Geburt entspricht dem aktuellen durchschnittlichen Sterbealter. Die Lebenserwartung in Anzahl Jahren nimmt mit steigendem Alter ab, das durchschnittlich zu erwartende Sterbealter nimmt dabei zu. Die vorherrschenden Todesursachen sind die akuten Infektionskrankheiten, wobei die Pest als paradigmatische (also phasentypische) Krankheit gilt. Diese Periode endete in Westeuropa etwa zwischen 1750 und 1800. Die *zweite Phase* der verschwindenden Seuchen und rückläufigen Epidemien zeichnet sich vor allem durch einen langsam einsetzenden Sterblichkeitsrückgang aus. Die durchschnittliche Lebenserwartung bei Geburt steigt auf ungefähr 40 Jahre an, wobei das Erreichen dieses Alters zunehmend wahrscheinlicher wird, da die Streuung der Sterblichkeit um den Durchschnitt tendenziell rückläufig ist. Die akuten Infektionskrankheiten wurden zunehmend durch chronische Infektionskrankheiten abgedrängt, wobei besonders die Tuberkulose zur vorherrschenden Todesursache (und Krankheit) avancierte. Die Phase beginnt in Europa in der Mitte des 18. Jahrhunderts – nach dem Verschwinden der Pest – und hielt bis zum Ende des 19. Jahrhunderts an. Schließlich ist die *dritte Phase* als das Zeitalter der degenerativen und zivilisationsbedingten Krankheiten gekennzeichnet worden. Die Lebenserwartung stabilisierte sich auf einem hohen Niveau und erreichte 70 und mehr Lebensjahre, wobei die Streuung um diesen Wert relativ gering ist. Als paradigmatische Krankheit für diese Phase gilt der Krebs. Dieses Stadium setzte um den Ersten Weltkrieg ein und schließt den epidemiologischen Rückgang ab.

Während der Begründer des Konzepts zunächst eher deskriptiv vorgegangen ist, hat vor allem Stephen J. Kunitz versucht, den epidemiologischen Wandel mit sozio-ökonomischen Strukturen in Beziehung zu setzen (42). In seinem bahnbrechenden Aufsatz verknüpft Kunitz unterschiedliche Erregerformen und das damit zusammenhänge Krankheitsgeschehen (etwa im Zusammenhang mit der Pest) sowie dem landwirtschaftlichen Strukturwandel und den Sterblichkeitsrückgang. Insgesamt gelingt es ihm, den Sterblichkeitsrückgang, die Verbreitung einzelner Krankheiten und den historischen Strukturwandel sinnvoll zu integrieren, was der nicht unberechtigten Kritik an McKeown, letztlich ahistorisch zu arbeiten, den Boden entzieht. Jedoch ist dieser Ansatz bisher kaum weiter verfolgt worden.

Krankheiten und sozio-ökonomische Strukturen

Weiter oben wurde bereits ausführlicher nach Alter differenziert. Dabei ist deutlich geworden, dass besonders die Veränderung der Lebensspanne von Säuglingen und Kindern zum Wachstum der Lebenserwartung beitrug. An diesen Gedanken knüpfen Sprees Analysen zum demographischen Übergang in Deutschland an. Mit Hilfe des Konzepts der Anzahl verlorener Lebensjahre untersucht er diesen Wandel der Todesursachen aus einer anderen, nicht minder akzentuierten Perspektive (67, S. 40–44). Das Maß der verlorenen Lebensjahre (PYLL – „potential years of life lost") basiert auf der Differenz des durchschnittlichen fallspezifischen Sterbealters und der aus der Sterbetafel zu entnehmenden durchschnittlichen Lebenserwartung; gelegentlich wird es auch aufgrund der Differenz von mittlerem Sterbealter und 65 geschätzt. Die Größe wird zumeist als Indikator für den volkswirtschaftlichen Verlust bei vorzeitigem Sterben diskutiert; Spree nutzt die Größe aber zur historischen Analyse verschiedener Krankheiten. Damit lassen sich die unterschiedlichen Todesursachen nicht mehr nur hinsichtlich ihrer relativen Bedeutungen für die Gesamtbevölkerung vergleichen; darüber hinaus verdeutlicht das Maß auf griffige Weise die unterschiedliche Altersstruktur, die mit den jeweiligen Todesursachen verbunden war. Allerdings erlaubt das Datenmaterial nur eingeschränkte Analysen zur Entwicklung in Deutschland im 19. Jahrhundert, da die Reichsstatistik erst seit 1892 Todesursachen angibt. Zudem leiden die Länderstatistiken aus Bayern oder Preußen an den seit 1875 oft wechselnden Kategorien (408, S. 28).

Anzahl der verlorenen Lebensjahre nach Todesursachen

Der Analyse der Anzahl verlorener Lebensjahre liegt die Überzeugung zu Grunde, dass zum Beispiel das Eindämmen der Säuglingssterblichkeit zu einer größeren Anzahl zusätzlicher Lebensjahre führt als ein Rückgang einer typischen Alterskrankheit, weil bei Alterskrankheiten eben nur eine relativ geringe Zahl von Lebensjahren verloren geht. Die im Rahmen des epidemiologischen Übergangs klar nachweisbare zunehmende Dominanz der verschiedenen Formen des Krebs sowie der Herz-Kreislaufkrankheiten im Laufe des 20. Jahrhunderts gegenüber anderen Todesursachen erscheint vor diesem Hintergrund in etwas anderem Licht, da es sich typischerweise um Krankheiten des fortgeschrittenen Lebensalters handelt. Sie sind für den Betroffenen keineswegs weniger tragisch, aber sie stellen gesundheitspolitisch keine wichtigere Bedrohung dar als etwa Unfälle, die in der typischen Form von Autounfällen eine ähnliche Zahl verlorener Lebensjahre bewirken. Anknüp-

Bedeutung der Säuglings- und Kindersterblichkeit

Kultureller Wandel von Gesundheit und Krankheit

fend an Gedankengänge McKeowns ließe sich hier ebenfalls die Frage nach dem Nutzen der modernen Medizin stellen. Aber gerade stärker zeithistorische Studien zu Gesundheit und Krankheit stellen immer noch eine schwerwiegende Forschungslücke dar. Eine interdisziplinäre Bearbeitung der historischen Demographie und Epidemiologie der Nachkriegszeit seit dem Zweiten Weltkrieg steht weiterhin aus. Dieses Defizit ist besonders beklagenswert, weil der Siegeszug der modernen Medizin ihr eine starke politische und wirtschaftliche Stellung eingebracht hat. Oder aber man stellt die Frage nach der Gesundheit. Hier ist mit Imhof auf einen ungeheuren kulturellen Wandel hinzuweisen, denn durch die um mehrere Dekaden erfolgte Verlängerung des Lebens wuchs auch die Zeit, mit Krankheiten in Berührung zu kommen (385). So spricht vieles dafür, dass die Menschen des 20. Jahrhunderts öfter krank waren als ihre Vorfahren des 19. Jahrhunderts, bei denen aber Krankheit oftmals auch den baldigen Tod bedeutete. Die Frage „Wurden wir gesünder?" verweist auf die Notwendigkeit eines klaren Gesundheitsbegriffs. Historisch hat sich hierfür letztlich einzig die Messung des Indikators Sterblichkeit bewährt, der somit Gesundheit als verlängerte Lebensdauer konzipiert. Ein methodisch sinnvoll einzusetzender Begriff der Gesundheit, der verschiedene Krankheitszustände einbezieht, ist schwer vorstellbar. Der von der *World Health Organization* vorgeschlagene Begriff, der von Gesundheit als dem Zustand des vollständigen physischen und psychischen Wohlbefindens spricht, hilft der politischen Diskussion, nicht jedoch der historischen Analyse. An dieser Stelle ist in Bezug auf McKeown und den Wandel des Todesursachenspektrums anzumerken, dass die moderne therapeutische Medizin ihre Hauptfunktion nicht lediglich in der Ausdehnung der Lebenserwartung findet, sondern auch in der Bewältigung der Krankheiten im Diesseits. Das kann manchmal Heilung bedeuten, oft aber eben auch nur Pflege. Jedenfalls ergeben sich aus der historischen Analyse von Sterblichkeit und Todesursachen interessante Fragen an das moderne Gesundheitswesen, das mit einem Anteil von über 10% am Bruttosozialprodukt (Stand 2002) einen der bedeutendsten Wirtschaftszweige der industriellen Welt darstellt.

IV. Bilanz

Nach Jahrzehnten der Forschung zeichnet sich kein Konsens in der Bewertung der Industrialisierung ab. Grundfragen der historischen Analyse des wirtschaftlichen und sozialen Wandels sind nach wie vor ungeklärt; so koexistieren Interpretationen zum revolutionären Charakter der Industrialisierung mit Darstellungen des evolutionären Wandels von wirtschaftlichen Strukturen. Je mehr man über die Industrialisierung weiß, umso unklarer wird das Bild der Geschichte. Gerade im Zeitalter massenmedialer Vermittlung von historischem Wissen hat ein differenziertes Bild der Industrialisierung und der industriellen Welt einen schweren Stand. Links und rechts, arm und reich, soziale Integration – das gilt in der aktuellen Diskussion über den „Reform" genannten Abbau des Sozialstaates und den angeblichen „Standortnachteil Deutschland" nicht mehr viel. Die Krise ehemals sicher geglaubter Institutionen wie das Sozialversicherungswesen schlägt auch auf die Stellung der Industrialisierung im Curriculum der historischen Seminare durch, zumal die politische Wirkung der Industrialisierungsgeschichte mittlerweile praktisch auf Null zurückgegangen ist, nachdem von ihr während der 1970er und 1980er Jahre noch deutliche Impulse auf den gesellschaftspolitischen Diskurs ausgegangen sind.

Kein Konsens in der Bewertung der Industrialisierung

Unabhängig vom gesellschaftspolitischen Kontext ist die Geschichte der Industrialisierung und der industriellen Welt sicherlich eines der Kernthemen einer multiperspektivischen, interdisziplinären Geschichtswissenschaft geblieben. Die umfangreichen Gesamtdarstellungen von Henning, Wehler oder Kocka/Ritter/Tenfelde zu den Kerngebieten der Industrialisierung verweisen nicht nur auf die enorme Material-, Informations- und Forschungsflut zur Geschichte der Industrialisierung, sondern sind in Worte gefasste Belege für die drohende Überforderung durch zu viele Informationen. Die Vermittlung historischen Wissens, die Darstellung der neuesten Forschungsergebnisse und die implizit akzeptierten Grundannahmen über das Wesen der Geschichte waren deshalb in der Geschichte der Industrialisierung und der industriellen Welt immer schon besonders umstritten. In der so genannten Theoriedebatte haben einst Golo Mann und Wehler darüber die Klingen gekreuzt, ob die strukturgeschichtlich angelegte, sozialwissenschaftlich informierte Analyse die Überwindung der historistischen Erzählung bedeuten werde – damals wohl mit Punktsieg für Wehler. Aber die strenge sozialwissenschaftliche Anbindung hat seither an Boden verloren, wie Wehlers Gesellschaftsgeschichte belegt. Noch in den 1980er Jahren erhielten die ersten beiden Bände viel konzeptionelle Aufmerksamkeit, während der jüngst erschienene vierte Band praktisch als autonom erschienene Publikation verstanden wird. Wehlers Gesellschaftsgeschichte stellt deshalb für viele den Höhepunkt *und* das Ende des gesellschaftsgeschichtlichen Projekts dar. Die Zeit empirischer Großprojekte mit zentraler theoretischer Begründung scheint jedenfalls vorerst vorbei zu sein.

Flut an Informationen

Der vorliegende Band versteht sich als Versuch, den Stand der Forschung zur Geschichte der Industrialisierung aus unterschiedlichen Perspektiven he-

IV. Bilanz

Eine Frage der Perspektive und der Methoden

raus zu beleuchten. Die Geschichte der Industrialisierung und der industriellen Welt ist nicht nur einfach ein Paradebeispiel für die Stärken und Schwächen der Sozial- und Wirtschaftsgeschichte. Weil sie relativ gut und gründlich erforscht ist, gelingt es, mit der Flut an Informationen eine Vielzahl an Zugängen zur Geschichte darzustellen und zu prüfen. Raum für weitere Forschungen gibt es immer; Themen, die halbherzig „angeforscht" wurden, sind nicht selten. Aber daneben gibt es eben auch „transferable skills": Anhand der Industrialisierung lassen sich viele Methoden und Herangehensweisen erproben, die anschließend in anderen Bereichen der historischen Forschung eingesetzt werden können.

Krise der Sozial- und Wirtschaftsgeschichte

Zu verweisen ist auf die disziplinäre Krise der beteiligten historischen Spezialdisziplinen, allen voran der Sozial- und/oder Wirtschaftsgeschichte. Nach Jahrzehnten relativ enger Strukturgeschichte begann sich das wissenschaftliche Interesse seit den 1990er Jahren oft neuen Methoden zuzuwenden. Mit der kulturalistischen Wende rückten aber auch neue Themen in den Mittelpunkt, und was als alt erachtet wird, gilt als erforscht und damit hinfällig. Industrialisierung ist ein Thema, das außer Mode geraten zu sein scheint. Das gründet allerdings auch in dem bereits angesprochenen Ende der großen Erzählung, denn die großen Prozesse und Strukturen sind durch kleinräumigere, vielleicht auch im Einzelnen sensiblere Erfahrungsgeschichten ersetzt worden. Damit ist eine große methodische Spannung angesprochen, die die Historiographie der Industrialisierung bestimmt. Die Frage nach den Verbindungen des Allgemeinen mit dem Speziellen, der großen Prozesse und den individuellen Erfahrungen oder etwa der einzelnen Regionen mit den gesamtwirtschaftlichen Trends ist sicherlich für das Verständnis der Geschichte und der Geschichtsschreibung von entscheidender Bedeutung.

Wirtschaftsgeschichte im Dialog

Ähnliches gilt für die relative Konjunktur bestimmter methodischer Herangehensweisen. So hat sich die deutsche Wirtschaftsgeschichte in den 1970er Jahren einer raschen Expansion erfreuen können, die sich auf diesem Niveau nicht halten ließ. Die besonders in den 1990er Jahren einsetzende disziplinäre Neuorientierung fand leider nahezu unter Ausschluss der akademischen Öffentlichkeit statt. Die von einigen Vertretern geforderte Anlehnung an die moderne, quantitativ-modellorientierte Ökonomie bekommt der Geschichte nicht besonders gut. Wenn die Vermittlung ökonomischer Analyse und historischer Methode gelingen soll, dann sicherlich nur, wenn beide Seiten auf einen vollständigen Erklärungsanspruch verzichten. Die formal-mathematische Sprache gelernter Ökonomen muss sich in diesem Bereich öffnen und mehr um ihre Vermittlung bemüht sein. Gleichzeitig ist aber auch von den Geschichtswissenschaftlern endlich ein Überwinden der Furcht vor quantitativem Material zu verlangen. Natürlich gilt es, die Entstehungs- und Überlieferungsgeschichte der Statistiken zu untersuchen. Aber gute Quantifizierung ist nicht schlechter als jede andere Art der historischen Forschung. Man kann mit Statistik lügen, aber mit ausgewählten Quellenzitaten eben auch.

Zum Verhältnis von quantitativen Quellen und Vergangenheit

Die Frage, inwiefern quantitative Informationen vergangene Wirklichkeiten darstellen oder lediglich Ausdruck eines bestimmten historischen Interesses zur Konstruktion der „Realität" sind, lässt sich an dieser Stelle nicht abschließend entscheiden. Ganz sicher ist mit der Frage, ob die zurückgebliebenen Quellen etwas über die vergangene „Wirklichkeit" aussagen, eines der ganz großen Themen der Sozial- und Wirtschaftsgeschichte des 21. Jahrhunderts angesprochen. Aber die schwierigen Verhältnisse von Geschichte und Zahl, von ökonomischer Theorie und quellennaher Argumentation haben sogar noch weitreichendere Folgen. Wie auch immer man über moderne modellorientierte Ökonomie und ihre Beziehung zur Realität denken mag, eine (neue) Historisierung des Ökonomischen ist sicherlich notwendig. Dazu werden sich die Historiker dem Dialog mit der Ökonomie nicht verschließen wollen.

Es führt kein Weg an der Erkenntnis vorbei, dass die Industrialisierung und die Entstehung der industriellen Welt zu den großen historischen Prozessen und Erfahrungen gehören, welche die Gegenwart maßgeblich geprägt haben. An dieser Stelle möchte ich deshalb entschieden für konzeptionelles Denken plädieren, weil man mit seiner Hilfe das vorhandene Wissen ordnen kann. Fragen werden präzisiert und können besser gestellt und diskutiert werden. Wie der vorliegende Band hoffentlich ausreichend belegt, ist die Geschichte der Industrialisierung besonders reich an solchen Konzepten.

Industrialisierung als großer historischer Prozess

Dies kann anhand von Rostows Konzept des „Take-Off" erläutert werden. Jedem ausgebildeten Historiker wird das Ungleichgewicht der Stufen (Zeitalter des Massenkonsums, Phase des „Take-Off") nicht entgehen. Das zu einfache Modell der gesellschaftlichen Modernisierung zum Ende der Geschichte hin vermag aus heutiger Sicht nicht mehr zu überzeugen. Auch der antimarxistische Unterton ist nicht zu überhören und wirkt etwas antiquiert. Rostow schrieb eben in einer Welt, die nicht mehr die unsere ist, deshalb werden seine Arbeiten zunehmend als Quelle der Dogmengeschichte statt als anwendbare Theorie für die Geschichte des 19. Jahrhunderts gelesen. Dennoch bewährt sich das Konzept, lassen sich doch an ihm alle Vor- und Nachteile von historischen Stufenkonzepten bestens erklären. Sie helfen bei der Periodisierung, weshalb sich auch der Begriff des Take-Off gehalten hat, zumal die Benennung und Begründung chronologischer Perioden eine zentrale Aufgabe der Geschichtswissenschaft ist. Stufentheorien zwingen, Phasen mit Hilfe einiger weniger Merkmale voneinander zu unterscheiden. Pointiert formuliert: Rostow lesen heißt damit andere Fragen stellen lernen. Hierin liegt denn auch der längerfristige Nutzen, denn mit Hilfe von relativ offenen Konzepten wie demjenigen des Take-Off lassen sich intellektuelle Barrieren überwinden und Interdisziplinarität praktizieren. Historiker und Ökonomen können sich bei Rostow wieder finden, weil sein Werk für alle Angebote enthält. Das ist keine geringe Leistung eines Konzepts, das nicht unterschätzt werden sollte, vor allem, wenn der Theorie heuristische Funktionen zugeschrieben werden. Der Band bricht eine Lanze für die qualitative Verwendbarkeit ökonomischer Überlegungen. Nicht jeder Historiker wird die IS-LM-Kurven des ökonomischen Grundstudiums übernehmen wollen, aber andere Konzepte wie etwa die Überlegungen der neuen Institutionenökonomie sind anschlussfähig genug, um die historische Forschung anzuregen. Dieser Gedanke ist ausbaufähig: Die Ökonomie ist nicht die einzige Disziplin, die sich erfolgreich und interessant mit der Wirtschaft und dem Wirtschaften auseinander gesetzt hat. Elemente der Lerntheorie, der Wirtschaftssoziologie und auch der modernen Kulturanalyse können weitere Konzepte und Überlegungen beitragen.

Stufentheorien als Beispiel

IV. Bilanz

Krisen in der Geschichte

Krisen sind dem Historiker wohl vertraut; gerade die alte Politikgeschichte mit ihrer Fokussierung auf Diplomatie- und Ereignisgeschichte sensibilisierte ihre Leser für die Wahrnehmung von Krisen. Die Geschichte der Industrialisierung ist reich an krisenhaften Prozessen und Ereignissen, die zum Teil massiven sozialen, wirtschaftlichen und politischen Wandel begründeten. Schon im Begriff der Industriellen Revolution steckt ein gutes Maß an krisenhafter Zuspitzung. Aber empirisch stehen die verschiedenen Wirtschafts- und Gesellschaftskrisen Deutschlands seit Beginn des 19. Jahrhunderts im Vordergrund. Dabei haben sich in der Forschung unterschiedliche Denkmodelle zur Erklärung von Krisen und ihren Auswirkungen herausgebildet. Sie werden oft zunächst als exogene Schocks, als Ereignisse jenseits der binnenstaatlichen Verantwortung dargestellt. Man könnte aus dieser Sicht die Stabilisierungsleistung von Gesellschaftsmodellen betonen, die in der Lage waren, solche exogenen Schocks zu absorbieren. Allerdings lehrt gerade die Geschichte, dass die meisten Krisen immer endogene Ursachen haben. Das Konzept der Langen Wellen, mit dessen Hilfe man den langwelligen Wachstumsschwankungen gesellschaftliche Fundamentalkrisen zuordnen kann, erscheint so gesehen als besonders ergiebiges Konstrukt. Der Vorteil besteht erneut darin, dass eine quantitative mit einer qualitativen Perspektive fruchtbar verbunden werden kann. In beiderlei Hinsicht reichen die Erklärungen von Kondratjeff oder Kuznets nicht mehr aus. Vielmehr lässt sich mit Hilfe von lerntheoretischen Ideen in naher Verwandtschaft zur neuen Institutionenökonomie das enge Zusammengehen von Konjunkturkrise und der gesellschaftlichen Krisenwahrnehmung untersuchen. Dem immer wieder gehörten Vorwurf, theoretisch reflektierende Historiker suchten nach zu einfachen Gesetzmäßigkeiten in der Vergangenheit, kann man deshalb entgegnen, dass gerade durch die Hilfe der Theorie die Unterschiede zwischen verschiedenen Krisen besonders deutlich herausgearbeitet werden können. Die Weltwirtschaftskrise ab 1929 ist sicher das wichtigste Beispiel in der deutschen Geschichte. Hier ist zunächst auf die konzeptionellen Defizite der älteren Sichtweise hinzuweisen, die Brüning ein Fehlverhalten vorgeworfen hatte, ohne die Alternative ökonomisch wirklich durchzudenken. Borchardts Beitrag ist vor allem empirisch verstanden worden, seine Argumente bezüglich der Krise vor der Krise sowie sein Hinweis, dass Brünings Politik nicht falsch, sondern geradezu die einzig machbare war, sorgten für viel Aufsehen. Aber seine Hauptleistung bestand vermutlich darin, die Theorieabhängigkeit der Debatte zu betonen. Glaubt man Keynes, dessen Theorien staatliche Investitionsprogramme auf Kosten von höheren Schulden in Krisenphasen empfehlen, wird man Brüning kritisch gegenüberstehen. Hält man Keynes' Theorien jedoch für falsch, kann das vielfach geforderte und von Hitler schließlich auf kleinerem Niveau durchgeführte Arbeitsbeschaffungsprogramm nicht als die große Rettung angesehen werden. In jüngster Zeit konzentriert sich die Diskussion auf die Bewertung der durchgeführten Arbeitsbeschaffungsmaßnahmen, wobei bisher kritische Stimmen dominieren. Eine mögliche Gegenposition ließe sich hier nur dann einnehmen, wenn es gelänge, eine theoretische Begründung dafür zu finden, warum ab 1931 vorgeschlagene Investitionsprogramme die Wahl Hitlers hätten verhindern können. Eine rein ökonomische Argumentation greift vermutlich zu kurz, wenn

Borchardt-Kontroverse zwischen Theorie und Geschichte

es um die Bewertung eines politischen, nicht ökonomischen Ereignisses geht. Es müsste demnach gelingen, die vermutete vertrauensstiftende Wirkungen der aktiven Ausgabepolitik trotz gleichzeitig anzunehmendem geringen ökonomischem Nutzen als wirksame historische Alternative zu konzipieren. Bisher ist das nicht geschehen, weswegen die Debatte im Moment an einem toten Punkt angekommen ist.

Daran schließt die Untersuchung des Einflusses politischer Entscheidungen auf die wirtschaftliche Entwicklung nahtlos an. Die neoklassische Theorie verweist bekanntlich auf die Unmöglichkeit, die wirtschaftliche Entwicklung positiv beeinflussen zu können. Diesen Ansatz halten Historiker, die sich mit Entscheidungen, Verhaltensweisen und Prozessen in der Vergangenheit befassen möchten, für unbefriedigend. Dafür ist der Staat seit dem Beginn der Industrialisierung ein viel zu wichtiger Arbeitgeber, Konsument und Finanzier. Gerade in Deutschland ist der Zusammenhang aber keineswegs eindeutig oder gar eindimensional. Die territoriale Struktur, die schrittweise wirtschaftliche Vereinigung (Zollverein), der Eisenbahnbau und nicht zuletzt die Sozialpolitik zeigen, dass der Staat immer schon Wirtschaftspolitik beziehungsweise wirtschaftlich relevante Ordnungspolitik betrieben hat. Hier fällt es vermutlich am schwersten, eine klare methodische Bilanz zu ziehen, denn zu deutlich ist die Argumentation davon abhängig, von welcher Politik und von welchem Zeitpunkt genau gesprochen werden soll. Hinzuweisen ist sicherlich auf die Bedeutung der Regionen, die für unterschiedliche Entwicklungspfade von entscheidender, langlebiger Bedeutung geworden sind. Ähnlich bedeutsam sind die jeweiligen Konstellationen verschiedener sozialer Gruppen und ihr Verhältnis zum Staat zu einem gegebenen Zeitpunkt. Aber bisher scheint die Forschungslage hier in konzeptioneller Sicht nicht besonders weit gekommen zu sein. Eine in tagespolitischer Sicht brandaktuelle Frage über die Möglichkeiten und Grenzen staatlicher Einflussnahme sollte eigentlich genug Anregungen für intensives historisches Forschen bieten. Die Wiederentdeckung der preußischen Reformen als institutionelle Leistungen gilt es hier zu erwähnen. Wischermann und anderen gelang es, dem altbekannten Bild der preußischen Reformen als halbherzige Revolution von oben eine überzeugende Alternative entgegenzusetzen. Besonders günstig ist die Forschungslage natürlich auch bezogen auf die Währungsgeschichte, wo nicht zuletzt im Kontext des Abschieds von der D-Mark auf interessante Kontinuitäten in der deutschen Währungsgeschichte hingewiesen werden konnte. Eine eigenartige Lage ergibt sich demgegenüber im Bereich der Sozialpolitik, wo es manchmal scheinen mag, dass ein Zuviel an historischer Forschung von einem Zuwenig an gesellschaftlicher Aufmerksamkeit neutralisiert wird. Man wüsste gern, was Bismarck zum so genannten Reformstau in der deutschen Sozialpolitik zu sagen hätte.

Es bleibt zu hoffen, dass die Frauen- und Geschlechtergeschichte – der englischen Historiographie folgend – von der „harten" Wirtschaftsgeschichte nicht länger ignoriert wird. Frauen- und Kinderarbeit sind nicht nur ein sozialpolitisches Wirkungsfeld, sondern auch eine ökonomische Realität der Industrialisierung. Versteht man unter der industriellen Revolution die Überführung der Gesellschaft in Marktbeziehungen, wird rasch klar, dass die Rolle der Frauen nicht ausgeblendet werden darf. Das gilt in doppeltem Sinne

Staat und Wirtschaft

Frauengeschichte und „harte" Wirtschaftsgeschichte

IV. Bilanz

für die historischen Zeiten ebenso wie für die gegenwärtige Forschung. Dabei ist sicherlich die Geschichte des Konsums eines der einschlägigeren Themen, dem noch viel Forschungsarbeit bevorsteht. Von der Wirtschaftsgeschichte wird der Konsum erstaunlich wenig behandelt, denn die Präferenzen-Ordnungen des rationalen Akteurs, die eine der methodischen Grundlagen der mikroökonomischen Analyse sind, lassen sich historisch schwer rekonstruieren. Aber aus geschichtswissenschaftlicher Sicht handelt es sich dabei sicherlich um einen zentralen Strukturwandel der modernen Welt, bei dem Frauen eine entscheidende Rolle eingenommen haben. Die Verbindung der Sozialpolitik mit geschlechterpolitischen Elementen ist ein weiteres Thema, bei dem es dringend geboten ist, die Erkenntnisse der Frauengeschichte stärker in die allgemeine Geschichte der Sozialpolitik zu integrieren. Der besonders in den USA ausgeprägte, durchaus aber auch international nachweisbare Trend, Frauengeschichte als eigenständige Spezialdisziplin ohne größeren Bezug zur allgemeinen Geschichte zu institutionalisieren, lässt sich auch in Deutschland beobachten. Angesichts hervorragender Forschungsleistungen in den letzten 20 Jahren verwundert es immer wieder, dass zahlreiche Historiker die Kategorie Geschlecht immer noch nicht in ihr Repertoire aufgenommen haben.

Lebensstandard in der Industrialisierung

Die Geschichte des Lebensstandards baute ursprünglich auf der Studie von Friedrich Engels zur Lage der Arbeiter in der industriellen Revolution auf. Seit Beginn der Industrialisierung war die Frage der Lebensstandards heftig umstritten. Dass nicht alle gesellschaftlichen Gruppen von der Industrialisierung gleich stark profitieren konnten, ist nahe liegend. Aber ob insbesondere die Arbeiter überhaupt Vorteile gewinnen konnten oder nicht gar unter der Industrialisierung zu leiden hatten, blieb bis in die jüngere Vergangenheit umstritten. Dabei wurden die verwendeten Daten immer differenzierter und die Methoden der Datenanalyse immer aufregender. Bestes Beispiel für diese Entwicklung ist die Anthropometrische Geschichte, die mit Hilfe von durchschnittlichen Körpergrößen die Entwicklung des biologischen Lebensstandards misst. Akzeptiert man die Größe als gültigen Indikator für den Lebensstandard, so liegen gerade dann interessante Analysen vor, wenn herkömmliche Maße des Lebensstandards wie etwa regional oder nach Schichten differenzierte Realeinkommen nicht verfügbar sind. Aber diese Analysen entfernen sich typischerweise sehr weit von sozial oder kulturell wahrgenommener Geschichte. Ganz anders geht die Forschung deshalb vor, wenn es im Anschluss an Brauns viel beachtete Arbeiten zum Zürcher Oberland um den sozialen und kulturellen Wandel im Rahmen der Industrialisierung geht. Die Unternehmens- sowie die Arbeitergeschichte haben in den letzten Jahren diese Anregung aufgenommen, nachdem die Sozialgeschichte lange Zeit – um mit Welskopp zu sprechen – am Fabriktor Halt gemacht hat. Den Arbeitsalltag im Unternehmen des 20. Jahrhunderts als Bestandteil des Lebensstandards zu begreifen, wird sicherlich eine Herausforderung für die künftige Forschung sein. Das gilt umso mehr, seit die Tertialisierung ganz neue Arbeitsformen und Arbeitsplätze geschaffen hat, die von Männern und Frauen, aber auch von deutschen und Ausländern übernommen werden. Dies hat besonders seit 1945 zu einem Strukturwandel auch und gerade des deutschen Arbeitsmarktes geführt. Der Lebensstandard in einer globalisierten Welt wird aber ebenso auf relationale Beziehungen einzugehen haben, die zwischen den Konsumenten der westlichen Welt und den Produzenten in Schwellenländern vermittelt.

Die ersten großen Darstellungen der industriellen Revolution hoben die Technik als besonderen Faktor zur Erklärung des raschen wirtschaftlichen Wandels hervor. Aber schon die Zeitgenossen erkannten in der Mechanisierung und Technisierung der Arbeit das Neue. Industrialisierung und Technik gingen demnach schon seit der „Spinning Jenny" und der englischen Textilindustrie eine besonders enge Verbindung ein. Natürlich wollten Historiker immer schon wissen, wann welche Technik und von wem zum ersten Mal eingesetzt wurde. Aber erst in den letzten zehn bis fünfzehn Jahren ist die Technik selbst zum Gegenstand historischer Forschung geworden. Hinzuweisen ist auf die scheinbar endlose Kontroverse zwischen Technikdeterminismus und Sozialkonstruktivismus; für viele Techniken der industriellen Welt stehen detaillierte, *historisch* erklärende Arbeiten aber weiterhin aus. Hier wie anderswo lässt sich die Funktion von Geschichte als soziales Gedächtnis herausstreichen, denn allzu oft werden Kontroversen bei Technikentscheidungen rasch vergessen, wenn der Prozess erst einmal abgeschlossen ist und sich ex-post eine Technik als die „Richtige" erweist. Aber für Historiker kann das nicht genügen. Die prinzipielle Offenheit der Geschichte muss auch für die Technik gelten, wenn sie nicht als „Black Box" aus dem historischen Kontinuum herausfallen soll. Hier müssen sich Alltagstechnologien ebenso befragen lassen wie die so genannten großtechnischen Systeme der Energieversorgung oder des Verkehrs. Zu zeigen, welche Interessen und Gruppen hinter bestimmten Technologien stehen, ist nicht technikfeindlich. Im Gegenteil kann eine sorgfältige Analyse der Geschichte der Technik auch Mechanismen identifizieren, die spezifische Techniken zu Artefakten der Moderne gemacht haben. Insofern verweist die Technikgeschichte auch auf die materielle Kultur des Industriezeitalters, dessen Ästhetik sich im Städte- und Maschinenbau ebenso zeigt wie in den Künsten oder dem Film. Auch hier muss man deswegen auf die Defizite der Wirtschaftsgeschichte hinweisen, die Bilder als historische Quellen eher langsam entdeckt hat. Dass die Versöhnung verschiedener historischer Perspektiven viel Erklärungspotential bringt, lässt sich anhand der Elektrifizierung gut nachweisen. Kultur-, Sozial- und Wirtschaftsgeschichte finden sich in diesem Thema besonders produktiv vereint, man möchte hoffen, dass sich das auf andere Bereiche des Verhältnisses von Technik und Wirtschaft ausweitet.

Der wirtschaftliche Prozess basiert bekanntlich auf dem optimalen Einsatz von Kapital und Arbeit. Letztere wird von Menschen erbracht, die heute durchschnittlich doppelt so lange leben wie vor hundert Jahren. Die Industrialisierung ging einher mit einer deutlichen Zunahme der Lebenserwartung, die jüngst in Form der immer wieder beschworenen Überalterung und Pflegekrise zum Problem der westlichen Gesellschaften geworden ist. Aber wie ist es überhaupt zu dieser Verlängerung des Lebens gekommen? Immer und immer wieder wird auf die Leistungen der modernen Medizin hingewiesen, obwohl die Evidenz dafür äußerst dünn ist. Aber analog zur Gedächtnisleistung im Bereich der Technik kommt auch im Bereich von Gesundheit und Krankheit der Geschichte eine besondere Aufgabe zu. Denn seit McKeowns

> Technischer Fortschritt als historischer Prozess

> Sterblichkeitsrückgang als Folge der Industrialisierung

IV. Bilanz

bahnbrechenden Arbeiten muss man trotz aller Differenzierungen immer noch festhalten, dass die kurative Medizin einen geringen Einfluss auf die Entwicklung der Sterblichkeit bis zum Zweiten Weltkrieg hatte. Die Entwicklung des Lebensstandards, unterstützt von Gesundheitsaufklärung und öffentlichem Gesundheitswesen, dürfte diesen Wandel hauptsächlich verursacht haben. Die Verlängerung des Lebens bindet aber mittlerweile enorme Ressourcen und lässt erst noch die Menschen immer kränker werden, denn wer länger lebt, hat paradoxerweise auch mehr Zeit, krank zu werden. Die Zeit nach dem Zweiten Weltkrieg ist dabei noch relativ schlecht erforscht. Wenn McKeowns Annahmen tendenziell richtig sind, stellt sich die Frage erst recht, wie es der modernen Medizin gelungen ist, ein so hohes Maß an gesellschaftlicher Akzeptanz zu erzielen und einen so hohen Anteil des Bruttosozialprodukts zu binden. Demographische und epidemiologische Veränderungen seit den 1950er Jahren eignen sich zur historischen Untersuchung nicht weniger als das 19. Jahrhundert. Schließlich drängt sich auch angesichts der Kostenexplosion im Gesundheitswesen die Einsicht auf, dass Gesundheit wieder mehr zum politischen Problem werden könnte. Eine nachhaltige Wirkung der Bismarckschen Krankenversicherung war bekanntlich die fast vollständige Entpolitisierung des Themas zu Gunsten der paritätischen Krankenkassen sowie der Anbieter der medizinischen Dienstleistungen. Auch hier kommt der Geschichte eine Aufgabe zu, mit der Analyse der Vergangenheit vielleicht etwas dazu beizutragen, dass die „Halbgötter in Weiß" und ihre Leistungen etwas genauer betrachtet werden.

Wozu noch Geschichte der Industrialisierung?

Wozu angesichts der Fülle an Forschungen soll man also noch die Industrialisierung studieren? Die Industrialisierung, die alle Bereiche des Lebens erfasste, ist aus unserer Welt nicht mehr weg zu denken. Die Geschichte der Industrialisierung und das Studium der industriellen Gesellschaft ist ein interdisziplinäres Projekt geworden, mit dessen Hilfe die Gegenwart hoffentlich besser verstanden werden kann. Die neuen Fragen der Geschlechtergeschichte sowie der modernen Kulturgeschichte tragen nachweisbare Früchte und werden sicherlich in der Zukunft noch vertieft werden. Insofern ist die Geschichte der Industrialisierung nicht erschöpfend erforscht worden, sondern die Historiker sind in der glücklichen Lage, viele Fragen nicht mehr als Erste stellen zu müssen, sondern nachlesen zu können, was so viele vor ihnen schon untersucht haben. Will man mit Goethe annehmen, dass jede Generation ihre Geschichte neu zu schreiben hat, dann wird man den reichen Forschungsstand zur Geschichte der Industrialisierung als Erbe verstehen wollen, das es zu pflegen, aber auch auszudehnen gilt. So gesehen, ist der Blick auf eine reiche Historiographie ein Auftrag, sich nicht auf den Meriten der Forschung der letzten Jahrzehnte auszuruhen, sondern mit neuen, innovativen Fragen an die nur scheinbar altbekannte Geschichte heranzutreten.

Bibliographie

1. Einführung und Überblick

1. Ambrosius, Gerold / Petzina, Dietmar / Plumpe, Werner (Hg.), Moderne Wirtschaftsgeschichte. Eine Einführung für Historiker und Ökonomen, München 1996.
2. Aubin, Hermann / Zorn, Wolfgang (Hg.), Handbuch der deutschen Wirtschafts- und Sozialgeschichte, Stuttgart 1971–1976.
3. Baten, Jörg, Anthropometrics, Consumption, and Leisure: the Standard of Living. In: Ogilvie, Germany, S. 383–422.
4. Baten, Jörg, Die Zukunft der kliometrischen Wirtschaftsgeschichte im deutschsprachigen Raum. In: 57, S. 639–654.
5. Berg, Maxine / Hudson, Pat, Rehabilitating the Industrial Revolution. In: Economic History Review, 2nd, 45 (1992), S. 24–50.
6. Berghahn, Volker R., Foreign Influences on German Social and Economic History. In: 57, S. 447–468.
7. Bock, Gisela, Geschichte, Frauengeschichte, Geschlechtergeschichte. In: Geschichte und Gesellschaft 14 (1988), S. 364–391.
8. Borchardt, Knut, Die Industrielle Revolution in Deutschland, 1750–1914. In: Cipolla, Carlo / Borchardt, Knut (Hg.), Europäische Wirtschaftsgeschichte, Bd. 4, Stuttgart 1985 (1977), S. 135–202.
9. Borchardt, Knut, Globalisierung in historischer Perspektive (Sitzungsberichte der Bayerische Akademie der Wissenschaften, Philosophisch-Historische Klasse), München 2001.
10. Borchardt, Knut, Wirtschaftsgeschichte: Wirtschaftswissenschaftliches Kernfach, Orchideenfach, Mauerblümchen oder nichts von dem? In: Kellenbenz, Hermann / Pohl, Hans (Hg.), Historia Socialis et Oeconomica – Festschrift für Wolfgang Zorn zum 65. Geburtstag, Stuttgart 1987, S. 17–31.
11. Braun, Rudolf, Einleitende Bemerkungen zum Problem der historischen Lebensstandardforschung. In: Conze, Werner / Engelhardt, Ulrich (Hg.), Arbeiter im Industrialisierungsprozess. Herkunft, Lage und Verhalten, Stuttgart 1979, S. 128–135.
12. Brunner, Otto / Conze, Werner / Koselleck, Reinhart, Geschichtliche Grundbegriffe. Historisches Lexikon zur politisch-sozialen Sprache in Deutschland, 9 Bde., Stuttgart 1972–1997.
13. Buchheim, Christoph, Einführung in die Wirtschaftsgeschichte, München 1997.
14. Buchheim, Christoph, Industrielle Revolutionen. Langfristige Wirtschaftsentwicklung in Großbritannien, Europa und in Übersee, München 1994.
15. Buchheim, Christoph, Zur Sicherung der Interdisziplinarität des Faches Wirtschafts- und Sozialgeschichte. In: Vierteljahrschrift für Sozial- und Wirtschaftsgeschichte 82 (1995), S. 390f.
16. Crafts, Nicholas, British Economic Growth during the Industrial Revolution, Oxford 1985.
17. Deane, Phyllis, Die Industrielle Revolution in Großbritannien, 1700–1880. In: Cipolla, Carlo / Borchardt, Knut (Hg.), Europäische Wirtschaftsgeschichte, Bd. 4, Stuttgart 1985 (1977), S. 1–42.
18. Deutschmann, Christoph, Der Weg zum Normalarbeitstag. Die Entwicklung der Arbeitszeiten in der deutschen Industrie bis 1918, Frankfurt a.M. 1985.
19. Feinstein, Charles H. / Thomas, Mark, Making History Count. A Primer in Quantitative Methods for Historians, Cambridge 2002.
20. Fisch, Jörg, Europa zwischen Wachstum und Gleichheit 1850–1914, Stuttgart 2002.
21. Floud, Roderick / Wachter, Kenneth / Gregory, Annabel, Height, Health and History. Nutritional Status in the United Kingdom, 1750–1980, Cambridge 1990.
22. Fogel, Robert W., Die neue Wirtschaftsgeschichte: Forschungsergebnisse und Methoden. Kölner Vorträge zur Sozial- und Wirtschaftsgeschichte 8 (1970).
23. Fores, Michael, The Myth of a British Industrial Revolution. In: History 66 (1981), S. 181–198.
24. Frerich, Johannes / Frey, Martin, Handbuch der Geschichte der Sozialpolitik, Bd. 1: Von der vorindustriellen Zeit bis zum Ende des Dritten Reiches, München 1993.
25. Gerschenkron, Alexander, Economic Backwardness in Historical Perspective. A Book of Essays, Cambridge 1962.
26. Hahn, Hans-Werner, Die industrielle Revolution in Deutschland, München 1998.
27. Hausen, Karin, Die Polarisierung der „Geschlechtscharaktere". Eine Spiegelung der Disso-

Bibliographie

ziation von Erwerbs- und Familienleben. In: Conze, Werner (Hg.), Sozialgeschichte der Familie in der Neuzeit Europas. Neue Forschungen, Stuttgart 1977, S. 363–393.
28. Hausen, Karin, Geschlecht und Ökonomie. In: 1, S. 89–104.
29. Henning, Friedrich-Wilhelm, Das industrialisierte Deutschland, 1914–1992, Paderborn 1993 (1974).
30. Henning, Friedrich-Wilhelm, Die Industrialisierung in Deutschland 1800 bis 1914, Paderborn 1995 (1973).
31. Henning, Friedrich-Wilhelm, Handbuch der Wirtschafts- und Sozialgeschichte Deutschlands, Bde. 1–3/II, Paderborn 1991–2003.
32. Hoffmann, Walter G., Wachstumstheorie und Wirtschaftsgeschichte. In: Wehler, Hans-Ulrich (Hg.), Geschichte und Ökonomie, Köln 1973, S. 94–103.
33. Hudson, Pat, History by Numbers: An Introduction to Quantitative Approaches, London 2000.
34. Imhof, Arthur E., Einführung in die Historische Demographie, München 1977.
35. Kaelble, Hartmut / Jürgen Schriewer (Hg.), Vergleich und Transfer. Komparatistik in den Sozial-, Geschichts- und Kulturwissenschaften, Frankfurt a. M. 2003.
36. Kiesewetter, Hubert, Industrielle Revolution in Deutschland, 1815–1914, Frankfurt a. M. 1989.
37. Kiesewetter, Hubert, Region und Industrie in Europa, 1815–1995, Stuttgart 2000.
38. Kocka, Jürgen, Bodenverluste und Chancen der Wirtschaftsgeschichte. In: Vierteljahrschrift für Sozial- und Wirtschaftsgeschichte 82 (1995), S. 501–504.
39. Kocka, Jürgen, Sozialgeschichte. Begriff – Entwicklung – Probleme, Göttingen 1986.
40. Kocka, Jürgen, Stand – Klasse – Organisation. Strukturen sozialer Ungleichheit in Deutschland vom späten 18. zum frühen 20. Jahrhundert im Aufriss. In: 74, S. 137–165.
41. Komlos, John, Ein Überblick über die Konzeptionen der Industriellen Revolution. In: Vierteljahrschrift für Sozial- und Wirtschaftsgeschichte 84 (1997), S. 461–511.
42. Kunitz, Stephen J., Speculations on the European Mortality Decline. In: Economic History Review, Second Series 36 (1983), S. 349–364.
43. Landes, David S., The Unbound Prometheus: Technological Change and Industrial Development in Western Europe from 1750 to the Present, Cambridge 1969.
44. McKeown, Thomas / Record, R. G. / Turner, R. D., An Interpretation of the Modern Rise of Population. In: Population Studies 26 (1972), S. 345–382.
44a. Nipperdey, Thomas, Deutsche Geschichte 1800–1918, 3 Bde., München 1998 (1995).
45. O'Brian, Patrick K. / Quinault, Roland (Hg.), The Industrial Revolution and British Society, Cambridge 1998.
46. Ogilvie, Sheilagh / Overy, Richard (Hg.), Germany. A New Social and Economic History, Bd. 3: since 1800, London 2003.
47. O'Rourke, Kevin H. / Williamson, Jeffrey G., When did globalisation begin? In: European Review of Economic History 6 (2002), S. 23–50.
48. Parker, Robert A. C., Das Zwanzigste Jahrhundert, I: Europa 1918–1945, Frankfurt a. M. 1984 (1967).
49. Pierenkemper, Toni, Gebunden an zwei Kulturen. Zum Standort der modernen Wirtschaftsgeschichte im Spektrum der Wissenschaften. In: Jahrbuch für Wirtschaftsgeschichte (1995/2), S. 163–176.
50. Pierenkemper, Toni, Umstrittene Revolutionen. Die Industrialisierung im 19. Jahrhundert, Frankfurt a. M. 1998 (1996).
51. Pierenkemper, Toni, Was ist eigentlich Wirtschafts- und Sozialgeschichte? oder: Still playing Hamlet without the prince. In: Vierteljahrschrift für Sozial- und Wirtschaftsgeschichte 82 (1995), S. 398–400.
52. Pierenkemper, Toni, Wirtschaftsgeschichte und Wirtschaftswissenschaften. In: 57, S. 577–598.
53. Pohl, Hans, Vorbemerkung zur Diskussion Wirtschafts- und Sozialgeschichte – Neue Wege? Zum wissenschaftlichen Standort des Faches. In: Vierteljahrschrift für Sozial- und Wirtschaftsgeschichte 82 (1995), S. 387.
54. Ritter, Gerhard A., Die neuere Sozialgeschichte in der Bundesrepublik Deutschland. In: Kocka, Jürgen (Hg.), Sozialgeschichte im internationalen Überblick. Ergebnisse und Tendenzen der Forschung, Darmstadt 1989, S. 19–88.
55. Scholliers, Peter, Real Wages and the Standard of Living in the Nineteenth and Early-Twentieth Centuries. In: Vierteljahrschrift für Sozial- und Wirtschaftsgeschichte 83 (1996), S. 307–333.
56. Scholtyseck, Joachim, Allgemeine Geschichte der Neuzeit und Sozial- und Wirtschaftsgeschichte. In: 57, S. 525–550.
57. Schulz, Günther u. a. (Hg.), Sozial- und Wirtschaftsgeschichte. Arbeitsgebiete – Probleme – Perspektiven, 100 Jahre Vierteljahrschrift für Sozial- und Wirtschaftsgeschichte, Stuttgart 2004.

58. Schulz, Günther, Die neuere deutsche Wirtschaftsgeschichte. Themen – Kontroversen – Erträge der Forschung. In: Feldenkirchen, Wilfried / Schönert-Röhlk, Frauke / Schulz, Günther (Hg.), Wirtschaft, Gesellschaft, Unternehmen. Festschrift für Hans Pohl zum 60. Geburtstag, Bd. 1, Stuttgart 1995, S. 400–425.
59. Schulz, Günther, Sozialgeschichte. In: 57, S. 283–303.
60. Schulze, Winfried / Oexle, Otto Gerhard (Hg.), Deutsche Historiker im Nationalsozialismus, Frankfurt a. M. 1999.
61. Siegenthaler, Hansjörg, Geschichte und Ökonomie nach der kulturalistischen Wende. In: Geschichte und Gesellschaft 25 (1999), S. 276–301.
62. Siegrist, Hannes / Kaelble, Hartmut / Kocka, Jürgen (Hg.), Europäische Konsumgeschichte. Zur Gesellschafts- und Kulturgeschichte des Konsums (18. bis 20. Jahrhundert), Frankfurt a. M. 1997.
63. Smith, Adam, Der Wohlstand der Nationen. Eine Untersuchung seiner Natur und seiner Ursachen, München 1990 (1789).
64. Sombart, Werner, Der moderne Kapitalismus, 3 Bde., München 1987 (1916).
65. Spehr, Michael, Maschinensturm. Protest und Widerstand gegen technische Neuerungen am Anfang der Industrialisierung, Münster 2000.
66. Spree, Reinhard (Hg.), Geschichte der deutschen Wirtschaft im 20. Jahrhundert, München 2001.
67. Spree, Reinhard, Der Rückzug des Todes. Der Epidemiologische Übergang in Deutschland während des 19. und 20. Jahrhunderts, Konstanz 1992.
68. Szreter, Simon, The Importance of Social Intervention in Britain's Mortality Decline 1850–1914. A Reinterpretation of the Role of Public Health. In: Social History of Medicine 1 (1988), S. 1–38.
69. Tilly, Richard, Einige Bemerkungen zur theoretischen Basis der Wirtschaftsgeschichte. In: Jahrbuch für Wirtschaftsgeschichte (1994/1), S. 131–149.
70. Tilly, Richard, Globalisierung aus historischer Sicht und das Lernen aus der Geschichte (Kölner Vorträge zur Sozial- und Wirtschaftsgeschichte 41), Köln 1999.
71. Tilly, Richard, Soll und Haben. Recent German Economic History and the Problem of Economic Development. In: Journal of Economic History 29 (1969), S. 298–319.
72. Walter, Rolf, Einführung in die Wirtschafts- und Sozialgeschichte, Paderborn 1994.
73. Weber, Max, Wirtschaft und Gesellschaft. Grundriss der verstehenden Soziologie, Tübingen 1985 (1922).
74. Wehler, Hans-Ulrich (Hg.), Klassen in der europäischen Sozialgeschichte, Göttingen 1979.
75. Wehler, Hans-Ulrich, Deutsche Gesellschaftsgeschichte, 4 Bde., München 1987–2003.
76. Wehler, Hans-Ulrich, Neoromantik und Pseudorealismus in der neuen „Alltagsgeschichte". In: Wehler, Hans-Ulrich (Hg.), Preußen ist wieder chic … Politik und Polemik in zwanzig Essays, Frankfurt a. M. 1983, S. 99–106.
77. Wengenroth, Ulrich, Revolution oder Evolution in der Technik – eine Frage der Perspektive. In: Buchhaupt, Siegfried (Hg.), Gibt es Revolutionen in der Geschichte der Technik?, Darmstadt 1999, S. 51–64.
78. Wischermann, Clemens / Nieberding, Anne, Die Institutionelle Revolution. Eine Einführung in die deutsche Wirtschaftsgeschichte des 19. und frühen 20. Jahrhunderts, Stuttgart 2004.
79. Wischermann, Clemens, Der Property-Rights-Ansatz und die „neue" Wirtschaftsgeschichte. In: Geschichte und Gesellschaft 19 (1993), S. 238–257.
80. Wrigley, Edward A. / Schofield, Roger S., The Population History of England 1541–1871. A Reconstruction, Cambridge 1981.
81. Wunder, Heide, Frauen- und Geschlechtergeschichte. In: 57, S. 305–324.

1.1 Konzepte

82. Ambrosius, Gerold, Wirtschaftsordnungen. In: 1, S. 339–354.
83. Ambrosius, Gerold, Staat und Wirtschaftsordnung. Eine Einführung in Theorie und Geschichte, Stuttgart 2001.
84. Berger, Helge / Spörer, Marc, Economic Crises and the European Revolutions of 1848. In: Journal of Economic History 61 (2001), S. 293–326.
85. Blaut, James M., The Colonizer's Model of the World: Geographical Diffusionism and Eurocentric History, New York 1993.
86. Borchardt, Knut, Konjunkturtheorie in der Konjunkturgeschichte. Entscheidungen über Theorien unter Unsicherheit ihrer Gültigkeit. In: Vierteljahrschrift für Sozial- und Wirtschaftsgeschichte 72 (1985), S. 537–555.
87. Borchardt, Knut, Trend, Zyklus, Strukturbrüche, Zufälle: Was bestimmt die deutsche Wirtschaftsgeschichte im 20. Jahrhundert? in: Vierteljahrschrift für Sozial- und Wirtschaftsgeschichte 64 (1977), S. 145–178.

Bibliographie

88. Bornschier, Volker, Westliche Gesellschaft im Wandel, Frankfurt a. M. 1988.
89. Braudel, Fernand, Sozialgeschichte des 15.–18. Jahrhunderts. Aufbruch zur Weltwirtschaft, München 1986.
90. Buchheim, Christoph, Von altem Geld zu neuem Geld. Währungsreformen im 20. Jahrhundert. In: 66, S. 141–157.
91. Butschek, Felix, Wirtschaftsgeschichte und Neue Institutionenökonomie. In: Schremmer, Eckart (Hg.), Wirtschafts- und Sozialgeschichte. Gegenstand und Methode, Stuttgart 1998, S. 89–100.
92. Cameron, Rondo, La Révolution industrielle manqué. In: Social Science History 14 (1990), S. 559–565.
93. Cannadine, David N., The Past and the Present in the Industrial Revolution, 1880–1980. In: Past & Present 103 (1984), S. 149–158.
94. Crafts, Nicholas F. R., Industrial Revolution in England and France: Some Thoughts on the Question, „Why was England First?". In: Economic History Review 30 (1977), S. 429–441.
95. Deane, Phyllis, The First Industrial Revolution, Cambridge 1969 (1965).
96. Deane, Phyllis / Cole, W. A., British Economic Growth, 1688–1959, 1962.
97. Diamond, Jared, Guns, Germs and Steel: The Fates of Human Societies, New York 1997.
98. Fohlin, Caroline, Universal Banking in Pre-World War I Germany: Model or Myth? In: Explorations in Economic History 36 (1999), S. 305–343.
99. Fremdling, Rainer, Eisenbahnen und deutsches Wirtschaftswachstum 1840–1879, Dortmund 1979.
100. Fukuyama, Francis, The End of History and the Last Man, New York 1992.
101. Gall, Lothar / Pohl, Hans (Hg.), Die Eisenbahn in Deutschland. Von den Anfängen bis zur Gegenwart, München 1999.
102. Hartwell, Ronald Max, Was There an Industrial Revolution? In: Social Science History 14 (1990), S. 567–576.
103. Hentschel, Volker, Leitsektorales Wachstum und Trendperioden. Rostows Konzept modernen Wirtschaftswachstums in theoriegeschichtlicher Perspektive. In: Vierteljahrschrift für Sozial- und Wirtschaftsgeschichte 80 (1993), S. 197–208.
104. Hershlag, Z. Y., Theory of Stages of Economic Growth in Historical Perspective. In: Kyklos 22 (1969), S. 661–687.
105. Hilferding, Rudolf, Das Finanzkapital, Berlin 1909.
106. Hoffmann, Walther G., The Take-Off in Germany. In: Rostow, Walt Whitman (Hg.), The Economics of Take-Off into Sustained Growth, London 1963, S. 95–118.
107. Hoffmann, Walther G., Wachstum und Wachstumsformen der englischen Industriewirtschaft von 1700 bis zur Gegenwart, Jena 1940.
108. Holtfrerich, Carl-Ludwig, Quantitative Wirtschaftsgeschichte des Ruhrkohlenbergbaus im 19. Jahrhundert. Eine Führungssektoranalyse, Dortmund 1973.
109. Jäger, Hans, Geschichte der Wirtschaftsordnung in Deutschland, Frankfurt a. M. 1988.
110. Jones, Eric L., The European Miracle: Environments, Economies and Geopolitics in the History of Europe and Asia, Cambridge 1981.
111. Kondratjeff. Nikolai D., Die langen Wellen der Konjunktur. In: Archiv für Sozialwissenschaft und Sozialpolitik 56 (1926), S. 573–609.
112. Kuznets, Simon, Economic Growth and Structure. Selected Essays, London 1965 (zuerst 1958).
113. Kuznets, Simon, Secular Movements in Production and Prices, Boston 1930.
114. Labrousse, Ernest, La crise de l'économie française à la fin de l'ancien régime et au début de la Révolution, Paris 1944.
115. Lampert, Heinz, Die Wirtschafts- und Sozialordnung der Bundesrepublik Deutschland, München 1988.
116. Landes, David S., The Fable of the Dead Horse; or The Industrial Revolution Revisited. In: Mokyr, Joel (Hg.), The British Industrial Revolution: An Economic Perspective, Boulder 1993, S. 132–170, S. 170.
117. Landes, David S., What Room for Accident in History?: Explaining Big Changes by Small Events. In: Economic History Review 47 (1994), S. 637–656.
118. Landsteiner, Erich, Epochen, Stufen, Zeiten. Vom historistischen Epochenschema zu Fernand Braudels Dialektik sozialer Zeitabläufe. In: Wiener Zeitschrift zur Geschichte der Neuzeit 1 (2001), S. 17–37.
119. Mensch, Gerhard, Das technologische Patt. Innovationen überwinden die Depression, Frankfurt a. M. 1975.
120. Metz, Rainer, Trend, Zyklus und Zufall. Bestimmungsgründe und Verlaufsformen langfristiger Wachstumsschwankungen, Stuttgart 2002.
121. Nolte, Ernst, Marxismus und Industrielle Revolution, Stuttgart 1983, S. 23.
122. North, Douglass C., Institutions, Institutional Change and Economic Performance, Cambridge 1990.

123. Rostow, Walt W., British Economy of the Nineteenth Century, 1948.
124. Rostow, Walt W., No Random Walk: A Comment on „Why was England First?" In: Economic History Review 31 (1978), S. 610–612.
125. Rostow, Walt W., Stadien des wirtschaftlichen Wachstums. Eine Alternative zur marxistischen Entwicklungstheorie, Göttingen 1960.
126. Schumpeter, Josef A., Konjunkturzyklen. Eine theoretische, historische und statistische Analyse des kapitalistischen Prozesses, Bd. 1, Göttingen 1961 (engl. 1939).
127. Schumpeter, Josef A., Theorie der wirtschaftlichen Entwicklung, Leipzig 1911.
128. Siegenthaler, Hansjörg, Entscheidungen in Wirtschaft und Politik unter Bedingungen struktureller Instabilität und ökonomischer Depression im Rhythmus langwelliger Wachstumsschwankungen. In: Petzina, Dietmar / van Roon, Ger (Hg.), Konjunktur, Krise, Gesellschaft. Wirtschaftliche Wechsellagen und soziale Entwicklung im 19. und 20. Jahrhundert, Stuttgart 1981, S. 214–234.
129. Siegenthaler, Hansjörg, Kapitalbildung und sozialer Wandel in der Schweiz 1850–1914. In: Jahrbücher für Nationalökonomie und Statistik 193 (1978), S. 1–29.
130. Siegenthaler, Hansjörg, Regelvertrauen, Prosperität und Krisen: Die Ungleichmäßigkeit wirtschaftlicher und sozialer Entwicklung als Ergebnis individuellen Handelns und sozialen Lernens, Tübingen 1993.
131. Simon, Herbert, A Behavioral Model of Rational Choice. In: Quarterly Journal of Economics 69 (1955), S. 99–118.
132. Spree, Reinhard, Die Wachstumszyklen der deutschen Wirtschaft von 1840–1880, Berlin 1977.
133. Spree, Reinhard, Lange Wellen wirtschaftlicher Entwicklung in der Neuzeit. Historische Befunde, Erklärungen und Untersuchungsmethoden, Köln 1991.
134. Spree, Reinhard, Wachstumstrends und Konjunkturzyklen in der deutschen Wirtschaft von 1820 bis 1913, Göttingen 1978.
135. Spree, Reinhard, Wachstum. In: 1, S. 137–155.
136. Spree, Reinhard, Was kommt nach den „langen Wellen" der Konjunktur? In: Schröder, Wilhelm Heinz / Spree, Reinhard (Hg.), Historische Konjunkturforschung, Stuttgart 1980, S. 304–315.
137. Sweezy, Paul M., Theorie der kapitalistischen Entwicklung, Frankfurt a. M. 1970.
138. Tilly, Richard H., The „Take-Off" in Germany. In: Angermann, Erich / Frings, Marie-Luise (Hg.), Oceans Apart? Comparing Germany and the United States, Stuttgart 1981, S. 47–59.
139. Tilly, Richard H., An Overview on the Role of the Large German Banks up to 1914. In: Cassis, Youssef (Hg.), Finance and Financiers in European History, 1880–1960, Cambridge 1992, S. 93–112.
140. Wischermann, Clemens / Ellerbrock, Karl-Peter (Hg): Die Wirtschaftsgeschichte vor der Herausforderung durch die New Institutional Economics, Dortmund 2004.

1.2 Krisen

141. Abel, Wilhelm, Massenarmut und Hungerkrisen im vorindustriellen Deutschland, Göttingen 1988 (1972).
142. Berringer, Christian, Sozialpolitik in der Weltwirtschaftskrise. Die Arbeitslosenversicherungspolitik in Deutschland und Großbritannien im Vergleich, 1928 – 1934, Berlin 1999.
143. Blaich, Fritz, Der schwarze Freitag. Inflation und Wirtschaftskrise, München 1995.
144. Bombach, Gottfried (Hg.), Der Keynesianismus II. Die beschäftigungspolitische Diskussion vor Keynes in Deutschland, Berlin 1976.
145. Borchardt, Knut, Zwangslagen und Handlungsspielräume in der großen Wirtschaftskrise der frühen dreißiger Jahre. In: Borchardt, Knut (Hg.), Wachstum, Krisen, Handlungsspielräume der Wirtschaftspolitik, Göttingen 1982 (1979), S. 165–182.
146. Bracher, Karl-Dietrich, Brünings unparteiische Politik und die Auflösung der Weimarer Republik. In: Vierteljahreshefte für Zeitgeschichte 19 (1971), S. 113–123.
147. Brüning, Heinrich, Memoiren, Stuttgart 1970.
148. Buchheim, Christoph, Die Erholung von der Weltwirtschaftskrise 1932/33 in Deutschland. In: Jahrbuch für Wirtschaftsgeschichte (2003), S. 13–26.
149. Burckhardt, Jacob, Weltgeschichtliche Betrachtungen, Stuttgart 1978 (1905), S. 157–191.
150. Falter, Jürgen W., Hitlers Wähler, München 1991.
151. Feldman, Gerald, The Great Disorder. Politics, Economics and Society in the German Inflation, 1914–1924, Oxford 1993.
152. Fuchs-Heinritz, Werner u. a. (Hg.), Lexikon zur Soziologie, Opladen 1995.

153. Gall, Lothar / Pohl, Manfred (Hg.), Die Eisenbahn in Deutschland. Von den Anfängen bis zur Gegenwart, München 1999.
154. Hardach, Gerd, Lange Wellen in Wirtschaft, Gesellschaft und Republik? in: Petzina, Dietmar / Roon, Ger van (Hg.), Konjunktur, Krise, Gesellschaft. Wirtschaftliche Wechsellagen und soziale Entwicklung im 19. und 20. Jahrhundert, Stuttgart 1981, S. 209–213.
155. Hentschel, Volker, Wirtschaft und Wirtschaftspolitik im wilhelminischen Deutschland. Organisierter Kapitalismus und Interventionsstaat, Stuttgart 1978.
156. Heyde, Philipp, Das Ende der Reparationen. Deutschland, Frankreich und der Young-Plan 1929–1932, Paderborn 1998.
157. Holtfrerich, Carl-Ludwig, Alternativen zu Brünings Wirtschaftspolitik in der Weltwirtschaftskrise? In: Historische Zeitschrift 235 (1982), S. 605–631.
158. Holtfrerich, Carl-Ludwig, Die deutsche Inflation 1914–1923. Ursachen und Folgen in internationaler Perspektive, Berlin 1980.
159. Holtfrerich, Carl-Ludwig, Zur Debatte über die deutsche Wirtschaftspolitik von Weimar zu Hitler. In: Vierteljahreshefte für Zeitgeschichte 44 (1996), S. 119–132.
160. James, Harold, Deutschland in der Weltwirtschaftskrise, Darmstadt 1998.
161. Kaiser, Claudia, Gewerkschaften, Arbeitslosigkeit und Politische Stabilität. Deutschland und Großbritannien in der Weltwirtschaftskrise seit 1929, Frankfurt a. M. 2002.
162. Keynes, John Maynard, The Economic Consequences of the Peace, London 1920.
163. Kolb, Eberhard, Die Weimarer Republik, 6. Aufl., München 2002.
164. Koselleck, Reinhart, Krise. In: 12, III, S. 617–650.
165. Krüdener, Jürgen von, (Hg.), Economic Crisis and Political Collapse. The Weimarer Republic 1924–1933, Oxford 1990.
166. Marx, Karl, Das Kapital. Kritik der politischen Oekonomie. Band 1. Buch 1: Der Produktionsprozess des Kapitals, Berlin 1962 (MEW, Bd. 23), S. 166f.
167. Meister, Rainer, Zwangslagen und Handlungsspielräume der Wirtschafts- und Finanzpolitik in Deutschland 1929–1932, Regensburg 1991.
168. Peukert, Detlev J. K., Die Weimarer Republik. Krisenjahre der Klassischen Moderne, Darmstadt 1997 (1987), S. 245.
169. Ritschl, Albrecht / Borchardt, Knut, Could Brüning Have Done It? A Keynesian Model of Interwar Germany. In: European Economic Review – Papers and Proceedings 37 (1992), S. 695–701.
170. Ritschl, Albrecht, Deutschlands Krise und Konjunktur 1924–1934. Binnenkonjunktur, Auslandsverschuldung und Reparationsproblem zwischen Dawes-Plan und Transfersperre, Berlin 2002.
171. Ritschl, Albrecht, Hat das Dritte Reich wirklich eine ordentliche Beschäftigungspolitik betrieben? In: Jahrbuch für Wirtschaftsgeschichte (2003), S. 125–140.
172. Ritschl, Albrecht, Knut Borchardts Interpretation der Weimarer Wirtschaft. Zur Geschichte und Wirkung einer wirtschaftsgeschichtlichen Kontroverse. In: Elvert, Jürgen / Krauß, Susanne (Hg.), Historische Debatten und Kontroversen im 19. und 20. Jahrhundert. Jubiläumstagung der Ranke-Gesellschaft in Essen 2001, Stuttgart 2003, S. 234–244.
173. Rosenberg, Hans, Grosse Depression und Bismarckzeit, Berlin 1967.
174. Rudloff, Wilfried, Die Wohlfahrtsstadt. Kommunale Ernährungs-, Fürsorge- und Wohnungspolitik am Beispiel München 1910–1933, Göttingen 1999.
175. Siegenthaler, Hansjörg, The State of Confidence and Economic Behaviour in the 30s and 70s: Theoretical Framework – Historical Evidence. In: Berend, Ivan T. / Borchardt, Knut (Hg.), The Impact of the Depression of the 1930's and its Relevance for the Contemporary World, S. 409–436.
176. Tipton, Frank B., Government and the Economy in the nineteenth century. In: 46, S. 106–151.
177. Wehler, Hans-Ulrich, Bismarck und der Imperialismus, Köln 1969.
178. Zeller, Thomas, Straße, Bahn, Panorama. Verkehrswege und Landschaftsveränderung in Deutschland von 1930 bis 1990, Frankfurt a. M. 2002.

1.3 Politik

179. Abel, Wilhelm, Der Pauperismus am Vorabend der Industriellen Revolution, Dortmund 1966.
180. Alber, Jens, Vom Armenhaus zum Wohlfahrtsstaat. Analysen zur Entwicklung der Sozialversicherung in Westeuropa, Frankfurt a. M. 1982.

181. Ambrosius, Gerald, Staatstätigkeiten und Staatsunternehmen. In: 57, S. 175–190.
182. Borchardt, Knut, Die Erfahrung mit Inflationen in Deutschland. In: Schlemmer, J. (Hg.), Enteignung durch Inflation? Fragen der Geldwertstabilität, München 1972, S. 9–22.
183. Chorley, Katharine, Manchester Made Them, Manchester 1950.
184. Conrad, Christoph, Die Entstehung des modernen Ruhestandes. Deutschland im internationalen Vergleich, 1850–1960. In: Geschichte und Gesellschaft 14 (1988), S. 417–447.
185. Conrad, Christoph, Vom Greis zum Rentner. Der Strukturwandel des Alters in Deutschland zwischen 1830 und 1930, Göttingen 1994.
186. Drummond, Diane, The Impact of the Railway on the Lives of Women in the Nineteenth Century City. In: Roth, Ralf / Polino, Marie-Noëlle (Hg.), The City and the Railway in Europe, Aldershot 2003, S. 237–255.
187. Engelberg, Ernst, Über die Revolution von oben. Wirklichkeit und Begriff. In: Zeitschrift für Geschichtswissenschaft 22 (1974), S. 1183–1212.
188. Fischer, Wolfram, Das Verhältnis von Staat und Wirtschaft in Deutschland am Beginn der Industrialisierung. In: Kyklos 14 (1961), S. 337–361.
189. Fremdling, Rainer / Federspiel, Ruth / Kunz, Andreas (Hg.), Statistik der Eisenbahnen in Deutschland 1835–1989, St. Katharinen 1995.
190. Frevert, Ute, Krankheit als politisches Problem 1770–1880. Soziale Unterschichten in Preußen zwischen medizinischer Polizei und staatlicher Sozialversicherung, Göttingen 1984.
191. Geschichte der Sozialpolitik in Deutschland seit 1945, hg. vom Bundesministerium für Gesundheit und Soziale Sicherung / Bundesarchiv, Baden-Baden seit 2001.
192. Gladen, Albin, Geschichte der Sozialpolitik in Deutschland. Eine Analyse ihrer Bedingungen, Formen, Zielsetzungen und Auswirkungen, Wiesbaden 1974.
193. Hobsbawm, Eric J., Die Blütezeit des Kapitals. Eine Kulturgeschichte der Jahre 1848–1875, München 1977.
194. Hockerts, Hans-Günter, Sozialpolitische Entscheidungen im Nachkriegsdeutschland. Alliierte und deutsche Sozialversicherungspolitik 1945 bis 1957, Stuttgart 1980.
195. Hunecke, Volker, Überlegungen zur Geschichte der Armut im vorindustriellen Europa. In: Geschichte und Gesellschaft 9 (1983), S. 480–512.
196. Kellenbenz, Hermann, Deutsche Wirtschaftsgeschichte, Bd. 2: Vom Ausgang des 18. Jahrhunderts bis zum Ende des Zweiten Weltkrieges, München 1981.
197. Kleßmann, Christoph, Die deutsche Gesellschaft im Zusammenbruch 1945. In: Foerster, Roland G. (Hg.), Seelower Höhen 1945, Hamburg 1998, S. 163–174.
198. Kocka, Jürgen, Klassengesellschaft im Krieg. Deutsche Sozialgeschichte, 1914–1918, Frankfurt a. M. 1988 (1973).
199. Koselleck, Reinhart, Preußen zwischen Reform und Revolution, Stuttgart 1975.
200. Krabbe, Wolfgang R., Kommunalpolitik und Industrialisierung. Die Entfaltung der städtischen Leistungsverwaltung im 19. und frühen 20. Jahrhundert. Fallstudien zu Dortmund und Münster, Stuttgart 1985.
201. Leibfried, Stefan / Tennstedt, Florian (Hg.), Politik der Armut oder die Spaltung des Sozialstaats, Frankfurt a. M. 1985.
202. Milles, Dietrich / Müller, Rainer (Hg.), Berufsarbeit und Krankheit. Gewerbehygienische, historische, juristische und sozialepidemiologische Studien zu einem verdrängten sozialen Problem zwischen Arbeiterschutz und Sozialversicherung, Frankfurt a. M. 1985.
203. Mottek, Hans, Studien zur Geschichte der industriellen Revolution in Deutschland, Berlin 1960.
204. O'Brien, Patrick K., Political Preconditions for the Industrial Revolution. In: 45, S. 124–155.
205. Pollard, Sidney, Peaceful Conquest. The Industrialization of Europe, 1760–1970, Oxford 1981, S. V.
206. Radkau, Joachim, Technik in Deutschland. Vom 18. Jahrhundert bis zur Gegenwart, Frankfurt a. M. 1989.
207. Schivelbusch, Wolfgang, Geschichte der Eisenbahnreise. Zur Industrialisierung von Raum und Zeit, Frankfurt a. M. 1977.
208. Sombart, Werner, Die deutsche Volkswirtschaft im 19. Jahrhundert und im Anfang des 20. Jahrhunderts. Eine Einführung in die Nationalökonomie, Darmstadt 1954 (1903).
209. Spree, Reinhard, Krankenhausentwicklung und Sozialpolitik in Deutschland während des 19. Jahrhunderts. In: Historische Zeitschrift 260 (1995), S. 75–106.
210. Süle, Tibor, Preußische Bürokratietradition. Zur Entwicklung von Verwaltung und Beamtenschaft in Deutschland, 1871–1918, Göttingen 1988.

211. Tennstedt, Florian, Sozialgeschichte der Sozialpolitik vom 18. Jahrhundert bis zum 1. Weltkrieg, Göttingen 1981.
212. Tennstedt, Florian, Vom Proleten zum Industriearbeiter. Arbeiterbewegung und Sozialpolitik in Deutschland 1800 bis 1914, Köln 1983.
213. Tilly, Richard, Los von England: Probleme des Nationalismus in der deutschen Wirtschaftsgeschichte. In: Tilly, Richard (Hg.), Kapital, Staat und sozialer Protest in der deutschen Industrialisierung, Göttingen 1980, S. 197–206.
214. Trittel, Günther J., Hunger und Politik. Die Ernährungskrise in der Bizone (1945–1949), Frankfurt a. M. 1990.
215. Vogel, Barbara (Hg.), Preußische Reformen, 1807–1820, Königstein 1980.
216. Vogel, Barbara, Allgemeine Gewerbefreiheit. Die Reformpolitik des preußischen Staatskanzlers Hardenberg (1810–1820), Göttingen 1983.
217. Wehler, Hans-Ulrich, Modernisierungstheorie und Geschichte, Göttingen 1975.
218. Wischermann, Clemens, Preußischer Staat und westfälische Unternehmer zwischen Spätmerkantilismus und Liberalismus, Köln 1992.
219. Ziegler, Dieter, Eisenbahnen und Staat im Zeitalter der Industrialisierung. Die Eisenbahnpolitik der deutschen Staaten im Vergleich, Stuttgart 1996.

1.4 Frauen

220. Andersen, Arne, Der Traum vom guten Leben. Alltags- und Konsumgeschichte vom Wirtschaftswunder bis heute, Frankfurt a. M. 1997.
221. Beer, Ursula (Hg.), Klasse, Geschlecht. Feministische Gesellschaftsanalyse und Wissenschaftskritik, Münster 1987.
222. Berg, Maxine, What Difference did Women's Work Make to the Industrial Revolution. In: History Workshop Journal 35 (1993), S. 22–44.
223. Bock, Gisela, Challenging Dichotomies: Perspectives on Women's History. In: Offen, Karen / Rendall, Jane / Roach Pierson, Ruth (Hg.), Writing Women's History: International Perspectives, Bloomington 1991, S. 1–23.
224. Bock, Petra / Koblitz, Katja (Hg.) Neue Frauen zwischen den Zeiten, Berlin 1995.
225. Bowden, Sue / Offer, Avner, Household Appliances and the Use of Time: the United States and Britain since the 1920s. In: Economic History Review 47 (1994), S. 725–748.
226. Breuilly, John, Urbanization and Social Transformation, 1800–1914. In: Ogilvie, Germany, S. 192–226.
227. Budde, Gunilla-Friederike, Das Dienstmädchen. In: Frevert, Ute / Haupt, Heinz-Gerhard (Hg.), Der Mensch des 19. Jahrhunderts, Frankfurt a. M. / New York 1999, S. 148–175.
228. Budde, Gunilla-Friederike, Des Haushalts „schönster Schmuck". Die Hausfrau als Konsumexpertin des deutschen und englischen Bürgertums im 19. und frühen 20. Jahrhundert. In: 62, S. 411–440.
229. Bythell, Duncan, Women in the Work Force. In: 45, S. 31–53.
230. Canning, Kathleen, Gender and the Politics of Class Formation. Rethinking German Labor History. In: American Historical Review 97 (1992), S. 736–768.
231. Chafetz, Janet, Toward a Macro-Level Theory of Sexual Stratification and Gender Differentiation. In: Current Perspectives in Social Theory 1 (1980), S. 103–126.
232. Connell, Robert, Gender and Power. Society, the Person and Sexual Politics, Cambridge 1987.
233. Daniel, Ute, Arbeiterfrauen in der Kriegsgesellschaft: Beruf, Familie und Politik im Ersten Weltkrieg, Göttingen 1989.
234. Frevert, Ute, „Fürsorgliche Belagerung": Hygienebewegung und Arbeiterfrauen im 19. und frühen 20. Jahrhundert. In: Geschichte und Gesellschaft 11 (1985), S. 420–446.
235. Frevert, Ute, Bewegung und Disziplin in der Frauengeschichte. In: Geschichte und Gesellschaft 14 (1988), S. 240–262.
236. Frevert, Ute, Frauen-Geschichte zwischen bürgerlicher Verbesserung und Neuer Weiblichkeit, Frankfurt a. M. 1986.
237. Hård, Mikael, Zur Kulturgeschichte der Naturwissenschaft, Technik und Medizin. Eine internationale Literaturübersicht. In: Technikgeschichte 70 (2003), S. 23–45.
238. Hartwell, Ronald Max, The Rising Standard of Living in England, 1800–1850. In: Economic History Review 2nd series 13 (1961), S. 397–416.
239. Haupt, Heinz-Gerhard, Konsum und Geschlechterverhältnisse. Einführende Bemerkungen. In: 62, S. 395–410.
240. Hausen, Karin (Hg.), Frauen suchen ihre Geschichte. Historische Studien zum 19. und 20. Jahrhundert, München 1983.
241. Hausen, Karin, Familie als Gegenstand historischer Sozialwissenschaft. Bemerkungen zu einer Forschungsstrategie. In: Geschichte und Gesellschaft 1 (1975), S. 171–209.

242. Hausen, Karin, Frauengeschichte. In: Kowalczuk, Ilko-Sascha (Hg.), Paradigmen deutscher Geschichtswissenschaft, Berlin 1994, S. 175–188.
243. Hausen, Karin, Große Wäsche. Technischer Fortschritt und sozialer Wandel. In: Geschichte und Gesellschaft 13 (1987), S. 273–303.
244. Heßler, Martina, „Mrs. Modern Woman". Zur Sozial- und Kulturgeschichte der Haushaltstechnisierung, Frankfurt a. M. 2001.
245. Kickbusch, Ilona / Riedmüller, Barbara (Hg.), Die armen Frauen. Frauen und Sozialpolitik, Frankfurt a. M. 1984.
246. Leontaridi, Marianthi R., Segmented Labour Markets. Theory and Evidence. In: Journal of Economic Surveys 12 (1998), S. 63–101.
247. Lewis, Jane, Gender, the Family and Women's Agency in the Building of „Welfare States": The British Case. In: Social History 19 (1994), S. 37–55.
248. Mager, Wolfgang, Protoindustrialisierung und Protoindustrie. Vom Nutzen und Nachteil zweier Konzepte. In: Geschichte und Gesellschaft 14 (1988), S. 275–303.
249. Maier, Friederike, Zwischen Arbeitsmarkt und Familie – Frauenarbeit in den alten Bundesländern. In: Helwig, Gisela / Nickel, Hildegard M. (Hg.), Frauen in Deutschland. 1945–1992, Bonn 1993, S. 257–280.
250. Meyer, Sibylle, Die mühsame Arbeit des demonstrativen Müßiggangs. Über die häuslichen Pflichten der Beamtenfrauen im Kaiserreich. In: Hausen, Frauen suchen, S. 175–199.
251. Nave-Herz, Rosemarie, Die Geschichte der Frauenbewegung in Deutschland, Bonn 1993.
252. Nienhaus, Ursula, „Neue Frauen" im öffentlichen Dienst. Der Frauenverband der deutschen Post- und Telegraphenbeamtinnen (1905–1933). In: Internationale wissenschaftliche Korrespondenz zur Geschichte der deutschen Arbeiterbewegung 34 (1998), S. 426–440.
253. Orland, Barbara (Hg.), Haushaltsträume. Ein Jahrhundert Technisierung und Rationalisierung im Haushalt, Königstein 1990.
254. Orland, Barbara, Haushalt, Konsum und Alltagsleben in der Technikgeschichte. In: Technikgeschichte 65 (1998), S. 273–296.
255. Orland, Barbara, Wäsche waschen. Technik- und Sozialgeschichte der häuslichen Wäschepflege, Hamburg 1991.
256. Parsons, Talcott / Bales, Robert F., Family Socialization and Interaction Process, London 1956.
257. Pierenkemper, Toni, Haushalte. In: 1, S. 29–46.
258. Rouette, Susanne, Sozialpolitik als Geschlechterpolitik: die Regulierung der Frauenarbeit nach dem Ersten Weltkrieg, Frankfurt a. M. 1993.
259. Sachse, Carola, Anfänge der Rationalisierung der Hausarbeit in der Weimarer Republik. „The One Best Way of Doing Anything …". In: 253, S. 49–61.
260. Sachße, Christoph / Tennstedt, Florian, Geschichte der Armenfürsorge in Deutschland, 2 Bde., Stuttgart 1980/1988.
261. Schmucki, Barbara, Der Traum vom Verkehrsfluss. Städtische Verkehrsplanung seit 1945 im deutsch-deutschen Vergleich, Frankfurt a. M. 2001.
262. Schwartz Cowan, Ruth, More Work for Mother. The Ironies of Household Technology from the open Hearth to the Microwave, New York 1983.
263. Scott, Anne F., Making the Invisible Woman Visible, Urbana 1984.
264. Scott, Joan, Die Arbeiterin. In: Duby, Georges / Perrot, Michelle (Hg.), Geschichte der Frauen, Bd. 4: 19. Jahrhundert, Frankfurt a. M. 1994, S. 451–480.
265. Welskopp, Thomas, Der Betrieb als soziales Handlungsfeld. Neuere Forschungsansätze in der Industrie- und Arbeitergeschichte. In: Geschichte und Gesellschaft 22 (1996), S. 118–142.

1.5 Lebensstandard

266. Ambrosius, Gerold, Agrarstaat oder Industriestaat – Industriegesellschaft oder Dienstleistungsgesellschaft? Zum sektoralen Strukturwandel im 20. Jahrhundert. In: 66, S. 50–69.
267. Ayaß, Wolfgang, Bismarck und der Arbeitsschutz. Otto von Bismarcks Ablehnung des gesetzlichen Arbeitsschutzes. In: Vierteljahrschrift für Sozial- und Wirtschaftsgeschichte 89 (2002), S. 400–426.
268. Baten, Jörg, Ernährung und wirtschaftliche Entwicklung in Bayern. 1730–1880, Stuttgart 1999.
269. Braun, Rudolf, Industrialisierung und Volksleben. Veränderungen der Lebensformen unter Einwirkung der textilindustriellen Heimarbeit in einem ländlichen Industriegebiet (Zürcher Oberland) vor 1800, Erlenbach 1960.
270. Braun, Rudolf, Sozialer und kultureller Wandel in einem ländlichen Industriegebiet (Zürcher Oberland) unter Einwirkung des Maschinen- und Fabrikwesens im 19. und 20. Jahrhundert, Erlenbach 1965.

Bibliographie

271. Engels, Friedrich, Die Lage der arbeitenden Klasse in England, Leipzig 1845 (München 1980).
272. Fogel, Robert W., Economic Growth, Population Theory, and Physiology. The Bearing of Long-Term Processes on the Making of Economic Policy. In: American Economic Review 84 (1994), S. 369–395.
273. Fogel, Robert W., Nutrition and the Decline in Mortality since 1700, Some Preliminary Findings. In: Engerman, Stanley / Gallman, Robert E. (Hg.), Long Term Factors in American Growth, Chicago 1986.
274. Fogel, Robert W., Nutrition and the Decline in Mortality since 1700: Some Additional Preliminary Findings. In: Branström, Anders / Tedebrand, Lars-Göran (Hg.), Society, Health and Population during the Demographic Transition, Stockholm 1988, S. 369–384.
275. Gömmel, Rainer, Realeinkommen in Deutschland. Ein internationaler Vergleich 1810–1914, Nürnberg 1979.
276. Gransche, Elisabeth / Wiegand, Erich, Zur Wohnsituation von Arbeiterhaushalten zu Beginn des Zwanzigsten Jahrhunderts. In: 319, S. 425–469.
277. Hammond, John Lawrence, The Industrial Revolution and Discontent. In: Economic History Review, 1st series 2 (1930), S. 215–228.
278. Harnisch, Hartmut, Statistische Untersuchungen zum Verlauf der kapitalistischen Agrarreformen in den preußischen Ostprovinzen, 1811–1865. In: Jahrbuch für Wirtschaftsgeschichte (1974), S. 149–183.
279. Henning, Friedrich-Wilhelm, Humanisierung und Technisierung der Arbeitswelt. Über den Einfluß der Industrialisierung auf die Arbeitsbedingungen im 19. Jahrhundert. In: Archiv und Wirtschaft 9 (1976), S. 29–59.
280. Hobsbawm, Eric J., Soziale Ungleichheit und Klassenstrukturen in England: Die Arbeiterklasse. In: 74, S. 53–65.
281. Hobsbawm, Eric J., The Formation of British Working-Class Culture. In: Hobsbawm, Eric J., Worlds of Labour. Further Studies in the History of Labour, London 1984, S. 176–193.
282. Hobsbawm, Eric J., The Standard of Living during the Industrial Revolution: A Discussion. In: Economic History Review, 2nd series, 16 (1963), S. 119–134.
283. Hoffmann, Walter G., Das Wachstum der deutschen Wirtschaft seit der Mitte des 19. Jahrhunderts, Berlin 1965.
284. Joyce, Patrick, Visions of the People. Industrial England and the Question of Class, 1848–1914, Cambridge 1991.
285. Kaelble, Hartmut, Industrialisierung und soziale Ungleichheit: Europa im 19. Jahrhundert. Eine Bilanz, Göttingen 1983.
286. Kastner, Dieter, Kinderarbeit im Rheinland. Entstehung und Wirkung des ersten preußischen Gesetzes gegen die Arbeit von Kindern in Fabriken von 1839, Köln 2004.
287. Kocka, Jürgen, Arbeiterverhältnisse und Arbeiterexistenzen, Bonn 1990.
288. Kocka, Jürgen, Gruß an den Autor. In: Braun, Rudolf, Von den Heimarbeitern zur Europäischen Machtelite. Ausgewählte Aufsätze von Rudolf Braun, Zürich 2000, S. 7 f.
289. Kocka, Jürgen, Karl Marx und Max Weber. Ein methodologischer Vergleich. In: Zeitschrift für die gesamte Staatswissenschaft 122 (1966), S. 328–357.
290. Kocka, Jürgen, Unternehmensverwaltung und Angestelltenschaft am Beispiel Siemens 1847–1914, Stuttgart 1969.
291. Kocka, Jürgen, Weder Stand noch Klasse. Unterschichten um 1800, Bonn 1990.
292. Komlos, John, Nutrition and Economic Development in the Eighteenth Century Habsburg Monarchy. An Anthropometric History, Princeton 1989.
293. Komlos, John, The Biological Standard of Living in Europe and America, 1700–1900. Studies in Anthropometric History, Aldershot 1995.
294. König, Wolfgang, Geschichte der Konsumgesellschaft, Stuttgart 2000.
295. Kriedte, Peter / Medick, Hans / Jürgen Schlumbohm, Industrialisierung vor der Industrialisierung. Gewerbliche Warenproduktion auf dem Land in der Vorperiode des Kapitalismus, Göttingen 1977.
296. Kuznets, Simon, Die wirtschaftlichen Vorbedingungen der Industrialisierung. In: Braun, Rudolf u. a. (Hg.), Industrielle Revolution. Wirtschaftliche Aspekte, Köln 1972.
297. Lindenberger, Thomas, Alltagsgeschichte oder: Als um die zukünftigen Grenzen der Geschichtswissenschaft noch gestritten wurde. In: Sabrow, Martin / Jessen, Ralph / Kracht, Klaus G. (Hg.), Zeitgeschichte als Streitgeschichte. Große Kontroversen seit 1945, München 2003, S. 74–91.
298. Lindert, Peter H. / Williamson, Jeffrey G., English Workers' Living Standards during the Industrial Revolution: A New Look. In: Economic History Review 36 (1983), S. 1–25.

299. Lüdtke, Alf (Hg.), Alltagsgeschichte. Zur Rekonstruktion historischer Erfahrungen und Lebensweisen, Frankfurt a. M. 1989.
300. Mendels, Franklin F., Proto-Industrialization: The First Phase of the Industrialization Process. In: Journal of Economic History 32 (1972), S. 241–261.
301. Niethammer, Lutz, Wie wohnten Arbeiter im Kaiserreich? In: Archiv für Sozialgeschichte 16 (1976), S. 61–134.
302. Peukert, Detlev J. K., Industrialisierung des Bewusstseins? Arbeitserfahrungen von Ruhrbergleuten im 20. Jahrhundert. In: Tenfelde, Klaus (Hg.), Arbeit und Arbeitserfahrung in der Geschichte, Göttingen 1986, S. 92–119.
303. Pfister, Ulrich, Die Zürcher Fabriques. Protoindustrielles Wachstum vom 16. zum 18. Jahrhundert, Zürich 2002.
304. Reif, Heinz, „Ein seltener Kreis von Freunden". Arbeitsprozesse und Arbeitserfahrung bei Krupp 1840–1914. In: Tenfelde, Klaus (Hg.), Arbeit und Arbeitserfahrung in der Geschichte, Göttingen 1986, S. 51–91.
305. Ritter, Gerhard A. / Tenfelde, Klaus (Hg.), Lohnarbeit, Arbeiterleben und sozialer Konflikt. Arbeiter im Kaiserreich 1871/75 bis 1914, Bonn 1992.
306. Ruppert, Wolfgang (Hg.), Die Arbeiter. Lebensformen, Alltag und Kultur von der Frühindustrialisierung bis zum „Wirtschaftswunder", München 1986.
307. Schlumbohm, Jürgen, Mikrogeschichte-Makrogeschichte: Zur Eröffnung einer Debatte. In: Schlumbohm, Jürgen (Hg.), Mikrogeschichte – Makrogeschichte komplementär oder inkommensurabel? Göttingen 1998, S. 7–33.
308. Sen, Amartya, The Standard of Living, Cambridge 1994.
309. Sozialgeschichtliches Arbeitsbuch I. Materialien zur Statistik des Deutschen Bundes 1815–1870, hg. von Wolfram Fischer, Jochen Krengel und Jutta Wietog, München 1982.
310. Sozialgeschichtliches Arbeitsbuch III. Materialien zur Statistik des Deutschen Reiches 1914–1945, hg. von Dietmar Petzina, Werner Abelshauser und Anselm Faust, München 1978.
311. Sozialgeschichtliches Arbeitsbuch II. Materialien zur Statistik des Kaiserreichs, 1870–1914, hrsg. von Hohorst, Gerd / Kocka, Jürgen / Gerhard A. Ritter, München 1975.
312. Steckel, Richard H., Stature and the Standard of Living. In: Journal of Economic Literature 33 (1995), S. 1903–1940.
313. Stemler, Hildegard / Erich Wiegand, Zur Entwicklung der Arbeitszeitgesetzgebung und der Arbeitszeit in Deutschland seit der Industrialisierung. In: 319, S. 17–64.
314. Strasser, Susan, Making Consumption Conspicuous. Transgressive Topics Go Mainstream. In: Technology and Culture 23 (2002), S. 755–770.
315. Thompson, Edward P., The Making of the English Workingclass, London 1963.
316. Villermé, Louis René, Mémoire sur la taille de l'homme en France. In: Annales d'hygiène publique 1 (1829), S. 551–559.
317. Wehler, Hans-Ulrich, Vorüberlegungen zur historischen Analyse sozialer Ungleichheit. In: 74, S. 9–32.
318. Welskopp, Thomas, Ein modernes Klassenkonzept für die vergleichende Geschichte industrialisierender und industrieller Gesellschaften. In: Lauschke, Karl / Welskopp, Thomas (Hg.), Mikropolitik im Unternehmen. Arbeitsbeziehungen und Machtstrukturen in industriellen Großbetrieben des 20. Jahrhunderts, S. 48–106.
319. Wiegand, Erich / Zapf, Wolfgang (Hg.), Wandel der Lebensbedingungen in Deutschland. Wohlfahrtsentwicklung seit der Industrialisierung, Frankfurt a. M. 1982.
320. Wiegand, Erich, Zur historischen Entwicklung der Löhne und Lebenshaltungskosten in Deutschland. In: 319, S. 65–155.
321. Zimmermann, Clemens, Von der Wohnungsfrage zur Wohnungspolitik. Die Reformbewegung in Deutschland, 1845–1914, Göttingen 1991.

1.6 Technik

322. Bebel, August, Die Frau und der Sozialismus, Bonn 1994 (1879).
323. Bijker, Wiebe E. / Pinch, Trevor J., SCOT Answers Other Questions. A Reply to Nick Clayton. In: Technology and Culture 43 (2002) 2, S. 361–369.
324. Bijker, Wiebe E. / Pinch, Trevor J., The Social Construction of Facts and Artifacts: Or How the Sociology of Science and the Sociology of Technology Might Benefit Each Other. In: Bijker, Wiebe E. / Pinch, Trevor / Hughes, Thomas P. (Hg.), The Social Construction of Technological Systems, Cambridge, Mass. 1987, S. 17–50.
325. Bijker, Wiebe E., Of Bicycles, Bakelites, and Bulbs: Toward a Theory of Socio-Technical Change, Cambridge, Mass. 1995.
326. Birkefeld, Richard / Jung, Martina, Die Stadt, der Lärm und das Licht. Die Veränderung des

Bibliographie

öffentlichen Raumes durch Motorisierung und Elektrifizierung, Seelze 1994.
327. Braun, Hans-Joachim, Gas oder Elektrizität? Zur Konkurrenz zweier Beleuchtungssysteme, 1880–1914. In: Technikgeschichte 47 (1980), S. 1–19.
328. Briese, Volker / Matthies, Wilhelm / Renda, Gerhard (Hg.), Wege zur Fahrradgeschichte, Bielefeld 1995.
329. Brüdermann, Stefan, Fahrradverkehr im Herzogtum Braunschweig. Polizeirechtliche und soziale Aspekte. In: Braunschweiger Jahrbuch 76 (1995), S. 101–124.
330. Buchanan, Angus, Theory and Narrative in the History of Technology. In: Technology and Culture 32 (1991), S. 365–376.
331. Buhr, Regina, „Wenn wir hier mal nicht Schreibmaschinen bauen, das möchte ich gar nicht mehr erleben müssen!" Betriebliche Innovationsdynamik und Produktleitbilder. In: Dierkes, Meinolf (Hg.), Technikgenese. Befunde aus einem Forschungsprogramm, Berlin 1997, S. 37–68.
332. Cannadine, David, Engineering History, or the History of Engineering? Re-Writing the Technological Past. In: Transactions of the Newcomen Society 74 (2004), S. 163–180.
333. Chandler, Alfred D., Scale and Scope. The Dynamics of Industrial Capitalism, Cambridge 1994.
334. Chant, Colin, The Second Industrial Revolution and the Rise of Modern Urban Planning. In: Goodman, David / Chant, Colin (Hg.), European Cities & Technology. Industrial to Post-industrial City, New York 1999, S. 121–177.
335. Clayton, Nick, SCOT: Does It Answer? In: Technology and Culture 43 (2002) 2, S. 351–360.
336. David, Paul A., Clio and the Economics of QWERTY. In: American Economic Review 75 (1985) 2, S. 332–337.
337. Epperson, Bruce, Does SCOT Answer? A Comment. In: Technology and Culture 43 (2002) 2, S. 371–373.
338. Hausen, Karin / Rürup, Reinhard (Hg.), Moderne Technik-Geschichte, Köln 1975.
339. Hawke, Garry R., Railways and Economic Growth in England and Wales, 1840–1870, Oxford 1970.
340. Heßler, Martina, „Elektrische Helfer" für Hausfrauen, Volk und Vaterland. In: Technikgeschichte 68 (2001) 3, S. 203–229.
341. Hobsbawm, Eric J., Labouring Men: Studies in the History of Labour, London 1964.
342. Hughes, Thomas P., ‚Berlin: Technological Metropolis'. In Goodman, David (Hg.), The European Cities & Technology Reader. Industrial to Post-Industrial City, New York 1999, S. 211–220.
343. Joerges, Bernward, Die Brücken des Robert Moses. Stille Post in der Stadt- und Techniksoziologie. In: Leviathan 27 (1999) 1, S. 43–63.
344. Jones, Eric L., Growth Recurring: Economic Change in World History, Oxford 1988.
345. Knie, Andreas / Hård, Mikael, Die Dinge gegen den Strich bürsten. De-Konstruktionsübung am Automobil. In: Technikgeschichte 60 (1993), S. 224–242.
346. König, Wolfgang / Weber, Wolfhard, Netzwerke, Stahl und Strom. Propyläen Technikgeschichte, 1840–1914, Berlin 1997.
347. König, Wolfgang, Technik, Macht und Markt. Eine Kritik der sozialwissenschaftlichen Technikgeneseforschung. In: Technikgeschichte 60 (1993), S. 243–266.
348. Krausse, Joachim, Das Fahrrad. In: Ruppert, Fahrrad, S. 79–118.
349. Landes, David S., The Wealth and Poverty of Nations: Why Some are So Rich and Some So Poor, London 1998.
350. Latour, Bruno, Ein Ding ist ein Thing – eine philosophische Plattform für eine europäische Linkspartei. In: Fricke, Werner (Hg.), Innovationen in Technik, Wissenschaft und Gesellschaft, Bonn 1998.
351. Liebowitz, Stan / Margolis, Stephen E., The Fable of the Keys. In: Journal of Law and Economics XXXIII (1990), S. 1–27.
352. Mokyr, Joel, Technological Change, 1700–1830. In: Floud, Roderick / McCloskey, Donald (Hg.), The Economic History of Britain since 1700, Cambridge 1994, Bd. 1, S. 12–43.
353. Osietzki, Maria, Weiblichkeitsallegorien der Elektrizität als „Wunschmaschinen". In: Technikgeschichte 63 (1996) 1, S. 47–70.
354. Radkau, Joachim, Das Fahrrad in den Technikvisionen der Jahrhundertwende. In: Briese, Wege, S. 9–32.
355. Rosen, Paul, Framing Production. Technology, Culture, and Change in the British Bicycle Industry, Cambridge 2002.
356. Ruppert, Wolfgang (Hg.), Fahrrad, Auto, Fernsehschrank. Zur Kulturgeschichte der Alltagsdinge, Frankfurt a. M. 1993.
357. Russell, Stuart, The Social Construction of Artefacts: A Response to Pinch and Bijker. In: Social Studies of Science 16 (1986), S. 331–346.

358. Sabel, Charles / Zeitlin, Jonathan, Historical Alternatives to Mass Production: Politics, Markets, and Technology in 19th-Century Industrialization. In: Past and Present 108 (1985), S. 133–176.
359. Schott, Dieter, Die Vernetzung der Stadt. Kommunale Energiepolitik, öffentlicher Nahverkehr und die Produktion der modernen Stadt. Darmstadt, Mainz, Mannheim 1880–1918, Darmstadt 1999.
360. Schott, Dieter, Lichter und Ströme der Großstadt. Technische Vernetzung als Handlungsfeld für die Stadt-Umland-Beziehungen um 1900. In: Reulecke, Jürgen / Zimmermann, Clemens (Hg.), „Die Stadt als Moloch? Das Land als Kraftquell?" Wahrnehmungen und Wirkungen der Großstädte um 1900, Basel 1999, S. 117–140.
361. Smith, Merritt Roe / Marx Leo (Hg.), Does Technology Drive History? The Dilemma of Technological Determinism, Cambridge, Mass. 1994.
362. Scrole, Carole, „A Blessing to Mankind and Especially to Womankind": The Typewriter and the Feminization of Clerical Work, Boston, 1860–1920. In: Drygulski Wright, Barbara (Hg.), Women, Work and Technology. Transformations, Ann Arbor, 1987.
363. Teuteberg, Hans-Jürgen, Die Rationalisierung der Küche am Beispiel des Elektroherdes seit dem späten 19. Jahrhundert. In: Gerhard, Hans-Jürgen (Hg.), Struktur und Dimension, Festschrift für Karl Heinrich Kaufhold, Bd. 2, Stuttgart 1997, S. 456–476.
364. Tunzelmann, G. N. von, Technological and Organizational Change in Industry during the Industrial Revolution. In: 45, S. 254–282.
365. Wala, Michael / Lehmkuhl, Ursula (Hg.), Technologie und Kultur. Europas Blick auf Amerika vom 18. bis zum 20. Jahrhundert, Köln 2000.
366. Williams, Rosalind, The Political and Feminist Dimension of Technological Determinism. In: Smith, Does Technology, S. 217–235.
367. Winner, Langdon, Do Artifacts Have Politics? In: Daedalus 109 (1980), S. 121–136.

1.7 Bevölkerung

368. Berridge, Virginia, Health and Society in Britain since 1939, Cambridge 1999.
369. Brown, John C., Wer bezahlt die hygienisch saubere Stadt? Finanzielle Aspekte der sanitären Reformen in England, USA und Deutschland um 1910. In: Vögele, Jörg / Woelk, Wolfgang (Hg.), Stadt, Krankheit und Tod. Geschichte der städtischen Gesundheitsverhältnisse während der Epidemiologischen Transition (vom 18. bis ins frühe 20. Jahrhundert), Berlin 2000, S. 237–258.
370. Brügelmann, Jan, Der Blick des Arztes auf die Krankheit im Alltag 1779–1850. Medizinische Topographien als Quelle für die Sozialgeschichte des Gesundheitswesens, Berlin 1982.
371. Chesnais, Jean-Claude, La Transition Démographique: Etapes, Formes, Implications Economiques. Etude de Séries Temporelles (1720–1984) relatives à 67 pays, Paris 1986.
372. Condrau, Flurin, Behandlung ohne Heilung. Zur sozialen Konstruktion des Behandlungserfolgs bei Tuberkulose im frühen 20. Jahrhundert. In: Medizin, Gesellschaft und Geschichte XIX (2000), S. 71–93.
373. Condrau, Flurin, Lungenheilanstalt und Patientenschicksal. Sozialgeschichte der Tuberkulose in Deutschland und England während des späten 19. und frühen 20. Jahrhunderts, Göttingen 2000.
374. Cooter, Roger / Pickstone, John V. (Hg.), Companion to Medicine in the twentieth Century, London 2003.
375. Cronjé, Gillian, Tuberculosis and Mortality Decline in England and Wales 1851–1910. In: Woods, Robert u. Woodward, John (Hg.), Urban Disease and Mortality in Nineteeth-Century England, London 1984, S. 79–101.
376. Evans, Richard J., Tod in Hamburg. Stadt, Gesellschaft und Politik in den Cholera-Jahren 1830–1910, Reinbek 1987.
377. Floud, Roderick, Medicine and the Decline of Mortality: Indicators of Nutritional Status. In: Schofield, Roger / Reher, D. / Bideau, A. (Hg.), The Decline of Mortality in Europe. The Decline of Mortality in Europe, Oxford 1991, S. 147–157.
378. Gorsboth, Thomas / Wagner, Bernd, Die Unmöglichkeit der Therapie am Beispiel der Tuberkulose. In: Kursbuch 94 (1988), S. 123–146.
379. Guha, Sumit, The Importance of Social Intervention in England's Mortality Decline: The Evidence Reviewed. In: Social History of Medicine 7 (1994), S. 89–113.
380. Guinnane, Timothy W., Population and the Economy in Germany, 1800–1990. In: 46, S. 35–70.
381. Hardy, Anne, ‚Death is the Cure of all Diseases': Using the General Register Office Cause of Death Statistics for 1837–1920. In: Social History of Medicine 7 (1994), S. 472–492.

Bibliographie

382. Hardy, Anne, Diagnosis, Death and Diet: The Case of London, 1750–1909. In: Journal of Interdisciplinary History 18 (1988), 387–401.
383. Illich, Ivan, Die Nemesis der Medizin: Die Kritik der Medikalisierung des Lebens, München 1995 (1975).
384. Imhof, Arthur E., Die gewonnenen Jahre. Von der Zunahme unserer Lebensspanne seit dreihundert Jahren oder von der Notwendigkeit einer neuen Einstellung zu Leben und Sterben, München 1981.
385. Imhof, Arthur E., Die Lebenszeit. Vom aufgeschobenen Tod und von der Kunst des Lebens, München 1988.
386. Kintner, Hallie J., The Determinants of Infant Mortality in Germany from 1871 to 1933, Ph. D. Xerox, University of Michigan 1982.
387. Knodel, John, Demographic Behavior in the Past: A Study of Fourteen German Village Populations in the Eighteenth and Nineteenth Centuries, Cambridge 1988.
388. Köllmann, Wolfgang, Einleitung. Entwicklung und Stand demographischer Forschung. In: Köllmann, Wolfgang / Marschalck, Peter (Hg.), Bevölkerungsgeschichte, Köln 1972, S. 9–17.
389. Komlos, John / Schmidtke, Susann, Bevölkerung und Wirtschaft. In: 1, S. 69–88.
390. Kunitz, Stephen J., Explanations and Ideologies of Mortality Declines. In: Population and Development Review 13 (1987), S. 379–408.
391. Labisch, Alfons / Spree, Reinhard, Neuere Entwicklungen und aktuelle Trends in der Sozialgeschichte der Medizin in Deutschland – Rückschau und Ausblick. In: Vierteljahrschrift für Sozial- und Wirtschaftsgeschichte 84 (1997), S. 171–210 u. 305–321.
392. Labisch, Alfons / Vögele, Jörg, Stadt und Gesundheit. Anmerkungen zur neueren sozial- und medizinhistorischen Diskussion in Deutschland. In: Archiv für Sozialgeschichte 37 (1997), S. 396–424.
393. Logan, W. P. D., Mortality in England and Wales from 1848 to 1947. In: Population Studies 4 (1951), S. 132–178.
394. Luckin, Bill, Death and Survival in the City: Approaches to the History of Disease. In: Urban History Yearbook (1980), S. 53–62.
395. Mackenroth, Gerhard, Bevölkerungslehre. Theorie, Soziologie und Statistik der Bevölkerung, Berlin 1953.
396. Marschalck, Peter, Bevölkerungsgeschichte Deutschlands im 19. und 20. Jahrhundert, Frankfurt a. M. 1984.
397. McKeown, Thomas / Brown, R. G., Medical Evidence Related to English Population Changes in the Eighteenth Century. In: Population Studies 9 (1955), S. 119–141.
398. McKeown, Thomas / Record, R. G. / Turner, R. D., An Interpretation of the Decline of Mortality in England and Wales during the Twentieth Century. In: Population Studies 29 (1975), S. 391–422.
399. McKeown, Thomas / Record, R. G., Reasons for the Decline of Mortality in England and Wales During the Nineteenth-Century. In: Population Studies 16 (1962), S. 94–122.
400. McKeown, Thomas, A Sociological Approach to the History of Medicine. In: Medical History 14 (1970), S. 342–351.
401. Münch, Peter, Stadthygiene im 19. und 20. Jahrhundert. Die Wasserversorgung, Abwasser- und Abfallbeseitigung unter besonderer Berücksichtigung Münchens, Göttingen 1993.
402. Newsholme, Arthur, The Causes of the past Decline of Tuberculosis and the Light thrown by History on preventive Measures for the immediate Future. In: Supplement to the Proceedings of the International Congress on Tuberculosis, 6th, Washington 1908, Philadelphia 1908, S. 80–109.
403. Omran, Abdel R., Epidemiological Transition in the U.S. In: Population Bulletin 32 (1977), S. 3–42.
404. Pelling, Margarete, Cholera, Fever and English Medicine 1825–1865, Oxford 1978.
405. Porter, Dorothy, The Mission of Social History of Medicine. An Historical Overview. In: Social History of Medicine 8 (1995), S. 345–360.
406. Schmid, Josef, Einführung in die Bevölkerungssoziologie, Reinbek 1976.
407. Sieglerschmidt, Jörn, Bevölkerungsgeschichte. In: 57, S. 249–282.
408. Spree, Reinhard, Soziale Ungleichheit vor Krankheit und Tod. Zur Sozialgeschichte des Gesundheitsbereichs im Deutschen Kaiserreich, Göttingen 1981.
409. Spree, Reinhard, Zu den Veränderungen der Volksgesundheit zwischen 1870 und 1913 und ihren Determinanten in Deutschland (vor allem in Preußen). In: Conze, Werner / Engelhardt, Ulrich (Hg.), Arbeiterexistenz im 19. Jahrhundert. Lebensstandard und Lebensgestaltung deutscher Arbeiter und Handwerker, Stuttgart 1981, S. 235–292.
410. Süß, Winfried, Der „Volkskörper" im Krieg. Gesundheitspolitik, Gesundheitsverhältnisse

und Krankenmord im nationalsozialistischen Deutschland, 1939 – 1945, München 2003.
411. The Health of Adult Britain, figure 3.3: Gain in life expectancy since 1841, CD-ROM, London 1998.
412. Vögele, Jörg, Sanitäre Reformen und der Sterblichkeitsrückgang in deutschen Städten, 1877–1913. In: Vierteljahrschrift für Sozial- und Wirtschaftsgeschichte 80 (1993), S. 345–365.
413. Winter, Jay M., The Decline of Mortality in Britain, 1870–1950. In: Barker, Theo / Drake, Michael (Hg.), Population and Society in Britain, 1850–1950, London 1982, S. 100–120.
414. Woycke, James, Birth Control in Germany, 1871–1933, New York 1988.

Personen- und Sachregister

1848er Revolution 26, 28, 36, 48, 50, 77
Adenauer, Konrad 61
AEG 89, 98
Agrarkrise 77
Altersversicherung 15, 61, 62, 75
Ambrosius, Gerold 3, 32, 52
Arbeitslosigkeit 34–35, 39–40, 83, 86
Arbeitsmarkt 14, 54, 62, 65–67, 82
Armut 16, 75
Automobil 7, 86, 93

Banken und Börsen 5, 25, 39, 51
Bayern 72, 99, 111
Berg, Maxine 8, 16, 23–24, 65–67
Berghahn, Volker 11
Berlin 98
Bevölkerungsgeschichte 7, 16, 18, 30, 37, 39, 40, 54, 55, 62, 63, 69–71, 74, 75, 79, 96–97, 99–103, 110–112, 119
Bevölkerungsweise 101
Biologischer Lebensstandard 17, 79, 80, 110, 118
Bismarck, Otto von 15, 49, 56, 61, 62, 117, 120
Blanqui, Adolphe 22–23
Bochum 49
Bock, Gisela 63
Borchardt, Knut 4, 24, 31, 38, 42–46, 54
Braudel, Fernand 28
Braun, Rudolf 81, 83
Brüning, Heinrich 15, 39, 41–47, 116
Buchheim, Christoph 12, 25, 46, 53, 62
Büroarbeit 65, 88, 90, 97, 99

Chandler, Alfred 87
Chemieindustrie 31
Cholera 104, 109
Chorley, Katherine 58
Colquhoun, Patrick 23
Conrad, Christoph 62
Conze, Werner 10
Crafts, Nicholas 7, 13, 21–23

Dampfmaschine 6, 31
Daniel, Ute 64
Dawes-Plan 45
Deane, Phyllis 5, 23
Deflation 15, 34, 37, 41, 45, 77
Demographie 18, 99–100, 106, 110–112
Demographischer Übergang 100, 110

Deutsches Kaiserreich 4, 14–15, 34, 36–37, 56, 73, 79, 83
Diderot, Denis 94
Dienstboten 68–69
Dresden 78
Dvorak, August 88–89

Eisenbahn 2, 6–7, 9, 14, 27, 38, 55–58, 86, 88, 90, 95
Elektroindustrie 14, 18, 31, 38, 94–99
Engels, Friedrich 74, 75, 118
England 2, 8, 17, 20–24, 27, 48, 53, 56, 57, 66–67, 81, 90, 99–100, 102, 106–108
Epidemiologischer Übergang 110–111
Erhard, Ludwig 70
Erster Weltkrieg 32, 64
Erwerbsquote 66
Europäische Union 49
Existenzminimum 61–62

Fabrikordnung 8, 84
Fabriksystem 4, 16, 22, 59, 66–67, 75, 83, 91, 96, 98
Fahrrad 92–95
Faktormarkt 6
Familienökonomie 65
Feldman, Gerald 41, 45
Fisch, Jörg 3, 20, 24, 62
Fischer, Wolfram 51
Floud, Roderick 81
Fogel, Robert 10, 12, 79–80
Fortschritt 8, 20–22, 91, 94–95, 102
Fortschritt, technischer 17, 22, 66, 72, 82, 91, 103
Frankfurter Küche 99
Frankreich 22, 39, 53, 56, 81, 100
Frauen- und Geschlechtergeschichte 16, 62–64, 67, 71, 73, 118
Frauenarbeit 16, 65–68, 90
Frauenbewegung 62–63, 73
Fruchtbarkeit 18, 102–103
Fürsorge 61, 72–73
Fürth 4, 27, 56

Ganzes Haus 65
Gasenergie 96–99
Gaskell, Peter 23
Gerschenkron, Alexander 2, 5, 24–26
Gesellschaftsgeschichte 44, 53, 64, 85, 113
Globalisierung 4, 49

Personen- und Sachregister

Große Depression 9, 14, 30, 36–38
Gründerboom 14

Hahn, Hans-Werner 3, 24
Halle 78
Handel 9, 92
Hargreaves, James 22
Hartwell, Max 65
Hausarbeit 68–71, 99
Hausen, Karin 16, 63, 68
Haushaltstechnik 70–71, 99
Heimgewerbe 65
Henning, Friedrich-Wilhelm 2–3, 37–38, 50, 77, 113
Hilferding, Rudolf 32
Hitler, Adolf 4, 14, 38–41, 46, 53, 55, 116
Hobsbawm, Eric J. 50, 85, 90
Hole, James 23
Holtfrerich, Carl-Ludwig 46, 54
Hudson, Pat 8, 16, 23–24, 65–67

Imhof, Arthur E. 99, 101, 112
Industrielle Revolution 1, 3, 24, 31, 90–91
Infektionskrankheiten 21, 104–105, 108–110
Inflation 33, 39, 41, 43–46, 54–55
Institutionen 14, 15, 33, 39, 51, 53, 55, 113
Investitionen 26–27, 36, 44–46, 56, 74, 96, 100

Kaiser Wilhelm I. 59
Kaiserliche Botschaft 9, 59
Kapital 6, 25, 55
Keynes, John M. 36, 41, 116
Kiesewetter, Hubert 49–51, 53
Kinder 68–69, 71, 83
Kinderarbeit 24, 66–67, 83, 117
Klassenstruktur 9, 84–85
Kleßmann, Christoph 55
Kocka, Jürgen 29, 31, 63, 82, 84, 113
Kohle 9, 27, 38, 96, 99
Komlos, John 81
Kondratjeff, Nikolai D. 13, 29, 30–31, 35, 37, 116
Konsum 69, 70, 79, 92, 118
Koselleck, Reinhart 34
Krankenhaus 18, 61, 103
Krankenversicherung 61, 120
Kriedte, Peter 81
Krise 1, 8, 10, 14–15, 29, 32, 34–40, 42, 43, 45, 47, 54, 71, 75, 81, 113–114, 116
Kunitz, Stephen J. 111
Kuznets, Simon 30–31, 82, 116

Labrousse, Ernest 34
Landes, David 13, 17, 22–24, 35, 80, 87, 90–91, 99

Landwirtschaft 8, 15, 18, 26, 49–50, 52, 58, 75, 77, 82, 97, 100
Lange Wellen der Konjunktur 13, 28, 29, 30–31, 35, 37, 82, 116
Lebenserwartung 7, 16, 18, 62, 101–102, 110–112, 119
Lebensstandard 9, 16, 17, 19, 35, 61, 65, 74–76, 78, 81, 105, 107, 109, 118
Lebensweise 101
Leibfried, Stefan 61
Leitsektor 9, 18, 27, 38, 48
Lohnarbeit 8, 17, 74
London 22, 107
Lüdtke, Alf 85

Mackenroth, Gerhard 101
Malthus, Thomas R. 28, 75, 79, 100
Manchester 72
Markt 6–7, 14, 53, 59, 64, 81
Marktversagen 34
Marx, Karl 10, 25, 34–35, 80, 84, 85, 87
Maschinenbau 38, 119
McGurrin, Frank 88
McKeown, Thomas 18–19, 80, 100, 102–112
Medick, Hans 81
Medizin 18, 19, 103–106, 108–110, 112, 119, 120
Medizingeschichte 103
Meister, Rainer 47
Michaux, Ernest 93
Migration 100
Milles, Dietrich 60
Mokyr, Joel 91
Moses, Robert 87–88
Mottek, Hans 48
Müller, Hermann 38, 40
Müller, Rainer 60
München 49

Nationalismus 50
Nationalsozialismus 4, 10, 14, 40, 42–45, 47, 53, 55, 99, 116
Neue Institutionenökonomie 12, 20, 53, 115–116
New Deal 39
New York 39, 87
Newsholme, Arthur 102
Niethammer, Lutz 78, 85
Nipperdey, Thomas 48
North, Douglass 10, 12, 33, 55
NSDAP 45, 53
Nürnberg 4, 27, 56

Ökonomisierung 6, 9, 69, 74
Operationalisierung 26–27, 76
Orland, Barbara 71

137

Personen- und Sachregister

Österreich-Ungarn 100
Owen, James 23

Parkways 87–88
Parsons, Talcott 67–68
Patente 87
Pauperismus 58, 77
Periodisierung 13, 115
Pettenkofer, Max von 109
Peukert, Detlef 42–43
Pierenkemper, Toni 12, 22–24, 48, 50, 53
Pohl, Hans 12
Pollard, Sidney 42, 50
Präsidialkabinett 38, 41
Preise 77
Preußen 48, 51, 52, 72, 101, 111
Preußische Reformen 14–15, 33, 47, 51–53, 55, 69, 101, 117
Produktion 5, 8, 14, 17, 22, 36
Property Rights 33, 53
Protoindustrialisierung 1, 5, 77, 81–82

QWERTY-Tastatur 87–89

Rathenau, Walther 98
Rationalisierung 37, 67, 69–71, 97
Regionalentwicklung 21
Remington 87, 89
Reparationen 44–46
Ritschl, Albrecht 41, 44, 46–47
Ritter, Gerhard A. 10, 86, 113
Rosenberg, Hans 10, 31, 35–36
Rostow, Walt Whitman 13, 22, 25–28, 30, 50, 115
Rudloff, Wilfried 61
Ruhrkampf 41, 54
RWE 99

Säuglingssterblichkeit 101, 111
Schieder, Theodor 10
Schlumbohm, Jürgen 81
Schmoller, Gustav 48
Schofield, Roger S. 18, 102–103, 106
Schreibmaschine 88–90
Schumpeter, Josef Alois 17, 31, 49
Schweden 100
Schweiz 53
Scott, Joan 65
Sheffield 49
Sholes, Christopher L. 87
Siegenthaler, Hansjörg 31–33, 35
Siemens & Halske 84, 98
Simon, Herbert 30, 33
Smith, Adam 74
Snow, John 109

Sombart, Werner 11, 48, 82
Sowjetunion 29
Sozial- und Wirtschaftsgeschichte 2–6, 10–13, 16–17, 20, 25–26, 29, 31, 35, 42, 48, 53, 63–64, 65–66, 70, 72, 79, 84–86, 99, 105, 114–115, 117–119
Soziale Konstruktion 88, 91, 93, 95, 119
Soziale Konstruktion der Technik 91–93
Sozialistengesetz 15, 59–60
Sozialpolitik 9, 14–16, 39–40, 47, 51, 58–59, 61–62, 65, 71–73, 75, 78, 83, 86, 117–118
Sozialprodukt 112
SPD 40
Spree, Reinhard 24, 27, 29–30, 99, 108, 111
Staat 9, 15, 36, 38, 47–51, 53–54, 56, 58–59, 71, 83, 98, 117
Staatsinterventionismus 37, 49, 52, 58, 62
Städtische Infrastruktur 108–109
Stahl 31, 90, 96
Statistik 39, 80, 99, 101–102, 104, 106–107, 114
Sterblichkeitsrückgang 18, 19, 79–80, 100–112, 120
Stresemann, Gustav 54
Stufentheorie 25–26
Subsistenz 74
Szreter, Simon 106–108

Take-Off der deutschen Wirtschaft 13, 25–28, 30, 36, 49–50, 53, 77, 115
Taylorisierung 99
Technik 17–18, 55, 57, 70–71, 86–88, 90–98, 119
Technischer Determinismus 95
Tennstedt, Florian 59, 61
Teuteberg, Hans-Jürgen 97
Textilindustrie 70
Thompson, Edward P. 85, 90
Tilly, Richard 4, 27, 28
Todesursachen 18, 80, 103–104, 106–107, 109–112
Transaktionskosten 6, 9, 27, 33
Tuberkulose 97, 104–110
Typhus 104

Unfallversicherung 60–61, 72
Unternehmen 8, 33–36, 60, 66, 77, 89–90, 92, 98, 118

Validität 76, 91
Verkehr 71
Versailler Vertrag 41
Vertrauen 9, 32, 36–37, 46
Villermé, Louis R. 80
Voltaire 94

Währungspolitik 33, 44, 46, 53–55
Währungsreformen 54–55
Waschtechnik 70–71
Watt, James 23, 94
Weber, Max 10, 11, 21, 84
Wehler, Hans-Ulrich 15, 17, 31, 35, 44, 46, 48–49, 53, 64, 77, 84–85, 113
Weimarer Republik 54
Weltwirtschaftskrise 5, 14–15, 29–30, 34–35, 38, 40–42, 47, 61, 86, 116
Wirtschaftskrisen 14, 29, 34–36
Wirtschaftsordnung 32–33
Wirtschaftspolitik 5, 15, 38, 41–47, 49, 51–53, 117

Wirtschaftswachstum 3, 8, 13, 17, 20, 23–24, 26–28, 30, 32, 38, 48, 51, 55, 80–82, 90–91, 95–96, 100, 102, 111
Wirtschaftswissenschaften 11–12, 32–33, 34–35, 46, 64, 82, 89, 114–115
Wischermann, Clemens 12, 53, 117
Wrigley, Edward A. 18, 102–103, 106
Wunder, Heide 64

Young-Plan 45

Zollverein 15, 48, 50, 53, 117

In der Reihe KONTROVERSEN UM DIE GESCHICHTE sind bisher erschienen:

Stefan Ehrenpreis / Ute Lotz-Heumann
Reformation und konfessionelles Zeitalter
2002. VIII, 138 S.
ISBN 3-534-14774-X

Angela Borgstedt
Das Zeitalter der Aufklärung
2004. VIII, 120 S.
ISBN 3-534-16566-7

Edgar Wolfrum
Krieg und Frieden in der Neuzeit
2003. VIII, 156 S.
ISBN 3-534-15832-X

Rolf-Ulrich Kunze
Nation und Nationalismus
2005. VIII, 126 S.
ISBN 3-534-14746-4

Ewald Frie
Das Deutsche Kaiserreich
2004. VIII, 147 S.
ISBN 3-534-14725-1

Dieter Gessner
Die Weimarer Republik
2002. VIII, 131 S.
ISBN 3-534-14727-8

Detlef Schmiechen-Ackermann
Diktaturen im Vergleich
2002. VIII, 174 S.
ISBN 3-534-14730-8

Michael Kißener
Das Dritte Reich
2005. VIII, 136 S.
ISBN 3-534-14726-X

Beate Ihme-Tuchel
Die DDR
2002. VIII, 128 S.
ISBN 3-534-14733-2
„… eine gelungene Zusammenschau der wichtigsten Forschungsdebatten zur Entwicklung des zweiten deutschen Staates vermittelt … ein praktisches Kompendium …, das Forscher wie Studenten nutzbringend verwenden können." (FAZ)

Bernd Stöver
Die Bundesrepublik Deutschland
2002. VIII, 147 S.
ISBN 3-534-14728-6

Die Reihe wird fortgesetzt.